Lexikon der Sprachirrtümer Österreichs

Sigmar Grüner / Robert Sedlaczek

Lexikon der Sprachirrtümer Österreichs

Deuticke

Vorwort

Irrtum verlässt uns nie, doch ziehet ein höher Bedürfnis
Immer den strebenden Geist leise zur Wahrheit hinan!

Johann Wolfgang von Goethe

Wenn man durch lange Zeit Sprachforschung in und um Österreich betreibt, begegnet man immer wieder Sprachträgern aus den verschiedensten Schichten, die eine Herkunftserklärung des von ihnen verwendeten Wortschatzes abgeben wollen. Auch wenn es dabei zu Irrtümern, ja selbst zu haarsträubenden Fehlmeldungen kommt, soll man diesen Gewährsleuten Recht geben, um sie nicht zu verunsichern, und ihnen die Freude an ihrem Wissen lassen. Dieser Grundsatz wurde und wird den Studierenden der Wiener mundartlichen Schule eingeprägt. Es ist dann Sache des Sprachforschers, in seiner wissenschaftlichen Untersuchung diese Irrtümer abzuklären.

So kam es etwa mit der Entwicklung des Alpinismus und der entsprechenden Verfeinerung der Kartographie in Hochgebirgsgegenden der österreichisch-ungarischen Monarchie durch Aufnahmen der Kartographen zu merkwürdigen Irrtümern.

Ein besonders skurriler Irrtum entstand im Bergnamen *Zimmerroß* im Bereich von Kals in Osttirol, denn diese Bezeichnung geht auf ein altes *Cima rossa* „roter Gipfel" zurück, das aus dem Romanischen kommt. In Kals haben drei europäische Völkerschaften beisammen gewohnt: Alpenromanen, Slawen und deutschsprachige Baiern. Das spiegelt sich bis heute in der gesamten Namenswelt wider, während sich in der örtlichen Mundart die deutsche Sprache durchgesetzt hat; noch viele Ausdrücke gehen aber auf die beiden anderen Sprachformen zurück.

Ein weit verbreiteter Irrtum betrifft auch den *Bergisel* nahe bei Innsbruck, der in der Geschichte Tirols, besonders im Freiheitskampf des Andreas Hofer, eine bedeutende Rolle gespielt hat. Sogar im Andreas-Hofer-Lied, in der Tiroler Hymne, herrscht die falsche Vorstellung, dass es sich um einen Berg namens *Isel* gehandelt habe; heißt es dort doch „vom Iselsberg herab ins Tal …". Sein keltisches Herkunftswort *Burgusinum* ist zwar mit den deutschen Wörtern *Burg* und *Berg* verwandt, aber eben anderen Ursprungs. Der „wirkliche" Iselsberg liegt auch in Tirol, aber ganz woanders, in Osttirol oberhalb des Flusses Isel, dessen Name „die Eisige" bedeutet.

Die Psychologie lehrt uns, dass die meisten Menschen das Bedürfnis haben, für ihre sprachliche Umwelt Erklärungen zu finden und abzugeben. Gehen sie aber nicht von den richtigen Prämissen aus, so geraten die Erklärungen daneben. Es entstehen die besagten „Sprachirrtümer", die oft und lange weitergegeben werden.

Sogar künstlich geschaffene Namen wie *Burgenland*, für den Teil des deutschsprachigen Westungarns, der nach dem Ersten Weltkrieg zu Österreich kam, unterliegen Irrtümern. Nicht nach den vielen Burgen wurde das Gebiet benannt, sondern nach den in diesem Raum befindlichen Städten *Ödenburg, Wieselburg, Eisenburg* und *Pressburg.*

Auch die kleine Stadt *Fischamend* hat nichts mit dem Entschwinden von Fischen zu tun, sondern hieß früher *Fiskahagamundi* „Einmündung des Fischwassers" (also des Flusses Fischa in die Donau). Es erscheint daher wirklich legitim, dass die vorliegende Publikation mit solchen Irrtümern aufräumt.

Auch weniger bekannte Flur- oder Gegendnamen kleiner Bereiche werden oft gänzlich falsch verstanden. Im 17. Wiener Gemeindebezirk gibt es ein Waldstück, das die Höhenstraße von einer kleinen Senke trennt; es heißt *Tiefau-Meiß*. *Meiß* ist ein altes Substantiv, das einen Waldschlag bezeichnet (wo Bäume gefällt wurden oder umfielen). Zusammengesetzt mit einem *a*, das „weg" bedeutet, erscheint es in zahlreichen Namen mit dem Wort *Ameis,* die aber nichts mit *Ameisen* zu tun haben, aber immer wieder auch von ernst zu nehmenden Heimatforschern so erklärt werden.

Sicherlich noch schwerer zu deuten als Ortsnamen sind Familiennamen, da man bei ihnen nur wenige Anhaltspunkte in etwaige Herkunftsrichtungen orten kann. Der Name des berühmten Tibetforschers *Heinrich Harrer* hat nichts mit *ausharren* zu tun, sondern bedeutet „Harer", das ist eine Person, die Flachs – mundartlich bairisch-österreichisch *Har* – züchtet und bearbeitet. Da viele Menschen bewusst oder unbewusst in ihren Familiennamen eine besondere Bedeutung für ihren Lebensweg und ihre Bestimmung erblicken, ergeben sich vielfach falsche Deutungen auf etymologischen „Irrwegen".

Das Wort *Bengel* für einen ungezogenen (jungen) Menschen geht auf ein bairisch-österreichisches Wort *Bengel (Pengel)* zurück, das ein aus einem Stück bestehendes, jedoch abgewinkeltes Holz zum Ausschlagen z. B. von Getreidesorten bezeichnet. Eine Parallele dazu ist der *Flegel*, wo wir von einem *Dreschflegel* (zweiteiliges Schlagholz mit Glied) auszugehen haben. Eltern oder Erzieher, die die Jungen als Bengel oder Flegel ermahnen, denken kaum an diese alten landwirtschaftlichen Geräte zum Ausschlagen von Garben. Längst haben Maschinen verschiedenster Art die händische Arbeit des Dreschens abgelöst.

Wörter, die man nicht mehr versteht, werden oft falsch umgedeutet. So ist der in Österreich verbreitete Ausdruck *Katzelmacher* für „Italiener" nicht von dem Begriff *Katze* abzuleiten, sondern von einem früher in Österreich sehr verbreiteten Mundartwort *Gatze* für die Schöpfkelle. Die derartige Geräte an den Mann bringen wollten, wurden dann als *Gatzlmacher* bekannt.

Weit verbreitet ist das Deckwort „Mäuse" für Geld. Es entstammt, wie Sigmar Grüner in dieser Publikation nachweist, dem neuhebräischen Wort *mâ'ôth* für „kleine Münzen", das mit der Aussprache von *s* für *th* an *Maus* erinnert und in den Plural *Mäuse* gesetzt wurde. Der Zahl der Geldnoten oder Münzen entspricht dann die Zahl der Mäuse, ein Begriff, der weit verbreitet ist und auch vor größeren Kindern nicht Halt macht. Er wird von der

Mehrzahl der Sprachbenützer nicht als Wort der Gaunersprache verstanden.

Manchmal sind die Lösungen einfacher als erwartet. Das umgangssprachliche Wort *Strizzi* für „Lausbub", aber auch für den „Zuhälter" muss nicht mühselig vom italienischen Wort *strizzare* „auspressen" erklärt werden, sondern dem Wort *Striezel* zugeordnet sein, das sich auf ein eingepacktes Wickelkind bezieht.

Die verschiedenen Sprachebenen der Hochsprache, der Umgangssprache, der Dialekte, der Gaunersprache und anderer Formen der untersten Sprachschicht werden sehr unterschiedlich eingesetzt, meist auf den jeweiligen Sprechpartner bezogen. Man denke dabei an die Schülersprache und an die heute so besonders ausgeprägte Jugendsprache sowie an die Ausdrucksweisen der verschiedenen sozialen Schichten. Viele Sprachbenützer beherrschen mehrere Stufen des sprachlichen Lebens und setzen sie jeweils der Situation angepasst ein.

Die beiden Autoren dieses Buches, der Sprachwissenschaftler Sigmar Grüner und der Germanist und Journalist Robert Sedlaczek sind durch ihre Ausbildung und ihre Arbeitsbereiche bestens geeignet für ihre Aufgabe, dieses Buch über Sprachirrtümer zu gestalten, und verdienen besonderen Dank der Leser!

Maria Hornung

Abschasseln

„Abschasseln" hat etwas mit „scheißeln" zu tun.

Der Ausdruck „abschasseln" (= jemanden kurz oder derb abfertigen) geht auf französisch *chasser* (= jagen) zurück. Erst später hat die Volksetymologie die Form „abscheißeln" hervorgebracht, wie sie beispielsweise in der steirischen Mundart zu finden ist. Es handelt sich um einen Versuch, aus einem Mundartausdruck eine Form der Schriftsprache zu konstruieren – ohne Rücksicht auf die Herkunft des Wortes.

Literatur: Theodor Unger/Ferdinand Khull: „Steirischer Wortschatz, als Ergänzung zu Schmellers Bayerischem Wörterbuch", Graz 1903, Nachdruck: Wiesbaden 1968, S. 8.

Adlmüller

Der Name Adlmüller deutet auf eine adelige Herkunft hin.

Der Name Adlmüller ist den Wienern durch den berühmten Modeschöpfer Fred Adlmüller (1909–1989) ein Begriff. Der erste Teil des Namens deutet jedoch keineswegs auf eine, wenn auch nur entfernte adelige Herkunft hin. Vielmehr handelt es sich hier um einen Bauernnamen zum bairisch-österreichischen Begriff *Atel* (= Jauche).

Der „Modepapst" stammte übrigens, wie so manche bedeutende „Wiener", aus dem süddeutschen Raum – genau genommen aus Nürnberg.

Literatur: Maria Hornung: „Lexikon österreichischer Familiennamen", Wien 2002, S. 31.

Affentürkei

Der Schmähausdruck „Affentürkei" für die Brigittenau hat etwas mit „Affen" zu tun.

Die Spottbezeichnung „Affentürkei" galt vor rund 100 Jahren dem Wiener Gemeindebezirk Brigittenau. An einer Stelle kann man lesen, dass es am Brigittenauer Kirtag einen berühmten Losverkäufer in türkischer Tracht gegeben habe. Dieser ließ die Lose von einem Äffchen aus einem Korb ziehen. An anderer Stelle heißt es, dass ein Affentheater im Wiener Prater bei diesem Ausdruck Pate gestanden sei. (Das ist kein geografischer Irrtum, denn die Brigittenau gehörte nach der Eingemeindung im Jahre 1850 zur Leopoldstadt, also zum 2. Wiener Gemeindebezirk – so wie der Prater. Erst 1900 wurde sie unter der Bezeichnung Brigittenau zum 20. Wiener Gemeindebezirk erhoben.)

Beide Erklärungen können ins Reich der Irrtümer verwiesen werden. In der Tat geht der Ausdruck auf die späte „Gründerzeit" zurück, als in Wien zahlreiche Großbetriebe errichtet wurden und die Einwohnerzahl drastisch anstieg. Vor allem in der Brigittenau entstanden Arbeiterquartiere, wo die Zuwanderer aus Böhmen, Mähren und Galizien unter menschenunwürdigen Bedingungen hausen mussten. Oft lebten fünf Arbeiter in einem winzigen Raum, zusätzlich gab es noch so genannte „Bettgeher" – Untermieter, die nur eine Schlafstelle benutzen durften.

Der deutsche Philologe Herman Schrader berichtet dazu, dass die Türkenkriege des 16. und 17. Jahrhunderts in der Bevölkerung nachhaltig eine große Panik auslösten, die sich später in Hohn und Spott wandelte. Da die Türkei als „verachtetes, geheimnisvolles, elendes Land" galt, wurde „eine elende, ärmliche und erbärmliche Gegend" als „Hundetürkei" bezeichnet, während man große, gefährlich wirkende Hunde „Sultan", „Sultl" und „Türkel" nannte.

So gesellte sich neben den soldatensprachlichen Ausdrücken „Affenfett" (= Margarine) und „Affenpuff" (= erbärmliches Quartier) die „Affentürkei" hinzu.

Auch die Stadt Graz hatte ihre „Affentürkei", die der Gründer der *Neuen Kronenzeitung*, Hans Dichand, als „Slumgebiet in der Fluss-landschaft der Mur" kennen lernte. Seine Familie musste nach dem finanziellen Ruin des Vaters einige Zeit in einer Grazer Barackensiedlung verbringen, die vor allem von Zuwanderern aus dem Balkan sowie verarmten Geschäftsleuten und Adeligen bevölkert war.

Literatur: Wolfgang Maderthaner/Lutz Musner: „Die Anarchie der Vorstadt. Das andere Wien um 1900", Wien 2002, S. 62 f.; Max Winter: „Im dunkelsten Wien", Berlin 1904, in: Max Winter: „Das schwarze Wienerherz. Sozialreportagen aus dem frühen 20. Jahrhundert", hg. von Helmut Strutzmann, Wien 1982, S. 94 ff.; Herman Schrader: „Der Bilderschmuck der Deutschen Sprache", Berlin 1886, S. 356 f.; Eduard Maria Schranka: „Wiener Dialekt-Lexikon", Wien 1905, S. 15; Andreas J. Schmeller: „Bayerisches Wörterbuch", 2. Auflage bearbeitet von G. K. Frommann, 2 Bände, München 1872–1877, Nachdruck: München 1996, 1. Bd., Sp. 621; Hans Dichand: „Kronenzeitung. Die Geschichte eines Erfolges", Wien 1977, S. 183.

Ameise

Ameisgasse, Ameiskogel und Ameistal haben ihren Namen von der Ameise.

Ameisenbären, Ameisenlöwen und Ameisenpflanzen haben allesamt mit jenen kleinen Tierchen zu tun, die zur Gattung der *Formicoidea* gehören und hin und wieder zur Plage werden. Doch bei den meisten der in ganz Österreich vorkommenden Ortsbezeichnungen mit „Ameise" besteht kein Zusammenhang mit den schwarzen, roten und weißen Tierchen, die es sogar schon zu Filmruhm gebracht haben.

Die Ortschaft Ameis im Gemeindebezirk Laa an der Thaya, der Ameiskogel im Hochschwabgebiet, das Ameistal im Gemeindebezirk Kirchberg am Wagram und die Ameisgasse im 14. Wiener Gemeindebezirk haben ihren Namen von einer mittelhochdeutschen Wortkombination, die so viel wie „geschlägertes Gebiet", „Lichtung" bedeutet.

Der erste Wortbestandteil ist die mittelhochdeutsche Vorsilbe *â* – mit der Bedeutung „ab, weg". Der zweite Wortbestandteil leitet sich vom mittelhochdeutschen Hauptwort *meiz* ab, das den „Holzschlag", „Holzabtrieb" bezeichnet.

Im Semmeringgebiet gibt es eine Ortschaft mit dem Namen Ameisbichl. Der Wortbestandteil „Bichl" ist eine Nebenform zu „Pichl" bzw. „Bühl", die sich aus dem mittelhochdeutschen Hauptwort *bühel* (= Anhöhe, Hügel) herleitet. „Ameisbichl" bedeutet also so viel wie „gerodeter Hügel".

Literatur: Fritz Freiherr Lochner von Hüttenbach: „Nur scheinbar echte Tiernamen in Ortsbezeichnungen der Steiermark", in: „Mundart und Sprachkontakt. Festschrift für Maria Hornung zum 70. Geburtstag", Wien 1990, S. 327 f.

Amtsschimmel

Der Amtsschimmel hat etwas mit Pferden zu tun.

Da würde der Amtsschimmel wiehern, wenn er das könnte! Dieser Schimmel ist nämlich kein Pferd, sondern eine Aktenvorlage, ein Musterformular. Da im ungarischen Teil der Monarchie lange Zeit Latein als Amtssprache diente, verwendete man dort in den Kanzleien für Formulare oder Musterbriefe den lateinischen Ausdruck *simile* (= ähnlich). Im Ungarischen wird allerdings als Anlaut ein geschriebenes *s* als ein *sch* gesprochen, wodurch zunächst *schimile* entstand.

Daraus wurde schließlich „Schimmelreiter", ein Spottwort für jene österreichischen Beamten, die langsam, engstirnig und auf schematische Weise ihre Arbeit verrichteten, also stur auf etwas „herumreiten". Das soll es ja auch heute noch geben (siehe auch das Stichwort „Schimmelbrief").

Literatur: Horst Friedrich Mayer: „Lexikon der populären Irrtümer Österreichs", Wien–Frankfurt/Main 2001, S. 9; Heinrich Klenz: „Schelten-Wörterbuch. Die Berufs-, besonders Handwerkschelten und Verwandtes", Straßburg 1910, S. 15.

Anbandeln

„Mit jemandem anbandeln" hat etwas mit „Gängelband" zu tun.

Was ist ein Gängelband im ursprünglichen Sinn? Dabei handelt es sich um jenes Band, an dem früher Kinder das Laufen lernten. Das Zeitwort „anbandeln" hat damit nichts zu tun.

Im alten Wien kannte man zu Silvester den so genannten „Lösselbrauch". Dabei ging es darum, das „Los" des kommenden Jahres zu erfahren. Neben dem bis heute gebräuchlichen Bleigießen gehörte dazu auch das „Anbandeln".

Dabei ging es um die alles entscheidende Frage: Wer wird im neuen Jahr dein Partner sein? Deshalb zogen die Burschen den Mädchen Fäden oder Bänder aus den Kleidungsstücken, und das Gleiche taten die Mädchen bei den Burschen. Der Faden sollte die beiden „aneinander binden" – zumindest für die Silvesternacht, vielleicht auch für länger.

Literatur: Lutz Röhrich: „Lexikon der sprichwörtlichen Redensarten", 5 Bände, 5. Auflage, Freiburg–Basel–Wien 1994, 2. Bd., S. 502; Leopoldine Stangelberger: „Wiener Brauchtum des 19. und 20. Jahrhunderts in seinem mundartlichen Wortschatz", Diss., Wien 1968, S. 16; Maria Hornung/Sigmar Grüner: „Wörterbuch der Wiener Mundart", 2., erweiterte und verbesserte Auflage mit mehr als 1000 neuen Stichwörtern und Ergänzungen, Wien 2002, S. 41.

Arsch

Dieses Wort ist immer ein Schimpfwort.

In der Mundart ist alles möglich – so haben wir es in der Verkleinerungsform *Oaschal* mit einem Kosewort zu tun. Ein schöner Beleg stammt von der Schriftstellerin Christine Nöstlinger. In einem Beitrag über ihre Jugend in der Wiener Ottakringer Straße erinnert sie sich an die Blumenhändlerin Wondraschek. „Ich besuchte die Wondraschek oft, weil ich ihre tiefe, heisere Stimme mochte, die einen ganz zärtlichen Klang bekam, wenn sie unanständige Worte sagte: „Na, glans Oaschal, siaß Dreckscheißal, wia geht's da denn?'"

Literatur: Christine Nöstlinger: „Die Ottakringerstraße", in: „Kleine Heimatkunde. Ein österreichisches Lesebuch", hg. von Arno Kleibel, Hauptverband des österreichischen Buchhandels, Wien 2003, S. 80.

Arschgeige

Die „Arschgeige" gibt merkwürdige Töne von sich.

Dieser Begriff ist nicht nur in Österreich, sondern im gesamten deutschen Sprachraum verbreitet. Es war jedoch dem Grazer Volkskundeprofessor Günther Jontes vorbehalten, einen Zusammenhang zu menschlichen Verdauungsproblemen herzustellen, die weithin hörbar sind.

Tatsächlich ist die Bezeichnung „Arschgeige" eine Anspielung auf den passiven Partner eines homosexuellen Paares. Dieser wird in der Wiener Gaunersprache auch *Lossa* (= Lasser) genannt, im Gegensatz zum aktiven *Duara* (= Tuender). Im weiteren Sinne bedeutet „Arschgeige" so viel wie „Unsympathler" oder „Ungustl" – mit einem diskriminierenden Unterton gegenüber Homosexuellen.

Arschkappelmuster

„Arschkappelmuster" ist eine Nebenform zu „Arschkapellmeister".

Der Ausdruck „Arschkappelmuster" bedeutet so viel wie Tölpel. Wir widmen uns diesem Wort deshalb, weil Eva Male in der Tageszeitung *Die Presse* eine amüsante Ableitung publiziert hat.

Demnach wäre der Ausdruck eine Nebenform von „Arschkapellmeister", der – wie die Autorin meint – einem Orchester von „Arschgesichtern" vorsteht.

In der Tat ist schon im *Grimm'schen Wörterbuch* der Ausdruck „Arschkappe" als „Schimpfwort für Männer" vermerkt – samt einem Hinweis auf das italienische Wort *chiappa* (gesprochen kiappa). In einem italienisch-deutschen Wörterbuch des Jahres 1785 finden sich bei diesem Ausdruck die Bedeutungen „Ritz, Spalte", im Plural *le chiappe* (= die Arschbacken).

Somit lässt sich nachzeichnen, wie das Wort entstanden ist: Italienische Wanderhändler brachten den Begriff *chiappa* in den deutschen Sprachraum, wo er zwar als Verunglimpfung empfunden, nicht aber in seiner Bedeutung verstanden wurde. Beim Temperament der Italiener kann man ruhig davon ausgehen, dass sie den Ausruf „Chiappe!" auch noch mit der entsprechenden Handbewegung begleiten. Sollte z. B. ein Wiener den Ausdruck „Kappe" herausgehört und gleichzeitig den „Arsch" optisch mitbekommen haben, so musste er zum Schluss kommen, dass es das Schimpfwort „Arschkappe" gibt. Man fügte also zum Ausdruck „Kappe" (der ja ohnedies schon „Arschbacken" bedeutet) der Verdeutlichung halber noch das Bestimmungswort „Arsch" hinzu.

Demnach stehen wir mit dem wienerischen *Oaschkhappemusda* vor einem „Muster einer Arschkappe", vor einem „Prachtexemplar von Arsch" – wobei dem Hauptwort „Muster" ein italienisches *mostra* (= Probestück) zugrunde liegt, das sich ja auch als „Monster" entpuppen kann.

Literatur: Annibal Antonini: „Nuovo dizionario Italiano–Tedesco", 3. Auflage, Wien 1785, Sp. 284; „Deutsches Wörterbuch von Jacob und Wilhelm Grimm", Leipzig 1854–1971, Nachdruck: München 1991, 33 Bände, 1. Bd., Sp. 566; Eva Male: „Sprachspaltereien", in: „Die Presse", Beilage „Spectrum", 10. 8. 2002.

Aufpischen

„Aufpischen" ist ein unfeines Wort.

Mit einer solchen Behauptung würden wir den Tirolern und Salzburgern arges Unrecht zufügen, zumal dort das „Aufpischen" zum traditionellen Volksbrauchtum gehört.

„Aufpischen" nennt man das Schmücken der Rinder zum Almabtrieb – wobei sich der Bestandteil „pischen" durch die „Entrundung" von *ü* zu *i* erklärt, sodass hinter dem Wort ein „Büschel" (von Blumen) steckt.

Literatur: Josef Schatz: „Wörterbuch der Tiroler Mundarten", 2 Bände, Innsbruck 1955/56, Nachdruck: Innsbruck 1993, 1. Bd., S. 35; Internet: http://www.stubai-tal.at/Almab.htm.

Ausbandeln

Das Auto wird ausgebandelt.

Nein, ein schrottreifes Auto wird nicht ausgebandelt. Denn mit „Band" oder „Fließband" hat dieser Begriff nichts zu tun. Es genügt ein Blick in das *Wörterbuch der Wiener Mundart*. Unter dem Stichwort „ausba^{n}ln" lesen wir, dass das Wort vom schriftdeutschen „Bein" (= Knochen) abzuleiten ist. Im Wienerischen wird das „ei" zu „a^n", also das „Bein" zu „Ba^n". (Das hochgestellte *n* bedeutet, dass das *a* nasaliert auszusprechen ist.) Wenn wir im *Österreichischen Wörterbuch* unter der verschriftdeutschten Form „ausbeinen" nachschlagen, so stoßen wir auf die beiden umgangssprachlichen Varianten „ausbeineln" und „ausbeindeln".

Dennoch findet man in den Medien immer wieder die zuvor erwähnte falsche Verschriftdeutschung dieses Mundartbegriffes. Die Grazer *Kleine Zeitung* brachte beispielsweise am 29. August

1993 einen Artikel, in dem von einer „ausgebandelten Giftfabrik" die Rede ist.

Die wörtliche Bedeutung von „ausbeineln" lautet: „Knochen aus dem Fleisch lösen (beim Schlachtvieh)". Dazu gesellte sich nach 1945 die jungwienerische Variante „ein Auto auf die noch verwertbaren Teile hin ausschlachten" (siehe auch das Stichwort „Autometzger"). In einer übertragenen Verwendung lässt sich folgende Drohung formulieren: „Dich werde ich noch einmal ausba^{n}ln!" (= scharf und erbarmungslos hernehmen).

Wer gewollt schriftdeutsch spricht, sorgt meist für komische Effekte. Der Schriftsteller und Satiriker Anton Kuh prägte den treffenden Satz: „Von gewissen Menschen möchte man sagen: Sie schriftdeutscheln. Das heißt, sie sprechen die Bildungssprache wie eine Demonstration gegen den Jargon, der in ihrer Kehle steckt!"

Literatur: Maria Hornung∕Sigmar Grüner: „Wörterbuch der Wiener Mundart", 2., erweiterte und verbesserte Auflage mit mehr als 1000 neuen Stichwörtern und Ergänzungen, Wien 2002, S. 78; Österreichisches Wörterbuch, 39. Auflage, Wien 2001, S. 69; das Zitat Anton Kuhs findet sich in: Horst Friedrich Mayer: „Geflügelte Worte aus Österreich. Über 1.000 populäre Zitate und ihre Herkunft", Wien 2001, S. 257; die erste Veröffentlichung des Zitats erfolgte in: Anton Kuh: „Physiognomik. Aussprüche", Wien 1931; für den Hinweis auf diesen Sprachirrtum danken wir Dr. Johannes Diethart, Krems.

Ausgepowert

„Ausgepowert" hat etwas mit dem englischen Wort POWER zu tun.

„Ausgepowert" ist in seiner Verbreitung zwar nicht auf Österreich beschränkt, doch der Irrtum ist auch hierzulande anzutreffen: Wer sich „ausgepowert" fühlt, ist „ausgepumpt" und „entkräftet". So gesehen liegt es nahe, eine Verbindung zu dem englischen Hauptwort *power* (= Kraft) zu vermuten.

Tatsächlich liegt dem Begriff aber das französische *pauvre* (= arm) zugrunde. Die Philologin Heike Olschansky verweist darauf, dass das Zeitwort im 19. Jahrhundert „auspovern" (= völlig ausbeuten) lautete.

Literatur: Heike Olschansky: „Täuschende Wörter. Kleines Lexikon der Volksetymologie", Stuttgart 1999, S. 19 f.

Ausstallieren

Das Zeitwort „ausstallieren" hat etwas mit „Stall" zu tun.

Bei der Erklärung des Zeitwortes „ausstallieren" (= beanstanden, aussetzen) kommt wieder die Volksetymologie zum Vorschein. Es wird eine gedankliche Verbindung mit dem Wort „Stall" vermutet. Demnach wäre „ausstallieren" so viel wie „aus dem Stall werfen" oder „ausmisten". Schon das *Grimm'sche Wörterbuch* weist auf diese Volksetymologie hin.

Dabei müsste man „ausstallieren" eigentlich mit einem *l* schreiben. Es stammt nämlich von italienisch *scagliare* (= werfen, schleudern, Vorwürfe machen), wobei der Wechsel von *sk* zu *schg* und schließlich zu *schd* mit der leichteren Aussprache erklärt werden kann – nicht anders als bei „skat" und „stad" (siehe das Stichwort „Hacknstad").

Somit wurde „skalieren" zu „stalieren" und dann zu „stallieren", bis irgendjemand auf die Idee kam, zur Verdeutlichung die Vorsilbe „aus-" voranzusetzen – in Anlehnung an die Phrase „an jemandem etwas aussetzen".

Eine lustige Geschichte hat sich übrigens Peter Wehle ausgedacht, um das Zeitwort „ausstallieren" zu erklären: Er stellt dem Installateur einen „Ausstallateur" gegenüber, „der nicht einrichtet, sondern ausrichtet, also ausräumt, in Unordnung bringt, tadelt".

Literatur: Oskar Bulle/Giuseppe Rigutini: „Wörterbuch der italienischen und deutschen Sprache", 8. Stereotypausgabe, Leipzig–Mailand (ca. 1896), S. 739; Joseph Kehrein: „Fremdwörterbuch mit etymologischen Erklärungen und zahlreichen Belegen aus deutschen Schriftstellern", Stuttgart 1876, S. 666; Friedrich Kluge: „Deutsche Studentensprache", Straßburg 1895, S. 126; „Deutsches Wörterbuch von Jacob und Wilhelm Grimm", Leipzig 1854–1971, Nachdruck: München 1991, 33 Bände, 16. Bd., Sp. 306, und 17. Bd., Sp. 622. Leo Jutz: „Vorarlbergisches Wörterbuch mit Einschluß des Fürstentums Liechtenstein", 2. Bd., Wien 1960 (1965), Sp. 1252; Peter Wehle: „Sprechen Sie Wienerisch? Von Adaxl bis Zwutschkerl", Nachdruck der erweiterten und bearbeiteten Neuausgabe aus 1981, Wien 2003, S. 104.

Autometzger

Autometzger kommt von „ausschlachten".

Irgendwann landet jedes Auto beim Autometzger: Die noch brauchbaren Teile werden ausgebaut, der Rest verschrottet. Doch das so einleuchtende Wort „Autometzger" wird man selbst im *Großen Duden* vergeblich suchen.

Geschäftsportal der Firma „Auto-Metzker" in Vösendorf bei Wien, ca. 1955, davor der Firmengründer Josef Metzker (rechts).

„Autometzger" kommt nämlich nicht von „ausschlachten". Der Begriff „Autometzger" ist deshalb entstanden, weil ein Autoverwerter in Vösendorf, südlich von Wien, genau genommen in der Triester Straße Nummer 9, *Metzker* heißt. Dass man „Autometzger" mit *g* und den Familiennamen Metzker mit *k* schreibt, tut dabei nichts zur Sache. Mit der Unterscheidung zwischen *g* und *k* nimmt man es in der Wiener Mundart nicht so genau.

Der Begriff „Autometzger" ist nur in Wien und Niederösterreich gebräuchlich, doch erfreut er sich hier besonderer Beliebtheit,
weil er so ausdrucksstark ist. Auch Helmut Qualtinger hat in
einem Travnicek-Sketch dieses Wortspiel verwendet. Travnicek
liest in einer Zeitung die Gebrauchtwagen-Annoncen und stößt auf
das Wort „Notverkauf". Damit beginnt in ihm eine Assoziations-
kette zu laufen: „Notverkauf, das kommt ma immer vor wie a Not-
schlachtung. Natürlich Autometzger."

Literatur: Horst Friedrich Mayer: „Lexikon der populären Irrtümer Österreichs", Wien–Frank-
furt/Main 2001, S. 16; „Helmut Qualtinger Werkausgabe", 3. Bd., hg. von Traugott Krischke,
Wien 1996, S. 48.

Backfisch

**Der Backfisch (= alter Ausdruck für Teenager) heißt so, weil die Angler
kleine Fische zurück (= back) ins Wasser werfen.**

Diese Etymologie hat 2001 das Autorenduo Walter Krämer/Wolf-
gang Sauer verbreitet: „Ein Backfisch ist ein Fisch, der, weil zu klein
und mager, ins Wasser zurückgeworfen wird (englisch *back* =
zurück). Schon vor der modernen Englischwelle wurden junge
Mädchen, die noch nicht im heiratsfähigen Alter waren, häufig
‚Backfisch' genannt."
Es scheint, dass Krämer/Sauer dabei einem Irrtum aufgesessen
sind, den schon um 1880 der Sprachwissenschaftler Herman
Schrader in die Welt gesetzt hat: Er wisse nicht, ob die Erklärung
mit Fischen, die man „in das Wasser zurück oder hinter sich" wirft,
lustig oder ernst gemeint ist, meinte Schrader damals. Jedenfalls
lehne er solche „Hinterfische" kategorisch ab. Freilich war sich der
Mann der Wissenschaft nicht zu schade, zu diesem Thema auch
Hausfrauen zu befragen. Diese wiesen ihn darauf hin, dass „kleine
unausgewachsene, unreife Fische sich besser zum Backen oder

20

Braten, als zum Sieden oder Kochen eignen". Ob deshalb der Ausdruck „Backfisch" entstanden ist, muss jedoch eher bezweifelt werden.

Jedenfalls wird man in keinem Wörterbuch der englischen Sprache den Ausdruck *backfish* finden, womit man wohl ausschließen kann, dass es sich um eine Entlehnung aus dem Englischen handelt. Friedrich Kluge erklärt in seiner *Studentensprache* (1895), dass das Wort „Backfischlein" bereits mit dem Jahre 1645 studentisch bezeugt ist. In seinem *Etymologischen Wörterbuch* stellt er uns den „Backfisch" als „jungen Studenten" vor, der erst später auch „halbwüchsige Mädchen" bezeichnete. Außerdem denkt er an eine Verballhornung des *baccalarius*, des niedrigsten akademischen Grades.

Ein solches Wortspiel könnte auch erklären, warum wir von einem „frisch gebackenen Doktor", „Ehemann" oder „Fußballmeister" reden.

Literatur: Walter Krämer/Wolfgang Sauer: „Lexikon der populären Sprachirrtümer", Frankfurt am Main 2001, S. 12; Herman Schrader: „Der Bilderschmuck der deutschen Sprache", Berlin 1886, S. 288 f.; Friedrich Kluge: „Deutsche Studentensprache", Straßburg 1895, S. 19; Friedrich Kluge: „Etymologisches Wörterbuch der deutschen Sprache", 23., erweiterte Auflage, bearbeitet von Elmar Seebold, Berlin–New York 1999, S. 72.

Baff

Dieser Ausdruck der Verblüffung ist vom heiligen Paphnutius abzuleiten.

Peter Wehle geht davon aus, dass der heilige Paphnutius beim Ausdruck „baff" Pate stand, weil dieser oft mit einem verwunderten Gesichtsausdruck dargestellt wird. Zum Zeichen des Erstaunens habe man zunächst *„häulichcha Bafnúdsi!"* („heiliger Paphnutius!") ausgerufen, später sei dann die Kurzform „paff" oder „baff" gebräuchlich geworden.

In der Tat ist „baff" ein lautmalendes Wort, genauso wie „bfah". Der Gesichtsausdruck des gebürtigen Ägypters Paphnutius lässt sich damit erklären, dass ihm im Jahr 308 im Zuge der Christenverfolgungen unter dem römischen Kaiser Maximinus Daja die Augen ausgestochen und die Kniekehlen durchtrennt wurden. Er musste Zwangsarbeit in einem Bergwerk leisten, ehe er 311 befreit wurde und als Mönch zu Antonius, dem Großen, ging – dem „Vater des Mönchtums", der als Einsiedler in der Wüste lebte. Einige Jahre später wurde Paphnutius zum Bischof von Oberägypten gewählt. Heute gilt er als Patron der Bergleute.

Dass der Name des Heiligen bekannter war als sein Wirken, beweisen zwei Zeilen aus Karl Meisls Parodie *Orpheus und Euridice* (1813):

„Was machst du noch hier, du blinder Harfenist,
Weißt du, daß du ein großer Pafnutius bist?"

Paphnutius steht hier als Überbegriff für einen „blöd dreinschauenden Menschen" oder „Tölpel".

In Nestroys Komödie *Zampa der Tagedieb* oder *Die Braut von Gips* aus dem Jahre 1832 begegnet uns der Sohn eines sizilianischen Salamifabrikanten, der den klangvollen Namen „Pafnuzzi de Salami" bzw. „Pafnuzzi de Salamuzzi" führt.

Hier konnten die Wiener mit „Salamutschi" assoziieren – so hießen damals die italienischen Straßenverkäufer, die Würste und Käse anboten.

Das Wort ist abgeleitet von ital. *salame* (= Salzfleisch, Wurst). Es handelte sich um volkstümliche Gestalten, die in den Gasthäusern des Prater ihre Waren anboten.

Literatur: Vera Schauber/Hanns Michael Schindler: „Heilige und Namenspatrone im Jahreslauf", Augsburg 1998, S. 475; eine ausgezeichnete Quelle ist auch http://www.heiligenlexikon.de.

Ballesterer

„Ballesterer" (= Fußballer) ist aus „Ball" entstanden.

Fußballer werden in den österreichischen Medien gern als „Ballesterer" bezeichnet. Dieses Wort ist nicht aus „Ball" entstanden. Auch die Schreibung mit *ll*, die sich heute eingebürgert hat, ist im Grunde genommen falsch. Eigentlich müsste das Wort „Balesterer" geschrieben werden. Denn das italienische Ursprungswort ist *balestra* – es bedeutet so viel wie „Armbrust".

Als sich verschiedene Ballspiele immer größerer Beliebtheit erfreuten – allerdings noch nicht Fußball –, bezeichnete man den aus einem Fichtenstamm angefertigen „Ballstock" oder „Schläger" als „Balester".

Gespielt wurde Ende des 19. Jahrhunderts „Partieball". Aufgabe des jeweiligen „Schlägers" war es, einen aufgeworfenen Ball von einem „Schlagmal" aus mit dem „Balester" so weit wie möglich ins Feld zu schleudern, sodass er selbst bis zum „Fangmal" laufen und wieder zum „Schlagmal" zurückkehren konnte.

Als zu Beginn des 20. Jahrhunderts Fußball aufkam, kreierte man den Ausdruck „Balesterer" – nun aber für die Spieler, nämlich die Fußballer. Da diese nach einem Ball treten, erschien „Ballesterer" recht plausibel – ein Triumph der Volksetymologie über die Schriftsprache.

Literatur: „Wörterbuch der bairischen Mundarten in Österreich", hg. von der Österreichischen Akademie der Wissenschaften, Wien 1964 ff., 9. Lieferung, Wien 1971, Sp. 111 f.; Friedrich Kluge: „Etymologisches Wörterbuch der deutschen Sprache", 23., erweiterte Auflage, bearbeitet von Elmar Seebold, Berlin–New York 1999, S. 53; Sigmund Ulmann: „Das Buch der Familienspiele", Wien–Pest–Leipzig o. J. (1893), S. 6 ff.

Bambussen

„Bambussen" ist ein Brauch, der mit „Bambus" zu tun hat.

So würde wohl jemand vermuten, der nicht eingehend über das oberösterreichische Brauchtum Bescheid weiß. Dort kennt man im Innviertel den Brauch des Bambussens, bei dem man in der Thomasnacht am 21. Dezember an die Bäume als Fruchtbarkeitssymbol pocht oder sie berührt.

Wir haben es hier nämlich mit den Bestandteilen *Bam* (= Baum) und dem Zeitwort *bussen* oder *bossen* zu tun, das uns das *Bayerische Wörterbuch* in der Form *boßen* als „klopfen", „schlagen" oder „bläuen" erklärt.

Dass wir es hier keineswegs mit dem „Busserl" zu tun haben, sieht man auch am Brauch des „Arschbussens", bei dem man am 28. Dezember (dem *Kindltag*) unter Absingen eines Neujahrswunsches dem Beglückwünschten auf den Hintern klopft. Mit diesem „Popoklatsch" soll alles Schlechte und Unreine des alten Jahres ausgetrieben werden.

Literatur: Otto Jungmair/Albrecht Etz: „Wörterbuch zur oberösterreichischen Mundart", 6., unveränderte Auflage, Linz 1999, S. 42 u. 35; Andreas J. Schmeller: „Bayerisches Wörterbuch", 2. Auflage bearbeitet von G. K. Frommann, 2 Bände, München 1872–1877, Nachdruck: München 1996, 1. Bd., Sp. 294 f.

Bankl reißen

Die mundartliche Redewendung „ein Bankl reißen" bedeutet „eine Bank niederreißen".

Jeder Österreicher weiß es: Die Redewendung „ein Bankl reißen" bedeutet so viel wie „sterben". Bundesdeutsche Autoren stehen diesem Ausdruck allerdings oftmals ratlos gegenüber. So erklärt der Hamburger Philologe Christoph Gutknecht in einem Artikel über H. C. Artmanns *Med ana schwoazzn Dintn* die Redewendung *a Bangl reissn* mit „eine Bank niederreißen". Auch Peter Wehle ist diesem Irrtum unterlegen.

In der Tat bedeutet das Wort „reißen" in diesem Fall nicht „umstoßen", sondern „etwas in Umrissen zeichnen, kritzeln". „Ein Bankl reißen" bedeutet daher so viel wie „eine Bank (gemeint ist die Totenbank) sichtbar hinzeichnen". Hier spielt die Vorstellung eine Rolle: Wer eine Totenbank hinzeichnet, der stirbt.

Redewendungen dieser Art gibt es in unserer Sprache zuhauf. Wer „einen Stern reißt" (= zeichnet), stürzt zu Boden. Dasselbe bedeuten die Redewendungen, „eine Baröln reißen" – von italienisch *barella* (= Tragbahre) – und „eine Brezn reißen" (= einen in Brezelform am Boden Liegenden hinzeichnen).

Literatur: Christoph Gutknecht: „Lauter böhmische Dörfer. Wie die Wörter zu ihrer Bedeutung kamen", München 1998; Peter Wehle: „Sprechen Sie Wienerisch? Von Adaxl bis Zwutschkerl", Nachdruck der erweiterten und bearbeiteten Neuausgabe aus 1981, Wien 2003, S. 107.

Bärig

Der Ausdruck „bärig" hat etwas mit einem „Bären" zu tun.

Das besonders in Tirol geläufige Wort „bärig" wie etwa im Ausdruck „eine bärige Abfahrt" hat nichts mit jenem „Bären" zu tun, den wir auch als „Meister Petz" bezeichnen.

Ursprungswort ist das mittelhochdeutsche *bêr* (= männliches Schwein, Zuchteber). „Bärig" bedeutet „brünstig (vom Schwein)", übertragen auf den Menschen „sexuell erregt, zornig erregt, derb" und schließlich übertragen auf Dinge oder Begebenheiten „toll, großartig".

Auch der „Saubär" hat nichts mit einem Bären zu tun. Es handelt sich ebenfalls um einen „Eber", im übertragenen Sinn um einen „unreinlichen Menschen".

Literatur: „Wörterbuch der bairischen Mundarten in Österreich", hg. von der Österreichischen Akademie der Wissenschaften, Wien 1964 ff., 14. Lieferung, Wien 1976, Sp. 1099 u. 1029 f.

Bazi

Das Wort „Bazi" ist eine Kurzform zu Nestroys „Lumpazivagabundus".

Der Scherzname „Bazi" (= Schlingel, Früchterl) wird meist als Kurzform von *Lumpazivagabundus* gesehen – so heißt der böse Geist in dem berühmten Theaterstück Johann Nestroys.

In der Tat ist das Wort viel älteren Ursprungs. Es wurzelt in der Studentensprache, die aus „Lump" einen „Lumpazius" machte. Der Sprachforscher Friedrich Kluge datierte den ältesten Beleg mit dem Jahr 1594 – das ist genau 239 Jahre vor der Uraufführung von Nestroys *Lumpazivagabundus*.

Die direkte Herkunft des „Bazi" ist in den Bauernsprüchen des 16. und 17. Jahrhunderts zu suchen. Wenn sich die Frage erhebt, wie denn die bäuerliche Bevölkerung auf latinisierte Wortschöpfungen gekommen sein soll, so finden wir die Antwort in der tiefen Heiligenverehrung der Bauern. Im Bauerntum spielen ja die Lostage, und hier vor allem die Festtage der „Eisheiligen", eine bedeutsame Rolle. Sie werden oft auch „Eismänner" genannt, obwohl es sich genauer betrachtet um drei Männer (Pankrazius, Servazius und Bonifazius) und eine Frau (die kalte Sopherl) handelt.

Bei den Namenstagen von Heiligen müssen wir uns jeweils das Wort „Fest" dazudenken, der Name hat die lateinische Genitiv-Endung: Wir sagen also statt „zum Fest des Martinus" bloß „zu Martini"; analog dazu „Pankrazi", „Servazi", „Bonifazi", also die

„drei Azi" oder „Bazi" – wie sie in den uralten Bauernsprüchen gern genannt werden.

„Willst dir im Mai
Die Zeh'n nit erfrören,
Derfst vor die drei Azi
Ka Maikäfer wern!"

„Pankrazi, Servazi, Bonifazi
san drei frostige Bazi,
und am Schluss fehlt nie
die kalte Sophie!"

Literatur: Sigmar Grüner: „Der Bazi", in: „Literatur aus Österreich", Heft 262/263, Wien 2001, S. 39–42; Maria Hornung/Sigmar Grüner: „Wörterbuch der Wiener Mundart", 2., erweiterte und verbesserte Auflage mit mehr als 1000 neuen Stichwörtern und Ergänzungen, Wien 2002, S. 110.

Beamtenforelle

Julius Raab hat den Ausdruck „Beamtenforelle" erfunden.

Bundeskanzler Julius Raab (ÖVP) war ein volksnaher Politiker, der in der Zeit des Wiederaufbaus Österreich geprägt hat. Alle wissen, dass er gerne eine einfache Knackwurst aß, die er „Beamtenforelle" nannte.

Entgegen der weit verbreiteten Anschauung stammt der Ausdruck „Beamtenforelle" jedoch nicht von Julius Raab, sondern er ist viel älter. Schon Mundartwörterbücher aus den 1950er-Jahren kennen den Begriff als alten Scherzausdruck, der übrigens nicht nur auf die Knackwurst gemünzt sein konnte, sondern auch auf ein Salzstangerl. In beiden Fällen wird eine einfache, billige Speise bezeichnet, die in der Form eine entfernte Ähnlichkeit mit einer Forelle aufweist.

Karikatur von „Ironimus", 1959, anlässlich einer China-Reise von Bundeskanzler Julius Raab (chinesische Pinselzeichnung).

Das Wort deutet nicht ohne Ironie auf die bescheidenen Einkünfte niedriger Beamter hin, und bescheiden gab sich damals auch der Herr Bundeskanzler.

Literatur: Horst Friedrich Mayer: „Lexikon der populären Irrtümer Österreichs", Wien–Frankfurt/Main 2001, S. 195; Mauriz Schuster/Hans Schikola: „Das alte Wienerisch. Ein kulturgeschichtliches Wörterbuch", Wien 1996 (Neuauflage), S. 25.

Beisl

Das Wiener „Beisl" hat seinen Namen aus dem Jiddischen.

Frage in Günther Jauchs „Millionenshow": „Wohin geht man, wenn man in Österreich ein Beisel aufsucht?" – (a) Gaststätte; (b) Schwimmbad; (c) Kino; (d) Toilette.

Der Kandidat entscheidet sich für „Toilette" und fällt zurück auf 500 Euro – ein Irrtum, der ihn viel Geld kostet.

Auch die Herkunft des Wortes war lange Zeit mit einem Irrtum behaftet. Bis zum Jahre 1975 dachte man nämlich, das Wort stamme von hebräisch *bájiss* ab. Dann erschien eine neue Lieferung des *Wörterbuchs der bairischen Mundarten in Österreich*. Dort können wir lesen, dass der Ausdruck „Beisl" vom böhmischen Wort *paizl* (= Kneipe, Spelunke, Butike) herzuleiten ist. Es handelt sich um eine verkleinernde Kurzform des Hauptworts *hampejz* – mit den Bedeutungen „Hundehäuschen, Kegelbahn", später auch „Bordell".

Zunächst verstand man in Wien unter Beisl ein Lokal niederer Güte, bis sich ein Bedeutungswandel zum Besseren einstellte. Heute spricht man sogar von „Nobelbeiseln", das sind Lokale mit verfeinerter bodenständiger Küche, wo sich die Noblesse trifft. Der deutsche Gastrokritiker Wolfram Siebeck *(Die Zeit)* hat „den Beiseln von Wien" ein eigenes Buch gewidmet.

Das jiddische Wort *bájiss*, das die Sprachforscher, mich eingeschlossen, so lange in die Irre geleitet hat, bedeutet übrigens

„Haus", in der Wiener Gaunersprache auch „Zuchthaus" und „Arbeitshaus".

Literatur: „Wörterbuch der bairischen Mundarten in Österreich", hg. von der Österreichischen Akademie der Wissenschaften, Wien 1964 ff., 13. Lieferung, Wien 1975, Sp. 905; Josef Franta Šumavský: „Taschen-Wörterbuch der böhmischen und deutschen Sprache", Prag 1854, S. 113; Salcia Landmann: „Jiddisch. Das Abenteuer einer Sprache", 6. Auflage, Berlin 1997, S. 146.

Beißer

Der „Beißer" ist ein bissiger Kerl.

Mit dem wienerischen Ausdruck „Beißer" haben wir uns einen „frechen, angriffslustigen, nicht ungefährlichen Kerl" vorzustellen, dem man lieber aus dem Weg geht. Warum aber heißt er so?

Mit dem Zeitwort „beißen" hatte der Ausdruck ursprünglich nichts zu tun. In Wirklichkeit stammt der „Beißer" von dem jiddischen Wort *bájiss* (= Haus, Arbeitshaus) ab. Im Wienerischen lautete der entsprechende Ausdruck „Beiß".

Ein „Beißer" war also ursprünglich ein Mann, der aus dem Arbeitshaus kam und als gefährlich galt. Heute verstehen wir unter „Beißer" einen derb draufgängerischen Menschen. Ein „Beißerbua" ist ein junger Bursch mit „beißerischem" Auftreten.

Literatur: Wilhelm Polzer: „Gaunerwörterbuch für den Kriminalpraktiker", München–Berlin–Leipzig 1922.

Bengel

Den Ausdruck „Bengel" (= schlimmes Kind, roher Mensch) verdanken wir einem kaiserlichen Jagdaufseher namens Bengel.

Dieser Irrtum findet sich in zahlreichen Publikationen, zum Beispiel in Richard Groners *Wien, wie es war,* ein berühmtes Altwiener Lexikon, das 1919 erstmals erschienen ist.

In der Tat ist „Bengel" („Pengel") ein vielfach belegtes Wort aus der Bauernsprache für „Knüttel" oder „Dreschflegel". Erst später kam die übertragene Bedeutung „schlimmes Kind" bzw. „roher Mensch" hinzu.

Schematische Zeichnung jener Geräte, die in der Sprache der Bauern „Pengel" genannt werden.

Wie es aber der Zufall so will, gab es Ende des 16. Jahrhunderts tatsächlich einen Mann namens Bengel. Er war Forstknecht unter Kaiser Rudolf II., das ist jener Habsburger, der später im „Bruderzwist" Österreich, Ungarn, Mähren und Böhmen verlieren sollte.

Einem kaiserlichen Edikt aus dem Jahr 1592 können wir entnehmen, dass Hans Bengel eine Art Oberaufseher in den Praterauen war, die damals kaiserliches Jagdgebiet und Schauplatz rauschender Hoffeste waren: „Niemand soll in unserer Au, dem Prater, zur Sommer- oder Winterszeit reiten, gehen, fahren, holzen, jagen oder fischen ohne Willen des kaiserlichen Forstknechtes ‚Hans Bengel'."

Wir wissen nichts Genaues über diesen Hans Bengel, doch später sagte man ihm nach, es habe sich um einen überaus groben und rohen Menschen gehandelt. „Es war bekannt, dass er alle jene, welche er beim Betreten des Praters oder beim Sammeln von Holz erwischte, entweder eigenhändig durchprügelte oder unbarmherzig peitschen ließ. Seine Rohheit war so bekannt, dass man seitdem jeden rohen Menschen nur mehr Bengel nannte …" Das liest man in der angesehenen Zeitschrift *Wiener Almanach* aus dem Jahre 1895.

Womit die Legende noch weitere Kreise zog. Es dauerte bis zum Jahr 1929, erst dann wies Julius Jakob den „Bengel" als einen Knüttel aus – und im bildlichen Sinn als „großen, kräftigen" oder „unbeholfenen Menschen".

Literatur: Bartel F. Sinhuber: „Zu Besuch im alten Prater. Eine Spazierfahrt durch die Geschichte", Wien–München 1993, S. 28 f.; Richard Groner: „Wien, wie es war. Ein Nachschlagwerk für Freunde des alten und neuen Wien", 1. Auflage, Wien 1919 (in den späteren Überarbeitungen von Felix Czeike wurde der Sprachirrtum korrigiert); Julius Jakob: „Wörterbuch des Wiener Dialektes mit einer kurzgefaßten Grammatik", Wien 1929, Nachdruck: Dortmund 1980 (= Die bibliophilen Taschenbücher 156), S. 36.

Bergisel

Bergisel ist ein Berg – man kann „Berg Isel" auch getrennt schreiben.

Nein, der Schauplatz der in die Geschichte eingegangenen Bergisel-Schlachten Andreas Hofers von 1809 schreibt sich richtig „Bergisel" und ist inmitten der imposanten Gebirgskulisse rund um Innsbruck auch wirklich nur ein 748 Meter hoher bewaldeter Hügel. Die älteste vorliegende, latinisierte Schreibung *Burgusinum* ist vorrömischen Ursprungs und hat zunächst nichts mit einem Berg zu tun. Die getrennte Schreibweise „Berg Isel" oder gar die Vertauschung der beiden Wortteile zu „Iselberg" ist daher unrichtig.

„Iselsberg" ist hingegen der korrekte Name einer Passhöhe zwischen Kärnten und Osttirol. Sie verbindet das Oberdrautal mit dem Mölltal.

Literatur: Horst Friedrich Mayer: „Lexikon der populären Irrtümer Österreichs", Wien–Frankfurt/Main 2001, S. 20; für den Hinweis auf diesen Irrtum danken wir Mag. Robert Schwarz, Innsbruck.

Beserlpark

Ein kümmerlicher Park heißt „Beserlpark", weil dort die Sträucher wie kleine Besen ausschauen.

Der Beserlpark hat mit kleinen Besen nichts zu tun. Auch hier liegt eine volkstümliche Gedankenverbindung vor, die auf einem Irrtum beruht. Auch ich bin diesem Irrtum unterlegen und gebe zu, dass die entsprechende Eintragung im *Wörterbuch der Wiener Mundart*, an dem ich mitarbeiten durfte, nicht korrekt ist. Wir glaubten uns einer Meinung mit Felix Czeike, der in sein epochales *Wien-Lexikon* einen ähnlichen Vermerk aufgenommen hat.

Die älteste Verwendung des Ausdrucks „Beserlpark" kennen wir im Zusammenhang mit einem Park, der 1860 auf dem Franz-Josefs-Kai am Ufer des dortigen Donauarms, des heutigen Donaukanals, errichtet worden ist. Dass es sich dabei um keinen kümmerlichen Park gehandelt hat, beweist eine Bemerkung in Moriz Bermanns Buch *Alt- und Neu-Wien. Geschichte der Kaiserstadt und ihrer Umgebungen* aus dem Jahr 1880. Der Autor bezeichnet den Kaiser-Franz-Josef-Park samt seiner Allee als hübsche Örtlichkeit, die der fröhlichen Kinderwelt als Spielplatz dient. Laut Bermann sind damals die „drallen Dienstmägde" dieser Kinder, „umschwärmt von schmucken Kriegern", im Park flaniert. Demnach war „Beserl" ein scherzhafter Ausdruck für „Dienstmädchen".

Carl Loritza vermerkt in seinem 1847 erschienenen Wörterbuch das wienerische Zeitwort „beseln" (= emsig hin und her trippeln, geschäftig sein) sowie den Ausdruck „Besen" für eine „liederliche, schmutzige Weibsperson". Schließlich ist in einem Wörterverzeichnis der Gaunersprache aus dem Jahr 1922 der Ausdruck „Beserl" als Bezeichnung für ein „leichtsinniges, junges Weib" bzw. eine „unkontrollierte (geheime) Prostituierte" zu finden.

„Beserl" bezeichnet also ein Dienstmädchen, aber auch ein „leichtes Mädchen", eine Prostituierte.

Der Wiener Polizeiarzt Josef Schrank wird in dem 1868 erschienenen Werk Die Prostitution in Wien deutlicher: „Die gemeinsten, meist mit keinem Gesundheitsbuch versehenen Prostituierten benützen zur Ausübung ihres Schandgewerbes bei Nacht die *öffentlichen Parkanlagen,* besonders den Stadtpark, den Rathauspark, den Park am Franz Josefs-Quai (Beserlpark), (...) den Prater u. s. w."

Als sich die Prostituierten andere Rayone suchten und die ursprüngliche Bedeutung des Ausdrucks „beseln" in Vergessenheit geriet, übertrug man das Wort „Beserlpark" auf kleine, kümmerliche Parkanlangen, deren Sträucher oder Bäume wie Besen aussehen.

Literatur: Carl Loritza: „Neues Idioticon Viennense, das ist: Die Volkssprache der Wiener mit Berücksichtigung der übrigen Landesdialekte", Wien–Leipzig 1847, S. 25; Friedrich Kluge: „Deutsche Studentensprache", Straßburg 1895, S. 83; Albert Petrikovits: „Die Wiener Gauner-, Zuhälter- und Dirnensprache", hg. und mit einem Nachwort versehen von Inge Strasser, Wien–Köln–Graz 1986 (Nachdruck der 2. Auflage Wien 1922), S. 20; Josef Schrank: „Die Prostitution in Wien in historischer, administratorischer und hygienischer Beziehung", Wien 1886, 1. Bd., S. 376; Moriz Bermann: „Alt- und Neu-Wien. Geschichte der Kaiserstadt und ihrer Umgebungen", Wien 1880, S. 1159.

Betakeln

Das Wort „betakeln" (= betrügen) stammt aus der Seemannssprache.

Mit dem aus der niederländischen Seemannssprache stammenden Wort „Takelage" (= Vorrichtungen, die die Segel eines Schiffes tragen) hat unser Mundartausdruck „betakeln" (= betrügen, beschwindeln, hereinlegen) nichts zu tun.

Warum in die Ferne schweifen? Schon in dem Wörterbuch des Johann Siegmund Valentin Popowitsch aus dem Jahre 1780 finden wir „betakeln" (= beschmutzen, anschmieren, bescheißen, betrügen). In der Tiroler Mundart sind die Wörter „petaggln" (= übertölpeln, betrügen) und „taggln" (= herumschmieren) belegt.

Etymologisch betrachtet haben wir es wohl mit einer Weiterentwicklung des Wortes „beteigeln" (= jemanden mit Teig beschmieren, ihn anschmieren) zu tun.

Auch der Ausdruck „aufgetakelt sein" (= übermäßig und geschmacklos aufgeputzt, stark geschminkt sein) wird oft irrtümlich von „Takelage" abgeleitet. Sogar die Redaktion des *Duden* fiel auf dieses Seemannsgarn herein. In der Tat hat „aufgetakelt sein" dieselben Wurzeln wie „betakelt".

Literatur: „Deutsches Wörterbuch von Fr. L. K. Weigand", 5. Auflage, hg. von H. Hirt, 2 Bände, Gießen 1909–1910, Bd. 2, Sp. 1020; Matthias Höfer: „Etymologisches Wörterbuch der in Oberdeutschland, vorzüglich aber in Oesterreich üblichen Mundart", 3 Teile, Linz 1915, 3. Teil, S. 207; Johann Siegmund Valentin Popowitsch: Versuch einer Vereinigung der Mundarten von Teutschland als eine Einleitung zu einem vollständigen Teutschen Wörterbuche mit Bestimmungen der Wörter und beträchtlichen Beiträgen zur Naturgeschichte, Wien 1780; Leopold Ziller: „Was nicht im Duden steht. Ein Salzburger Mundart-Wörterbuch", 2. vermehrte Auflage, St. Gilgen am Wolfgangsee 1995, S. 36.

Betucht

Ein betuchter Mann trägt feines Tuch.

Wenn wir das Wort „betucht" hören, denken wir an ein feines Gewand aus edlen Materialien. Tatsächlich ist aber die Herkunft im jiddischen Ausdruck *botúach* zu suchen. Dieser kann auf das Eigenschaftswort *batúach* (= sicher) zurückgeführt werden.

Ein betuchet Mann ist daher ein „zuverlässiger, kreditfähiger Mann", nicht einer, der sich schön anzieht.

Literatur: Salcia Landmann: „Jiddisch. Das Abenteuer einer Sprache", 6. Auflage, Berlin 1997, S. 151; Leo Rosten: „Jiddisch. Eine kleine Enzyklopädie", München 2001, S. 100.

Beugel

Das „Beugel" leitet sich von „beugen" ab.

Mehlspeisen wie das „Mohnbeugl" oder das „Nussbeugl" haben nichts mit dem Zeitwort „beugen" zu tun. Es liegt bei der mundartlichen Form *Beigl*, von der wir ausgehen müssen, eine Verkleinerungsform zum mittelhochdeutschen Wort *bouc* (= Ring, Spange) vor. Das Beigl war ursprünglich ringförmig, wie wir aus der Bedeutung „Holzring" ersehen.

An dem Irrtum trägt wie so oft eine etwas gezwungene Übertragung ins Schriftdeutsche die Schuld – wobei wir eine weitschichtige Verwandtschaft mit den Zeitwörtern „biegen" und „beugen" nicht leugnen wollen. Spekulationen, dass das halbmondförmige bzw. hufeisenförmige Gebäck ein Relikt der 2. Türkenbelagerung Wiens von 1683 sei, werden durch eine Belegstelle für das Jahr 1460 ins Reich der Irrtümer verwiesen.

Die größte Verbreitung hat der Ausdruck freilich in Amerika, wo das Gebäck als *bagel* Berühmtheit erlangte, nachdem es von jüdischen Einwanderern als *bejgl* mitgebracht worden war. Leo Rosten beschreibt die Spezialität als „überfaustgroßen, festen, runden Kringel aus Hefeteig, der vor dem Backen etwa zwei Minuten lang in siedendes Wasser getaucht und dann mit Eiweiß glasiert wird".

Inzwischen ist laut Rosten „der Bagel ein fester Bestandteil der amerikanischen Kultur geworden", zumal die verschiedensten Fast-Food-Ketten eigene Produkte entwickelt haben. Über diese Ketten sind *bagels* schließlich wieder nach Mitteleuropa, und damit auch nach Wien, rückimportiert worden.

Literatur: Maria Hornung/Sigmar Grüner: „Wörterbuch der Wiener Mundart", 2., erweiterte und verbesserte Auflage mit mehr als 1000 neuen Stichwörtern und Ergänzungen, Wien 2002, S. 208 u. 688; Leo Rosten: „Jiddisch. Eine kleine Enzyklopädie", München 2002, S. 81 ff.; „Wörterbuch der bairischen Mundarten in Österreich", hg. von der Österreichischen Akademie der Wissenschaften, Wien 1964 ff., 12. Lieferung, Wien 1974, Sp. 594 ff.; Christoph Wagner: „Bagels und Bejgls. Eine Alt-Wiener Institution kehrt aus den USA zurück", in: „Österreich für Feinschmecker. Das kulinarische Jahrbuch 1996", hg. von Christoph Wagner u. Robert Sedlaczek, Wien 1995, S. 63 ff.

Beutelwerk

„Beutelwerk" ist ein unfeines Wort.

Keineswegs! Wer in den Pinzgau fährt, wird die Bedeutung dieses Wortes in einem völlig anderen Zusammenhang kennen lernen: „Beidlwerch" ist der Rüttelkasten einer Mühle.

Literatur: Internet: http://www.brgzell.salzburg.at.

Bierbaum/ Moosbierbaum

Diese beiden Ortsnamen haben etwas mit „Bier" zu tun.

Die steirische Ortschaft Bierbaum hat nichts mit „Bier" zu tun: Ursprünglich hieß sie „Birnbaum", erst durch schlampige Aussprache wurde daraus ein „Bierbaum".
Ähnlich liegt der Fall beim niederösterreichischen Ortsnamen Moosbierbaum. Hier gibt es zwei Theorien, von denen wohl eine stimmen wird: Entweder eine „moosige Sumpflandschaft" gab dem Ort den Namen oder die zahlreichen Birnbäume mit ihren „Mostbirnen".

Literatur: Elisabeth Schuster: „Die Etymologie der niederösterreichischen Ortsnamen", 3 Bände, Wien 1989–1994, 2. Bd., S. 577 f.

Billeteur

„Billeteur" ist ein französisches Fremdwort.

Wir kennen ihn aus dem Theater und aus der Oper, früher gab es auch im Kino einen Billeteur. Er trägt Uniform und geleitet die Besucher zu ihren Sitzplätzen.
In einem Buch über Austriazismen darf er nicht fehlen, handelt es sich doch wieder um ein „Fremdwort", das in Österreich entstanden ist. Wir haben uns das französische Wort *billet* (= Briefchen, Zettel, Karte) entliehen und ein *-eur* angehängt. (Siehe auch die Stichwörter „Friseur" und „Installateur".)
Die Franzosen betrachten den Berufsstand als weiblich und kennen lediglich den Ausdruck *ouvreuse* (= Platzanweiserin).

Literatur: Ulrike Lang: „Mordshetz und Pahöl. Austriazismen als Stilmittel bei Karl Kraus", Innsbruck 1992, S. 129.

Billigsdorfer

Der Ausdruck „Billigsdorfer-Produkte" leitet sich ab von „billiges Dorf".

Produkte, die zwar billig sind, aber nicht den Erwartungen des Konsumenten entsprechen, nennen wir im Osten Österreichs „Billigsdorfer Produkte". Der Ausdruck leitet sich nicht von einem fiktiven „billigen Dorf" ab, sondern von einem tatsächlich existierenden Ort in Niederösterreich mit dem Namen Pillichsdorf.

„Pillichsdorfer Wein- und Bierhaus" in Wien,
Ecke Alser Straße/Spitalgasse, 1930.

Dieser Ort liegt im Weinviertel, im Bezirk Wolkersdorf. Er wird 1161 erstmals urkundlich erwähnt als *Pilehiltdorf*, weil dort eine Gräfin namens *Pilihilt* die Schutzherrschaft über eine kleine Ansiedlung innehatte. Im 17. Jahrhundert ist der Ortsname mundartlich als *Püllersdorf* belegt, 1821 lesen wir von *Pillichsdorf*.

Der Wein war über Jahrhunderte hinweg eine Haupteinnahmequelle dieser Region. Man transportierte ihn nach dem Ersten Weltkrieg in großen Fässern bis nach Wien, wo er in einfachen und beim Volk äußerst beliebten Restaurationsbetrieben ausgeschenkt wurde.

Am damaligen Volkswehrplatz (dem heutigen Mexikoplatz) und Ecke Alserstraße/Spitalgasse hatten sich Gastwirtschaften etabliert, die unter ihrem Besitzer oder Pächter Karl Fürhacker als „Pillichsdorfer Spezialitäten – Wein- und Bierhalle" bzw. „Pillichsdorfer Wein- und Bierhaus" für ihre moderaten Preise bekannt waren.

Das Volk hat aber im vorigen Jahrhundert in seiner Wortspielerei eine gedankliche Verbindung zum Begriff „billig" hergestellt, sodass man auf die spöttisch-scherzende Bezeichnung *Bülichsduafa* (Billigsdorfer) verfiel, die allmählich auch in die Alltagssprache Eingang gefunden hat.

Literatur: Elisabeth Schuster: „Die Etymologie der niederösterreichischen Ortsnamen", 3 Bände, Wien 1989–1994, 1. Bd., S. 273; Rudolf Hösch: „Heimatbuch der Marktgemeinde Pillichsdorf", Pillichsdorf 1987; Internet: http://www.austrian.wine.co.at; http://www.bauernhof-schmid.com; http://www.schurlwirt.at; für die gastfreundliche Aufnahme und reichliche Bewirtung in Pillichsdorf danken wir der Weinbauernfamilie Schmid und für weitere Auskünfte der Familie Müllebner, die den altehrwürdigen und empfehlenswerten Gasthof „Schurlwirt" führt.

Blashütt'n

Das Wort „Blashütt'n" deutet auf die Anwesenheit von Prostituierten hin.

Unter „Blashütt'n" versteht man in der Wiener Gaunersprache eine Gastwirtschaft unterster Güte. Oft liest man als Erklärung dieses Begriffes, eine „Blashütt'n" werde deshalb so genannt, weil diese Lokalität so klein ist, dass Prostituierte ihren Freiern nur eine eingeschränkte Auswahl ihrer Dienstleistungen anbieten können.

In der Tat leitet sich das Wort „Blashütt'n" aber von einer altwienerischen Variante des Wortes „blasen" im Sinne von „sich an-
blasen, trinken, saufen" ab.

Literatur: Horst Friedrich Mayer: „Das neue Lexikon der populären Irrtümer Österreichs. Weitere
Missverständnisse, Vorurteile und Denkfehler. Der zweite Band", Wien–Frankfurt/Main 2002,
S. 29; Wilhelm Polzer: „Gaunerwörterbuch für den Kriminalpraktiker", München–Berlin–Leipzig
1922, S. 11.

Blasius

Der heilige Blasius hatte schon immer etwas mit dem Wind zu tun.

Der hl. Blasius, dessen Namenstag am 3. Februar begangen wird,
war Bischof in Sebaste in Armenien; der Märtyrer wurde im Jahre
313 oder 316 (wahrscheinlich unter Diokletian) gemartert und ent-
hauptet.

Da er der Legende nach einem Buben, der eine Fischgräte ver-
schluckt hatte, das Leben rettete, gilt er von alters her als Patron
gegen Halsübel; auch ist er Schutzheiliger gegen Zahnweh und
Pest, Wetterheiliger und Patron für Tiere, Weber und Hutmacher.
Am 2. oder 3. Februar wird auch heute noch in vielen Pfarren der
„Blasiussegen" erteilt, der vor Halsbeschwerden schützen soll.

Obwohl Blasius auch ein Wetterheiliger ist, hat er mit dem
Wind nichts zu tun; es ist ein anschauliches Beispiel für eine Volksetymologie, wenn wir von einem „ordentlichen Blasius" sprechen
und damit einen „heftigen Wind" meinen.

Literatur: Gustav Gugitz: „Das Jahr und seine Feste im Volksbrauch Österreichs. Studien zur Volkskunde", 2 Bände, Wien 1929, 1. Bd., S. 63 ff.; Wilhelm Polzer: „Gaunerwörterbuch für den Kriminalpraktiker", München–Berlin–Leipzig 1922, S. 11; Internet: http://www.Kirchenweb.at/
feiertage.

Blau 1

Der „blaue Brief" heißt deshalb so, weil Kündigungsschreiben mit blauem Briefumschlag versendet werden.

Diese Feststellung enthält gleich zwei Irrtümer. Erstens gibt es in den österreichischen Gesetzen keine generelle Regelung, dass Kündigungen schriftlich erfolgen müssen – ein Arbeitnehmer kann auch mündlich gekündigt werden. Nur einige wenige Berufsgruppen kennen die Sonderregel, dass Kündigungen durch den Arbeitgeber schriftlich erfolgen müssen.

Zweitens wäre ein eingeschriebener Brief des Arbeitgebers kein „blauer Brief". Denn Briefe mit Rückschein (RSa-Briefe und RSb-Briefe) sind nur den Behörden für genau festgelegte Fälle vorbehalten.

Der „blaue Brief" hat seinen Namen nach den blauen Umschlägen preußischer Kabinettschreiben, mit denen im 19. Jahrhundert Offiziere aufgefordert wurden, ihren Abschied zu nehmen. Heute bezeichnet man in Deutschland nicht nur Kündigungen als „blaue Briefe", sondern auch jene Schulverständigungen an die Eltern, in denen diesen mitgeteilt wird, dass ihrem Sprössling eine „Nichtversetzung in die nächsthöhere Klasse" (wir würden sagen: ein „Sitzenbleiben") droht.

„Blaue Briefe" heißen auch die Warnschreiben der EU an jene Mitgliedsstaaten, deren Budgetdefizit zu hoch ist.

Im österreichischen Postwesen ist ein „blauer Brief" ein RSa-Brief. Der RSb-Brief ist hingegen aufgrund seiner Farbgebung ein „weißer Brief". Rsa-Briefe sind die Zustellform für besonders wichtige Schriftstücke in Gerichts- und in Verwaltungsverfahren. Sowohl der Zahlungsbefehl als auch die Klage mit der Ladung zur ersten Tagsatzung müssen mit einem derartigen Schreiben zugestellt werden. Der „blaue Brief" vom Gericht darf nur dem Empfänger selbst zu eigenen Handen zugestellt werden. Ein „weißer" RSb-Brief kann jedem Erwachsenen im selben Haushalt ausgehändigt werden.

Wird ein Arbeitnehmer nicht mündlich, sondern schriftlich gekündigt, dann erhält er weder einen „weißen", noch einen „blauen", sondern einen eingeschriebenen Brief.

Literatur: Horst Friedrich Mayer: „Lexikon der populären Irrtümer Österreichs", Wien–Frankfurt/Main 2001, S. 22 f.; Stichworte „blauer Brief" in: „Meyers großes Handlexikon 2000", 20. Auflage, Leipzig–Wien–Zürich 2000, und „Duden. Redewendungen und sprichwörtliche Redensarten. Wörterbuch der deutschen Idiomatik", Mannheim–Leipzig–Wien–Zürich 1998; Allgemeines bürgerliches Gesetzbuch § 1153 ff., im Internet auf http://www.ris.bka.gv.at/bundesrecht/ (geben Sie in das Feld „Kurztitel" ABGB ein); für den Hinweis auf diesen Irrtum danken wir Mag. Kurt Retzer, Kammer für Arbeiter und Angestellte, Wien; weitere populäre Irrtümer zum Bereich Arbeitnehmerrecht finden Sie unter http://www.akwien.at.

Blau 2

Der Ausdruck „blau sein" hat etwas mit der Gesichtsfarbe von Alkoholisierten zu tun.

Es gibt in der Sprachforschung verschiedenste Erklärungsversuche, warum der Zustand stärkeren Angeheitertseins mit der Farbe Blau assoziiert wird: vom Farbton, den der Alkohol auf der Nase eines Trinkenden hinterlässt, bis zu mittelalterlichen Kleiderordnungen, die das Tragen blauer Kleidung an Feiertagen und an arbeitsfreien Tagen vorschrieben.

Richtig dürfte folgende Erklärung sein: Der Ausdruck „blaumachen" und der Begriff „blau sein" gehen auf mittelalterliche Färbetechniken zurück. Blauer Farbstoff wurde aus den Blättern der Färberpflanze Waid gewonnen.

Um den begehrten Farbstoff zu erhalten, waren recht aufwändige Prozeduren notwendig. Benötigt wurden dafür erstens schönes sonniges Wetter, zweitens größere Mengen an Alkohol und drittens frischer Urin. So sorgten die Färber bei schönem

Wetter erst einmal dafür, dass sie selbst „blau" wurden, damit sie dann „blau machen" konnten.

Literatur: Horst Friedrich Mayer: „Das neue Lexikon der populären Irrtümer Österreichs. Weitere Missverständnisse, Vorurteile und Denkfehler. Der zweite Band", Wien–Frankfurt/Main 2002, S. 29 f.; Lutz Röhrich: „Lexikon der sprichwörtlichen Redensarten", Freiburg 1973; Udo Pollmer/Susanne Warmuth: „Lexikon der populären Ernährungsirrtümer", Frankfurt 2000, S. 57.

Blunzenstricker

Ein Blunzenstricker stellt aus Blutwürsten ein Gewebe her.

Das altwienerische Schmähwort „Blunzenstricker" lässt uns einen blöde dreinschauenden Dodl vorstellen. Dass man damit ausdrücken wollte, dieser wäre in der Lage, aus Blunzen (= Blutwürsten) ein Gewebe zu stricken, ist aber ein Irrtum.

Generationen von Hobby-Mundartforschern haben das geglaubt, doch so leicht kann man sich täuschen. So meinte etwa Peter Wehle: „(...) es muss schon in Alt-Wien Surrealisten gegeben haben (...)." Blunzenstricker wäre also einer, der mit Stricknadeln ein Gewebe aus Blutwürsten herstellt.

Der Irrtum ist rasch aufgeklärt. Die Mundartforscherin Maria Hornung wies darauf hin, dass das Zeitwort „stricken" nicht nur mit jenem Vorgang etwas zu tun hat, zu dem wir Stricknadeln brauchen. „Stricken" kommt ja auch von „Strick". Was heute maschinell vonstatten geht, nämlich das Abstricken (= Festschnüren, Abbinden) von Würsten, war in früheren Zeiten eine eintönige Tätigkeit, die ein Blunzenstricker erledigt hat.

Im Wiener Bezirk Ottakring gibt es ein Lokal mit dem Namen Blunzenstricker. Hier findet man auf der Speisekarte bodenständige Wiener Kost, darunter auch Blutwürste.

Der Begründer des Lokals, Heinz Paul, kennt die Bedeutung des Altwiener Ausdrucks Blunzenstricker in all seinen Schattierungen.

Er wies uns darauf hin, dass man früher Fleischhackerlehrlinge, die den Abschluss nicht schafften, Blunzenstricker nannte. Sie wurden weiterhin für die primitive Arbeit des Abschnürens von Blutwürsten herangezogen und deswegen als „Deppen" gehänselt.

Um dieser Bedeutung des Wortes Blunzenstricker Rechnung zu tragen, hat Heinz Paul sein Lokal ziemlich verrückt ausgestattet: An den Decken sind Türen angebracht, die Wände sind nicht mit Tapeten, sondern mit Zeitungen beklebt. Man soll den Eindruck haben, ein Blunzenstricker, also ein Narr, hat sich das Interieur ausgedacht. Außerdem gibt es Blunzen auf der Speisekarte …

Gourmetjournalisten standen dieser augenscheinlichen Zweideutigkeit bisher ratlos gegenüber. Zwar fanden sie in den Mundartwörterbüchern den Hinweis, dass ein Blunzenstricker ein Narr ist – die ursprüngliche Bedeutung, nämlich ein junger Bursche, der Blutwürste abstrickt, war aber nirgendwo zu finden.

Literatur: Horst Friedrich Mayer: „Das neue Lexikon der populären Irrtümer Österreichs. Weitere Missverständnisse, Vorurteile und Denkfehler. Der zweite Band", Wien–Frankfurt/Main 2002, S. 31–33; Peter Wehle: „Sprechen Sie Wienerisch? Von Adaxl bis Zwutschkerl", Nachdruck der erweiterten und bearbeiteten Neuausgabe aus 1981, Wien 2003, S. 112; Peter Wehle: „Singen Sie Wienerisch? Eine satirische Liebeserklärung an das Wienerlied", Wien 1986, S. 48.

Bodensee

Der Bodensee hat seinen Namen von „Boden".

Dem ist nicht so. Der Volksetymologe Karl Gustav Andresen erklärt uns, dass der See in karolingischer Zeit *lacus Bodamicus* geheißen habe und dass der Name von „Bodama", dem heutigen „Bodman" bei Ludwigsburg, herzuleiten sei.

Die Verbindung zu dem Wort „Boden" wurde sehr früh hergestellt. Schon im Mittelhochdeutschen hatte der See den Namen „Bodemsê", in dem das Wort *bodem* (= Boden) enthalten ist.

Jedenfalls zählt der Bodensee heute zu den tiefsten Seen Österreichs. Er misst an seiner tiefsten Stelle 252 Meter. Es folgt mit 191 Meter der Traunsee und mit 169 Meter der Attersee.

Literatur: Georg-Friedrich Benecke: „Mittelhochdeutsches Wörterbuch mit Benutzung seines Nachlasses", ausgearbeitet von Wilhelm Müller und Friedrich Zarncke, 3 Bände, Hildesheim–Zürich–New York 1986 (3. Nachdruckauflage der Ausgabe Leipzig 1854), 1. Bd., S. 220; Renate Metelko: „Top 10 in Österreich. Die höchsten Berge, die häufigsten Vornamen, die meistgekauften Autos, die beliebtesten Kinofilme, die erfolgreichsten Sportler u. v. m.", Ausgabe 2001/2002, Wien 2001,
S. 19.

Boutique

Boutique ist ein Begriff des 20. Jahrhunderts.

In Wien ist das Wort in der Schreibweise „Butik" bereits mit dem Jahr 1873 belegt – es handelt sich dabei allerdings nicht um ein Modegeschäft, sondern um ein „schlechtes Wirts- oder Branntweinhaus, wo sich liederliche Dirnen aufhalten."

Dennoch sollten Sie, lieber Leser, keine Angst haben, wenn Ihre Frau eine Boutique besucht. Die Entwicklungsgeschichte einzelner Wörter ist manchmal voller Überraschungen. So gibt es – man wird es zunächst nicht glauben – einen Zusammenhang zwischen Boutique und Apotheke!

Das Wort „Apotheke" ist zusammengesetzt aus der griechischen Vorsilbe *apo* (= ab, weg) und dem griechischen Hauptwort *thēkē* (= Lade, Kiste, Verkaufs- und Schankpult).

Die „Apotheke" hat nach Friedrich Kluges *Etymologischem Wörterbuch* im Mittelalter einen Bedeutungswandel durchgemacht: vom „Magazin" über den „Spezereiladen" bis zur „Apotheke" im heutigen Sinn.

Durch schnelles Sprechen entstand die verkürzte Form „Potheke", woraus sich das französische Wort *boutique* entwickelt hat,

46

aber auch das spanische Wort *bodega* (= kleine Gastwirtschaft) und das italienische *bottega* (= Laden).

Literatur: Franz S. Hügel: „Der Wiener Dialekt. Lexikon der Wiener Volkssprache, Wien–Pest–Leipzig 1873, Nachdruck: Vaduz 1995, S. 46.

Bratwurst

Die Bratwurst heißt Bratwurst, weil sie gebraten wird.

Wer in bundesdeutschen Lebensmittelgeschäften die Wurstabteilungen besucht, dem wird so manche Bratwurst unterkommen, die mit unseren Bratwürstchen nicht viel gemeinsam hat – vor allem nicht die Zubereitungsart: Der Ausdruck „Bratwurst" bedeutet nicht zwingend, dass das so bezeichnete Wursterzeugnis gebraten werden muss.

Das Wort „Bratwurst" leitet sich von dem altdeutschen Wort *brat* ab, das heißt „weiches, klein gehacktes Fleisch". In der Fachsprache der Wursterzeuger nennt man den Inhalt einer Wurst „Brät", im Wiener Dialekt *Brad*.

Im alten Wien war auf der Freyung neben Gauklern und Seiltänzern auch ein „Bradlbroda". Er briet auf der Straße frische Würste und bat sie zum Verkauf an. Der Wortbestandteil „Bradl" ist eine Verkleinerungsform von „Brad" und in diesem Fall ein Synonym für „Wurst" – nicht für Bratwurst.

Literatur: Horst Friedrich Mayer: „Das neue Lexikon der populären Irrtümer Österreichs. Weitere Missverständnisse, Vorurteile und Denkfehler. Der zweite Band", Wien–Frankfurt/Main 2002, S. 34 f.

Brauneis

Der Name „Brauneis" setzt sich aus „braun" und „Eis" zusammen.

Wir haben es hier mit einem Berufsnamen für einen „Schmied" zu tun, der in früherer Zeit „Braunseisen" lautete und zu „Brauneis" verschliffen wurde. Als Herkunftswort ist das mittelhochdeutsche *bruns îsen* (= glänzendes Eisen) zu sehen.

Literatur: „Duden. Familiennamen. Herkunft und Bedeutung", bearbeitet von Rosa und Volker Kohlheim, Mannheim 2000, S. 150.

Brettl

Das „Brettl" (= Kleinkunstbühne) ist eine Wörtschöpfung aus „Bretter, die die Welt bedeuten".

„Brettl vor dem Kopf" hießen die legendären Kabarett-Programme von Carl Merz, Helmut Qualtinger und Gerhard Bronner in den 1950er-Jahren. In der Tat hat der Ausdruck nichts mit jenen „Brettern" zu tun, die „die Welt bedeuten" – eine von Friedrich Schiller geprägte Formulierung für die Bühne.

Der Titel ist ein Wortspiel aus „Brettl" (= Kleinkunstbühne) und „Er hat ein Brettl vorm Kopf" (= er trägt ein Ochsenjoch, er ist dumm wie ein Ochse).

„Brettl" im Sinne von Kleinkunstbühne ist eine Verstümmelung des französischen Fremdworts „Kabarett", bei dem die erste Silbe weggefallen ist. Dann wurde das Wort im schnellen Sprechen von „Barett" zu „Brett" verkürzt und in eine Verkleinerungsform umgewandelt: Das „Brettl" war geboren.

Ähnlich hat die Volksetymologie dem soldatensprachlichen „Retirade" (= Rückzug, Zuflucht, Zufluchtsort) die Bedeutung

„Toilette" gegeben und zu „Radi" verkürzt. Daraus wurde dann später die scherzhafte Bezeichnung „Rettich" für jenen Zufluchtsort, den man nicht gern beim Namen nennt. „Hau di in Rettich" ist eine rüde Aufforderung zu verschwinden.

Schematische Zeichnung eines „Ochsenjochs", auch „Hornjoch" genannt.

Buben

Kolariks Buben importieren Budweiser Bier nach Österreich.

Auf jeder Flasche Budweiser konnte man früher lesen, dass dieses Bier von „Kolarik & Buben" nach Österreich importiert wird. Gemeint sind damit aber nicht Karl Kolariks Söhne, sondern sein früherer Partner, mit dem er das Bierimport-Imperium begründet hat – Buben ist nämlich auch ein tschechischer Familienname, das Wort bedeutet so viel wie „Trommel" oder „Trommler".

Made in Czechoslovakia.

12 grädiges

Budweiser

**Original
Export-Bier**

Budweiser Bierdepot, Kolarik & Buben, Wien IX, Augasse 11

Telefon : A 16 - 2 - 45

Flaschenetikette der Bierimporteure „Kolarik & Buben", ca. 1950.

Karl Kolarik ist auch Besitzer des Schweizerhauses, wo Stelzen angeboten werden (Eisbein). (Siehe auch das Stichwort „Schweizerhaus".)

Literatur: Rudolf Simek/Stanislav Mikulášek: „Kleines Lexikon der tschechischen Familiennamen in Österreich", Wien 1995, S. 26; Hans Pemmer/Nini Lackner: „Der Prater", Wien 1974, S. 245; siehe auch die Informationen unter http://www.schweizerhaus.at sowie http://www.kolarik.at.

Buckel

Der „Buckel" hat mit „bücken" zu tun.

Obwohl diese Ansicht nahe liegend wäre, ist sie dennoch irrig: das Herkunftswort ist vielmehr das altfranzösische Hauptwort *boucle* für „Schildbuckel". Gemeint ist der gewölbte Metallbeschlag eines (Schutz-)Schildes.

In der Wiener Gaunersprache ist der „Bugl" übrigens ein Leibwächter, der für seinen „Boss" den Buckel hinhält. In der Soldatensprache gibt es den „Jungbugl" (= der frisch Eingerückte) – ein spöttischer Ausdruck für jemanden, der immer wieder seine „Buckerln" (= Verbeugungen) macht.

Auch am Würstelstand kann man das Wort „Bugl" hören. Wer „A Eitrige und an Bugl" oder „A Eitrige und a Gnia (= Knie)" verlangt, hätte gerne eine Käsekrainer und einen Brotanschnitt.

Dieser heißt auch „Scherzl". Das ist kein Scherz – das Wort kommt von mittelhochdeutsch *schërze* (= abgeschnittenes Stück).

Literatur: Maria Hornung/Sigmar Grüner: „Wörterbuch der Wiener Mundart", 2., erweiterte und verbesserte Auflage mit mehr als 1000 neuen Stichwörtern und Ergänzungen, Wien 2002, S. 208 u. 688.

Bumsn

Die „Bumsn" ist ein Lokal, in dem gebumst wird.

Der Ausdruck „Bumsn" für ein Lokal minderer Qualität hat nichts mit dem Zeitwort „bumsen" zu tun.

Wenn wir Karl Gustav Andresen, dem berühmten Volksetymologen, Glauben schenken, so kam der Ausdruck aus deutschen Landen zu uns. Zitieren wir Andresen gleich wörtlich: „Ein

Gasthaus in Landau in der Pfalz führte zu französischer Zeit die Benennung *à la pomme d'or.* Die Wirtin aber wurde vom Volke nur die ‚Bumm-Wirtin' genannt und zuletzt selbst das ganze Haus ‚die Bums', wie es heute noch heißt. "

So gesehen hat also die Volksetymologie den französischen Ausdruck für „Goldener Apfel", nämlich *pomme d'or,* mit dem Ausruf „bums" in Verbindung gebracht.

Literatur: Karl Gustav Andresen: „Über deutsche Volksetymologie", 7., verbesserte Auflage, Leipzig 1919, S. 141.

Burgenland 1

Das Burgenland heißt so, weil es dort viele Burgen gibt.

Das Burgenland ist zweifellos ein Land der Burgen, weil es lange Zeit ein Grenzland war. Burg Forchtenstein war eine bedeutende Grenzbefestigung, die sogar in den Türkenkriegen nicht eingenommen wurde; Burg Bernstein thront eindrucksvoll über dem gleichnamigen Ort; Burg Schlaining liegt direkt vor dem Geschriebenstein, dem höchsten Berg dieses Bundeslandes.

Doch mit all diesen Burgen hat der Name des Bundeslandes nichts zu tun – wie wir alle in der Schule gelernt, inzwischen aber vielleicht vergessen haben.

Das Burgenland ist das jüngste Bundesland Österreichs. Es sollte ursprünglich Heinzenland heißen, als die Verträge von Saint-Germain-en-Laye (1919) und Trianon (mit Ungarn 1920) nach dem Ersten Weltkrieg die neuen Grenzen festlegten. Außerdem war geplant, dass die deutschsprachigen Teile der westungarischen Komitate *Pressburg*/Poszony/Bratislava, *Wieselburg*/Moson, *Ödenburg*/Sopron und *Eisenburg*/Vasvar zu Österreich kommen sollten, mit Ödenburg als Hauptstadt. (Gemeint ist ein Wieselburg in Westungarn, nicht der gleichnamige Ort im niederösterreichischen Mostviertel.)

Weil alle vier Komitate bzw. deren Hauptstädte im Deutschen auf -*burg* endeten, hatte der Neusiedler Anwalt Dr. Karl Adolf Amon, ein Vertreter der Autonomiebewegung in Westungarn, die Bezeichnung „Vierburgenland" erfunden.

Amon gründete 1918 nach Ausrufung der Ungarischen Republik gemeinsam mit seinem Freund Mag. Adalbert Wolf am 1. Dezember jenes Jahres in Neusiedl am See eine „Deutsche Volkspartei", die sich dem „Deutschen Volksrat für Ungarn" anschloss. Am 11. Februar 1919 wurde diese Partei in „Vierburgenländische Deutsche Autonome Volkspartei" umbenannt. Schon Ende 1918 hatte Amon in einer seiner Kampfschriften den Namen „Vierburgenland" geprägt.

Wolf hatte hingegen den Namen „Vierbürgen" vorgeschlagen – in Analogie zu Siebenbürgen.

Als Pressburg der Tschechoslowakei zugesprochen wurde, empfahl Karl Renner den Namen „Dreiburgenland". Dann ließ man immer häufiger die Zahl „Vier" bzw. „Drei" in der Landesbezeichnung weg, und im September 1919 erschien in Wien ein „Verzeichnis der Gemeinden des Burgenlandes" im Druck. Am 8. Oktober 1919 verwendete schließlich die österreichische Bundesregierung erstmals in einem offiziellen Schreiben, und zwar an den Heiligen Stuhl in Rom, den Namen Burgenland.

In den 1920er-Jahren gab es eine heftige Diskussion über den Ursprung des Landesnamens. Gregor Meidlinger nahm für sich in Anspruch, bei einer Vorsprache einer „burgenländischen" Delegation bei Staatskanzler Karl Renner im September 1919 – allerdings nur durch einen Zwischenruf – den Namen in seiner endgültigen Form ins Spiel gebracht zu haben. Renner – so behauptete Meidlinger immer wieder – habe von da an den Namen Burgenland verwendet.

Als nach einer Volksabstimmung Ödenburg an Ungarn fiel, musste eine neue Hauptstadt gesucht werden. Zunächst bezog die Landesregierung in Sauerbrunn ihren Sitz. 1925 wurde Eisenstadt, durch Jahrhunderte die Residenz der Esterházy, vom Landtag zum Sitz der Landesregierung bestimmt. Aber erst im Jahr 1965 erhielt Eisenstadt die Bezeichnung Landeshauptstadt.

Literatur: Horst Friedrich Mayer: „Lexikon der populären Irrtümer Österreichs", Wien–Frankfurt/Main 2001, S. 32–34; Manfred Scheuch: „Historischer Atlas Österreich", aktualisierte Neuauflage, Wien 2000; Gerald Schlag: „Geschichte, Kultur und Wirtschaft in Biografien", Eisenstadt 1991, sowie ein unveröffentlichtes Manuskript desselben Autors.

Burgenland 2

Der ursprünglich vorgesehene Name „Heinzenland" kommt vom männlichen Vornamen Heinz.

„Heinzen" nannte man die deutschsprachigen Bewohner des südlichen und mittleren Burgenlandes und von Randgebieten des ungarischen Komitats Ödenburg (Sopron). Sie waren im 11. und 12. Jahrhundert hier eingewandert.

Als zu Beginn der Ersten Republik die Bundesländer des neuen Bundesstaates definiert wurden, war für das später hinzukommende Deutsch-Westungarn der Name „Heinzenland" vorgesehen.

Die Herkunft des Namens wird meist so erklärt, dass unter den Bauern dieser Gegend der Name *Heinz* besonders häufig vertreten war und so der Vorname zu einem Gattungsnamen für alle Bewohner wurde. Demnach würde Heinzenland so viel wie Bauernland bedeuten. Nach einer anderen Theorie soll der Name auf Kaiser *Heinrich* IV. zurückgehen, unter dem die Siedler ins Land gekommen waren.

Die Mundartforscherin Maria Hornung hat hingegen nachgewiesen, dass es sich dabei um einen bäuerlichen Spottnamen handelt, der auf den häufigen Gebrauch von mundartlich „heanz" oder „hienz" für „jetzt" zurückgeht. Bemerkenswert ist in diesem

Zusammenhang auch, dass im Burgenland „ausheanzen" so viel wie „verhöhnen" heißt.

Die heanzischen Mundarten variieren regional sehr stark und haben sich lange Zeit rein erhalten, weil in der ungarischen Zeit des Gebietes in den Schulen nicht Hochdeutsch gelehrt wurde.

Literatur: Horst Friedrich Mayer: „Lexikon der populären Irrtümer Österreichs", Wien–Frankfurt/Main 2001, S. 34 f.; Stichwort „Heanzen" in der Internet-Version des „Österreich-Lexikon" unter http://www.allaboutaustria.at.

Casino

Das „Casino" war schon immer ein eleganter „Spielsalon".

Schon in meiner Kindheit stach mir, immer wenn ich mit der Straßenbahn in Richtung „Hohe Warte" im 19. Wiener Gemeindebezirk fuhr, ein Name ins Auge, der nicht so recht mit meinen Vorstellungen zusammenpassen wollte: „Casino Zögernitz". Spielte man dort früher um hohe Geldsummen? Frönten dort Offiziere ihrer Spielleidenschaft?

Dem war keineswegs so. Vor rund 200 Jahren waren die Casinos etwas anderes, als wir uns heute darunter vorstellen. Der Wiener Lokalchronist Johann Pezzl – ein gebürtiger Bayer – nannte etwa 1790 die Kasinos „eine italienische Anstalt, auf deutschen Boden verpflanzt". Er bezeichnet sie als ein Mittelding zwischen Wirtshaus, Kaffeehaus und Trakteurhaus (in letzterem konnte man von 11 Uhr bis halb 3 Uhr speisen). Die Casinos dienten „zur Unterhaltung und Bequemlichkeit für den Adel, für Fremde, für Offiziere, Beamte, Negozianten, Doktoren, Geistliche, kurz, für jedermann, der Erziehung und Lebensart hat."

Man öffnete um 8 Uhr morgens und hatte so lange in der Nacht offen, als sich Gäste einstellten. Speisen konnte man von der Früh bis spät in die Nacht. Es gab Zeitungen, Musikinstrumente und (erlaubte) Spiele aller Art.

Literatur: Johann Pezzl: „Skizze von Wien. Ein Kultur- und Sittenbild aus der josephinischen Zeit", Graz 1923, S. 359.

Chuzpe

Das jiddische Wort CHÚZPE kann auch Anerkennung für schlaues Verhalten ausdrücken.

„Er hat es mit seiner Chuzpe ganz schön weit gebracht!" Solche Sätze kann man in der Alltagssprache hören, und dabei klingt unterschwellig ein wenig Bewunderung mit.

Im Jiddischen bedeutet das Wort hingegen „Unverschämtheit", „Frechheit", „Anmaßung" oder „Arroganz" und hat keinerlei positiven Beigeschmack.

Als klassisches Beispiel für eine Chuzpe führt Leo Rosten, Autor des Buches *Jiddisch. Eine kleine Enzyklopädie*, die Geschichte eines Mannes an, „der Vater und Mutter erschlägt und dann um mildernde Umstände bittet, weil er ja Vollwaise sei".

Literatur: Leo Rosten: „Jiddisch. Eine kleine Enzyklopädie". München 2001, S. 154.

Ciao

Das Grußwort „Ciao" ist bei uns erst seit kurzem in Mode.

Die Geschichte von „Ciao" ist eine Geschichte voller Missverständnisse. Dass diese Grußformel in etwa dasselbe bedeutet wie „Servus", nämlich „Ich bin dein ergebenster Diener", ist bekannt.

Zeitgenössische Darstellung eines „Tschau" von Theo Zasche, aus: „Typen aus der alten Armee", Wien 1917.

Denn „Servus" leitet sich von lateinisch *servus* (= Sklave, Diener) ab und „Ciao" hat etwas mit italienisch *schiavo* (= Sklave, Diener) zu tun. Doch wie hängt das eine mit dem anderen zusammen?

Gleich vorneweg sei gesagt: Das Grußwort „Ciao" ist bei uns keine Modeerscheinung neueren Datums. Umgekehrt ist „Servus" in unseren Breiten nicht so alt, wie viele annehmen.

Und – was noch verblüffender ist: Ausgangspunkt des Grußwortes „Ciao" war der Wiener Hof!

Diese Erkenntnis verdanken wir einem Universitätsprofessor aus Siegen. Der Romanist Johannes Kramer hat in einem wissenschaftlichen Beitrag die verschlungenen Wege von Grußformeln nachgezeichnet. Wie ist Kramer dabei vorgegangen?

Er suchte die ältesten Belegstellen von Grußformeln und kam zu überraschenden Ergebnissen. Zwar bieten die deutschen Wörterbücher keine Datierung, aber im Ungarischen ist *szervusz* erst seit 1815 belegt. Auch das tschechische *servus* taucht erst im 19. Jahrhundert auf und dasselbe gilt für das südpolnische *serwus*. Die deutsche Lehnübersetzung „ergebener/gehorsamer/untertäniger Diener" ist ebenfalls erst sei Goethe und Kotzebue belegt.

Wir haben es wohl mit einer Formel aus dem Hofzeremoniell des 18. Jahrhunderts zu tun, in dem lateinische Ausdrücke eine große Rolle spielten. Es liegt also der nicht seltene Fall vor, dass höfische Gebräuche vom Bürgertum nachgeahmt wurden, was dann für eine Verbreitung in allen Schichten sorgte.

Das Verbreitungsgebiet von „Servus" lässt darauf schließen, dass der Ausgangspunkt nicht irgendein Hof war, sondern der Wiener Hof. Österreich und Ungarn sind die Kerngebiete, von denen aus der Gruß einerseits nach Bayern (und von da in die Rheinpfalz), andererseits nach Böhmen und Südpolen weitergegeben wurde. Was das Rumänische anlangt, kommt das Wort nur in Siebenbürgen, also im Kontakt zum Ungarischen und über dieses vermittelt, vor: *ser(v)us*.

Der Gruß „Ciao" ist in Italien hingegen später belegt als „Servus" bei uns. Der früheste Beleg, den Kramer finden konnte, stammt aus dem Jahr 1829. Zehn Jahre später finden wir *cia(v)o* in einem Mailänder Wörterbuch. Die damals österreichischen Gebiete Norditaliens kennen also das Wort, es handelt sich wahrscheinlich um ein Lehnübersetzung des im deutschen Österreich üblichen „Servus".

Irgendwann haben dann Österreicher den italienischen Gruß *ciao* rückimportiert. Hierbei können wir ganz eindeutig zwei Wellen feststellen, wobei die erste in die Mitte des 19. Jahrhunderts fällt.

Als Feldmarschall Johann Joseph Wenzel Graf Radetzky 1848/49 die italienische Revolution niederschlug und damit Lombardo-Venetien für Österreich rettete, war *ciao* in Italien bereits ein weit verbreiteter Gruß. Radetzkys Soldaten brachten diese Grußformel nach Österreich mit, wo sie groß in Mode kam, war es doch ein Anlass, mit den militärischen Erfolgen in Italien zu prunken.

Etliche Herren verwendeten den Gruß so oft, dass er sogar zu einem Überbegriff für einen bestimmten Menschenschlag wurde. Unter einem „Tschau" stellte man sich damals einen geschniegelten, einfältigen, aber doch irgendwie liebenswürdigen Kavallerieoffizier der k. u. k. Armee vor.

Ende des 19. Jahrhunderts war der Gruß „Tschau" eine Eigentümlichkeit der Gigerln, also der Modegecks, wie ein Sketch von Franz Ivčić (J. F. Schütz) zeigt:

„Zwei Sportgigerln der fadesten Sorte stoßen fast mit den Nasenspitzen aneinander und begrüßen sich im näselnden Tone:

Servus!
Tschau!
Was macht 's Ferd? – Wie geht 's der Frau?
Danke, gut! – Bei Dir?
Danke auch!
Servus!
Tschau!"

Die nächste Welle kam nach dem Zweiten Weltkrieg, als die Österreicher Italien, und hier vor allem die adriatische Küste, als Urlaubsland (wieder-)entdeckten. Wenige Jahrzehnte später waren es dann die landschaftlichen Schönheiten der Toskana, gepaart mit der feinen Küche und den exzellenten Weinen, die zur Verbreitung von „Ciao" in Österreich beitrugen. Nun war der Modegruß ein Anlass, mit einem schönen Italienurlaub zu prunken – wie sich die Zeiten ändern.

Auf die Frage „Welche Gruß- und Verabschiedungsformen verwenden Sie im Allgemeinen, wenn Sie Freunde, Verwandte oder Bekannte treffen?" antworteten im April 2003 nicht weniger als 28 Prozent der Österreicherinnen und Österreicher mit „Ciao". Der Gruß stand damit an zehnter Stelle, gleich auf mit „Guten Tag". Spitzenreiter in dieser Meinungsumfrage von „Spectra" war „Hallo" (61 %), gefolgt von „Servus" (56 %), „Grüß Gott" (55 %), „Tschüss" (51 %) und „Auf Wiedersehen" (49 %).

Literatur: Johannes Kramer: „Von Versailles über Wien an die Donau und in die Alpen: Zum Wanderweg von Gruß- und Dankesformeln", in: „Verbum Romanicum. Festschrift für Maria Iliescu", hg. von Johannes Kramer u. Guntram A. Plangg, Hamburg 1993, S. 42 f.; Felix Czeike: „Historisches Lexikon Wien", 5 Bände, Wien 1992–1997, 4. Bd., S. 621; Rudolf Holzer: „Wiener Volks-Humor. Die Realisten", Wien 1947, S. 11; C. A. Friese (Hg.): „Wiener Humor. Sammlung von humoristischen Vorträgen", Wien 1891, S. 200 f.

CMB

CMB bedeutet Caspar, Melchior und Balthasar.

Wenn die Sternsinger zu Dreikönig von Haus zu Haus ziehen, dann schreiben sie mit geweihter Kreide C-M-B auf die Eingangstüre. Dieses Kürzel bedeutet „Christus segne dieses Haus!" *(Christus mansionem benedicat!)*

In der Bibel haben die drei Könige aus dem Morgenland keine Namen (Matthäus 2,1–12). Sie werden als Astrologen bezeichnet, die dem „Stern von Bethlehem" gefolgt sind.

Dass Christus in Bethlehem auf die Welt kam (und nicht in Nazareth) ist übrigens ein weiterer Irrtum, der rund um den 6. Januar gerne verbreitet wird (siehe das Stichwort „Christi Geburt" in Horst Friedrich Mayers *Das neue Lexikon der populären Irrtümer Österreichs*).

Erst aufgrund des uralten Brauchs, die Abkürzung C-M-B auf das Haustor zu schreiben, suchte man im 6. Jahrhundert drei Namen, die mit C, M und B beginnen – so kamen Caspar, Melchior und Balthasar ins Spiel.

Seit dem 14. Jahrhundert wird Melchior (manchmal auch Kaspar) als Mohr dargestellt.

Cordon bleu

Das mit Schinken und Emmentaler gefüllte Schnitzel schreibt man „Gordon bleu".

Könnte man meinen – denn auf den Speisekarten österreichischer Wirtshäuser taucht immer wieder ein Gericht mit dem Namen „Gordon bleu" auf. Ist es nach dem Comic-Helden Flash Gordon benannt? Oder nach einem Koch mit dem Namen Gordon?

Natürlich lautet die richtige Schreibung *Cordon bleu,* das ist der französische Ausdruck für „blaues Ordensband".

Der Orden von Saint-Esprit (Heiliger Geist), den der französische König Heinrich III. gestiftet hatte, bestand aus einem blauen Band, einem *cordon bleu.* Dieser Orden wurde nur an äußerst bedeutende Persönlichkeiten verliehen, und so kam es, dass auch gute Köche – allerdings nur dem Worte nach – einen „Cordon bleu" erhielten.

Schließlich nannte man auch ein besonders exquisites Gericht so – zwischen zwei kleine dünne Kalbsschnitzel wird eine Scheibe Emmentaler und ein Blatt gekochter Schinken gelegt, dann wird das Stück Fleisch mit Ei und Bröseln (= geriebenem Weißbrot) paniert und in Fett herausgebacken (= herausgebraten).

Ein Cordon bleu aus Schweinefleisch wird der ursprünglichen Idee in keiner Weise gerecht – gleiches gilt für das Wiener Schnitzel: Es muss aus Kalbfleisch sein, sonst darf es nur „Schweinsschnitzel gebacken" heißen.

Dass aus *k (cordon)* gesprochen ein *g (gordon)* wird, ist keine Seltenheit im Osten Österreichs. Man nennt diesen Vorgang in der Sprachwissenschaft *Lenisierung.* Der folgende Burgenländerwitz könnte daher genauso gut auf einen Wiener gemünzt werden: Betrachten zwei Männer das Auto eines englischen Touristen. Der eine schaut ins Innere des Wagens: „Das Lenkrad ist rechts!" Der andere geht nach vorne: „Das Nummernschild ist gelb!" Gemeinsam gehen sie nach hinten und betrachten nachdenklich das Nationenkennzeichen. „Kein Wunder", sagt der Erste, „Griminal-Bolizei!"

Literatur: Erhard Gorys: „Das neue Küchenlexikon", München 1994, S. 108 u. 250; zur Geschichte von „Flash Gordon" siehe http://www.kingfeatures.com/features/comics/fgordon/about.htm.

Dornbirn

Im Namen Dornbirn steckt das Wort „Birne".

Dornbirn hat nichts mit „Birne" zu tun. Der zweite Wortteil kommt von *-büren,* womit eine „Siedlung" bezeichnet wird. Es handelt sich um die Mehrzahl des althochdeutschen Ausdrucks *bur* (= kleines Haus, Kammer).

Literatur: Maria Hornung/Franz Roitinger: „Die österreichischen Mundarten. Eine Einführung", neu bearbeitet von Gerhard Zeillinger, Wien 2000, S. 133.

Dosisches Schloss

Das „dosische Schloss" hat etwas mit einer „Dose" zu tun.

So möchte man meinen, wenn von diesem Spezialschloss die Rede ist. Tatsächlich aber ist der Name – wie wir einem Mundart-Wörterbuch entnehmen – einem in Wien tätigen italienischen Schlosser namens Tosi zuzuschreiben. Das richtigerweise „tosische = Tosi'sche Schloss" wird man daher auch im *Österreichischen Wörterbuch* nicht unter *D* finden.

Es handelt sich hierbei um ein „Zuhaltungsschloss", bei dem mehrere Zuhaltungen (= Sperren) nebeneinander geordnet und unterschiedlich ausgespart sind.

Literatur: Julius Jakob: „Wörterbuch des Wiener Dialektes mit einer kurzgefaßten Grammatik", Wien 1929, Nachdruck: Dortmund 1980 (= Die bibliophilen Taschenbücher 156), S. 193.

Einmargerieren

„Einmargerieren" kommt von „Margarine".

Das habe ich selbst lange geglaubt. Ich war der Meinung, dass die Margarine für diese abwertende Redewendung herhalten musste, weil sie lange Zeit als minderwertiger Butterersatz galt.

Herkunftswort ist jedoch ein in den Mundarten Tirols, Kärntens und Salzburgs belegter Ausdruck, nämlich „Marge" bzw. „(Kuchel-)Märgen" (= kleiner Kasten für Esswaren, Küchenschrank).

„Das kannst du dir einmargerieren" bedeutete also ursprünglich so viel wie „Das kannst du dir ins Kastl stellen", wobei es zu einer Anlehnung an „marinieren" (= in eine Marinade einlegen oder mit Marinade beträufeln) kam. Die Vorsilbe *ein-* dient nur der Verdeutlichung.

Heute verwendet man diese spöttische Redewendung dann, wenn man jemandem etwas nicht glaubt oder dessen Haltung ablehnt.

Literatur: Leopold Ziller: „Was nicht im Duden steht. Ein Salzburger Mundart-Wörterbuch", 2., vermehrte Auflage, St. Gilgen 1995; Andreas J. Schmeller: „Bayerisches Wörterbuch", 2. Auflage bearbeitet von G. K. Frommann, 2 Bände, München 1872–1877, Nachdruck: München 1996, 1. Bd., S. 1647; Oskar Bulle/Giuseppe Rigutini: „Wörterbuch der italienischen und deutschen Sprache", 8. Stereotypausgabe, Leipzig (ca. 1896), S. 58 f.; Theodor Unger/Ferdinand Khull: „Steirischer Wortschatz, als Ergänzung zu Schmellers Bayerischem Wörterbuch", Graz 1903, Nachdruck: Wiesbaden 1968, S. 450; Josef Schatz: „Wörterbuch der Tiroler Mundarten", 2 Bände, Innsbruck 1955/56, Nachdruck: Innsbruck 1993, 1. Bd., S. 71, 2. Bd., S. 415; Matthias Lexer: „Kärntisches Wörterbuch", Leipzig 1862, Nachdruck: Wiesbaden 1956, Sp. 186; wir danken Maria Hornung für die besondere Hilfe bei der Erstellung dieses Stichwortes.

Entrisch

Dieses Wort ist ein höflicher Willkommensgruß und kommt vom französischen ENTREZ! (= herein!)

So steht es beim Rotwelschexperten Günther Puchner, der immer für eine irrtümliche Etymologie gut ist. Er leitet den in Österreich und Bayern gebräuchlichen Ausdruck *entrisch* vom französischen *entrez!* (= herein!) ab.

Tatsächlich bedeutet „entrisch" so viel wie „unheimlich", „gruselig", „schaurig" und ist nach Maria Hornung mit dem Ausdruck *enta* (= drüben, jenseits gelegen) verwandt. Die *entan Grind* (= jenseitigen Gründe, d. h. Gebiete) werden als unheimlich empfunden.

Im *Etymologischen Wörterbuch der deutschen Sprache* wird aber auch ein Bezug zur Wurzel *ander-* erwogen, was durch die gleiche Bedeutung der Redewendungen „mir ist ganz entrisch geworden" und „mir ist ganz anders geworden" untermauert wird.

Literatur: Friedrich Kluge: „Etymologisches Wörterbuch der deutschen Sprache", 23., erweiterte Auflage, bearbeitet von Elmar Seebold, Berlin–New York 1999, S. 224.

Etepetete

Dieser auch in Österreich beliebte Ausdruck stammt aus dem Französischen.

Der durchaus positive Streit um die Herkunft dieses Wortes dauert wohl schon an die 150 Jahre an, und es gibt etliche Sprachfreunde, die den Begriff rein vom Klang her für französisch halten.

Jedenfalls war der in Gandersheim tätige Deutschlehrer Franz Söhns schon im Jahre 1888 mit dieser Frage befasst. Er verwies auf Etymologen, die sich für eine Zusammensetzung aus einem niederdeutschen *ete* (= geziert) und einem französischen Umstandswort *peut-être* (= vielleicht) aussprechen.

Die Herleitung des zweiten Wortteiles bezweifelt er jedoch mit dem Argument, dass sich das Französische wohl kaum nach Norddeutschland verirrt haben würde.

Hier geben wir ihm Recht. Es handelt sich bei „etepetete" um eine verstärkende Wiederholung des niederdeutschen „ete" nach dem Muster von „Holter di Polter" oder „heidi pupeidi" (siehe das Stichwort in diesem Buch). Als „etepetete" bezeichnet man Menschen, die übertrieben wählerisch oder geziert sind.

Literatur: Franz Söhns: „Die Parias unserer Sprache. Eine Sammlung von Volksausdrücken", Heilbronn/Neckar 1888, S. 40.

Fastnacht

Die Fastnacht hat etwas mit „fasten" zu tun.

Im Westen Österreichs ist nicht nur das Wort „Fastnacht", sondern auch „Fasnacht" gebräuchlich – und das sollte einen misstrauisch machen. Jedenfalls hatte Fastnacht ursprünglich nichts mit „fasten" zu tun. Vermutlich leitet sich „Fas-" von einem mittelhochdeutschen Wort ab, das so viel wie „sich ausleben" bedeutet. Erst später erfolgte eine Angleichung an „fasten".

Ursprünglich war unter Fastnacht überhaupt nur der Abend vor der Fastenzeit gemeint. Ab dem 15. Jahrhundert feierte man die letzten drei Tage davor oder auch die vorhergehende Woche. Seit dem 19. Jahrhundert meint man damit die Zeit von Dreikönig bis Faschingsdienstag.

Literatur: Helga Maria Wolf: „Das neue Brauchbuch", Wien 2000; Hans Gapp: „Die großen Fasnachten Tirols", Innsbruck 1996.

Feierl

Der Familienname Feierl hat mit dem Wort „feiern" zu tun.

Der Name Feierl kommt so wie Feigl von „Veigerl", der mundartlichen Variante zu „Veilchen" – wobei das *g* verloren gegangen ist.

Fett'n

Die Redewendung „Der Ball hat eine Fett'n" hat etwas mit „Fett" zu tun.

Das klingt plausibel, ist aber trotzdem falsch. Zu einem Ball, der seitlich getroffen, also „angeschnitten" wird und deshalb mit Seitwärtsdrall fliegt, sagt man aus einem anderen Grund „Der Ball hat eine Fett'n": Das Wort „Fett'n" ist eine Verballhornung des französischen Ausdrucks *effet* (= Wirkung).

Die Redewendung stammt nicht aus dem Fußballspiel, sondern aus dem wesentlich älteren Billardspiel.

Literatur: Horst Friedrich Mayer: „Das neue Lexikon der populären Irrtümer Österreichs. Weitere Missverständnisse, Vorurteile und Denkfehler. Der zweite Band", Wien–Frankfurt/Main 2002, S. 23 f.

Fiaker

Die Bezeichnung Fiaker stammt aus Wien.

Fiaker ist die Bezeichnung für ein mit zwei Pferden bespanntes Lohnfuhrwerk (Mietkutsche), aber auch für dessen Lenker. Das Wort stammt aus Paris und rührt von einem Haus zum heiligen Fiacrus *(Hôtel Saint Fiacre)* her, das im 17. Jahrhundert in der Rue Saint Antoine oder Rue Saint Martin stand und seinen Namen nach dem auf der Stirnseite angebrachten Bildnis dieses Heiligen führte. Hier wohnte zur Zeit Ludwigs XIV. ein gewisser Nicolas Sauvage, der im Jahr 1650 das Sonderrecht erwarb, Lohnkutschen zu halten, die von nun an bei diesem Wirtshaus ihren Standplatz hatten. Es wurde in Paris bald üblich, Mietkutschen als „Wagen des heiligen Fiacrus" *(voitures de Saint Fiacre)* oder einfach als *fiacres* zu bezeichnen.

Der Name wurde in der Folge für die damals in den meisten größeren Städten vorhandenen mit zwei Pferden bespannten Mietfuhrwerke verwendet, bis diese beinahe überall dem Automobil wichen. Schon 1778 taucht die Bezeichnung Fiaker auch in Berlin auf, wo sie jedoch bald durch das Wort „Droschke" (und „Droschkenkutscher") ersetzt wurde.

Vornehmlich von Berlin aus verbreitete sich der Ausdruck „Droschke" im übrigen Deutschland, während man in Wien bis heute dem Fiaker die Treue bewahrte.

Literatur: Horst Friedrich Mayer: „Lexikon der populären Irrtümer Österreichs", Wien–Frankfurt/Main 2001, S. 62; Mauriz Schuster/Hans Schikola: „Das alte Wienerisch. Ein kulturgeschichtliches Wörterbuch", Wien 1996, S. 43 ff.; für den Hinweis auf diesen Irrtum danken wir Univ.-Prof. Dr. Peter Csendes.

Fischamend

Fischamend kommt von „Fisch am Ende".

Auch das ist ein Irrtum. Gemeint ist die Mündung des Flusses Fischa. Althochdeutsch *-munt* wurde zu *-mend* umgewandelt.

Früher hieß der Ort *Fiskahagamundi* „Einmündung des Fischwassers" (also des Flusses Fischa in die Donau). Noch 1291 ist der Ort als Vischamunde belegt.

Literatur: Elisabeth Schuster: „Die Etymologie der niederösterreichischen Ortsnamen", 3 Bände, Wien 1989–1994, 2. Bd., S. 28 f.

Fledermaus

In Wien isst man Fledermäuse.

Auf der Speisekarte von *Plachuttas Gastwirtschaft*, einer Wiener Restaurant-Kette, wo die Rindfleischkultur der Monarchie fortlebt, findet man manchmal zum Erstaunen der Gäste ein Gericht, das sich „Überbackene Fledermaus" nennt.

Mit den nachtaktiven Flugtieren hat dieses Gericht allerdings nichts zu tun, „Fledermaus" ist ein Teil des Rindes.

Der selten verwendete Fledermausmuskel liegt direkt im Lendenbereich des Rindes, und zwar dort, wo der Rücken aufhört und das so genannte Knöpfel ansetzt. Seinen Namen verdankt das Fleischstück den wie Fledermausflügeln auseinander laufenden Nervensträngen.

Die mit Sauce Mornay und Kren (= Meerrettich) „Überbackene Fledermaus" ist übrigens, im Gegensatz zum Tafelspitz, kein Altwiener Gericht, sondern jüngeren Ursprungs. Ein Küchenchef namens Peschek hat dieses Gericht 1974 anlässlich eines Kochwettbewerbs zum 100-Jahr-Jubiläum der Johann-Strauß-Operette „Fledermaus" serviert und damit den Sieg davongetragen.

Dass dieses Rindfleischgericht mit seinem bizarren Namen tatsächlich mit den geflügelten Tieren verwechselt wird, beweist folgende Geschichte, die wir Herbert Hufnagls *Kurier*-Kolumne „Kopfstücke" entnommen haben.

Der bekannte Wiener Gastwirt Karl Meixner wurde im Frühjahr 2003 von einem Tierschützer bei der Polizei „als Barbar" angezeigt, weil er auf der Speisekarte „gebackene Fledermäuse" angeboten hatte. „Das kann nicht erlaubt sein", schrieb der erzürnte Tierschützer. Wenn ja, folgert er, dann ist die Regierung „eine Horde Nieten."

Literatur: Horst Friedrich Mayer: „Lexikon der populären Irrtümer Österreichs", Wien–Frankfurt/Main 2001, S. 65 f.; Christoph Wagner: „Das Lexikon der Wiener Küche", Wien 1996, S. 93; Herbert Hufnagl: Kopfstücke am Sonntag. Von Trapez bis Bett, in: Kurier, 6. 7. 2003, S. 9.

Foafal

Der Ausdruck „Foafal" hat etwas mit FARFALLE (= Schmetterlinge) zu tun.

Jeder kennt sie, die *farfalle,* die schmetterlingförmigen Nudeln der italienischen Küche. Aber der in Bayern und Österreich gebräuchliche Ausdruck „Foafal" für ein einfältiges, unerfahrenes Mädchen hat nichts mit Schmetterlingen zu tun – weder mit den Tieren noch mit der Speise.

In der Tat stammt „Foafal" von dem mittelhochdeutschen Wort *varvel* (= Mehlbrei) ab. Ein *Farfel* oder *Pfarfel* ist ein fein zerbröselter Teig, der in eine Suppe eingeträufelt wird. Diese „fade" Speise wird mit einem faden Mädchen verglichen.

Literatur: Maria Hornung/Sigmar Grüner: „Wörterbuch der Wiener Mundart", 2., erweiterte und verbesserte Auflage mit mehr als 1000 neuen Stichwörtern und Ergänzungen, Wien 2002, S. 348.

Frackerl

Das Frackerl ist ein klein geratener Frack.

Wer in Kärntnen auf ein „Frakale" geht, sucht ein Lokal auf und bestellt sich ein Glas Schnaps. Denn „Frackerl" ist ein kleines Schnapsglas, das ursprünglich die Form einer Flasche hatte.

Das Wort leitet sich von französisch *flacon* (= Fläschchen) her, wobei man wegen der leichteren Aussprache von *fl* zu *fr* (*Flackerl* zu *Frackerl*) gewechselt hat.

Es gibt auch andere Bezeichnungen für Getränke, die ganz ähnlich nach dem Trinkgefäß gebildet sind: Das „Baucherl" ist ein bauchförmiges Stamperl, das eine Mischung von Weinbrand und Cola enthält, das „Buderl" – besonders in Salzburg und Wien – ist eine Verkleinerungsform von Bouteille: ein kleines flaschenförmiges Glas, das meist für Schnaps verwendet wird.

Frankfurter 1

Frankfurter Würstchen stammen aus Frankfurt.

Das ist kaum noch ein brauchbarer Irrtum, denn inzwischen weiß wohl jeder, dass die Frankfurter Würstchen in Wien erfunden wurden – von einem aus Frankfurt stammenden Fleischergesellen namens Johann Georg Lahner. Er gründete in Wien am Schottenfeld Nr. 272, heute Neustiftgasse 111, eine eigene Selcherei. Im Mai 1805 wurde das erste Paar Frankfurter, eine feine Mischung aus Schweine- und Rindfleisch, abgefüllt in Schafsaitlinge, erzeugt und verkauft

Da der „Erfinder" der Würstchen ein Frankfurter war, haben sie doch ein klein wenig mit dieser Stadt zu tun. Allerdings nicht genug, dass die Einwohner von Frankfurt sie so nennen würden. In Hessen werden die Würstchen als etwas Fremdes empfunden und heißen „Wiener" – genauso wie anderswo außerhalb Österreichs.

Literatur: Horst Friedrich Mayer: „Lexikon der populären Irrtümer Österreichs", Wien–Frankfurt/Main 2001, S. 276 f.

Frankfurter 2

Frankfurter Würstchen heißen so, weil sie von einem Mann names Frankfurter erfunden wurden.

Dieser Irrtum ist schon viel origineller. Wir fanden ihn in der Rubrik „Sprachspaltereien" der Tageszeitung *Die Presse*. In der Tat gibt es in Wien den Familiennamen Frankfurter, wie ein Blick ins Telefonbuch zeigt. Aber nicht alle Menschen aus Frankfurt heißen Frankfurter.

Literatur: Eva Male: „Sprachspaltereien", in: „Die Presse", Beilage „Spectrum", 5. 4. 2003.

Friseur

Die Bezeichnung „Friseur" ist dem Französischen entnommen.

Das stimmt deswegen nicht, weil man im Französischen das Wort *friseur* gar nicht kennt, auch wenn das Zeitwort *friser* unserem „frisieren" zugrunde liegt.

In Frankreich sagt man *coiffeur*. Dieser Begriff ist auch in Österreich auf Geschäftsportalen recht häufig zu lesen – wahrscheinlich deshalb, weil er im Unterschied zu Friseur „hundertprozentig französisch" ist.

„Friseur" ist also lediglich ein französisierendes Wort – so wie der „Billeteur" und der „Installateur" (siehe die beiden Stichwörter in diesem Buch).

Gamsig

„Gamsig" kommt von „Gams".

Wenn ein Mann „gamsig" ist, empfindet er ein starkes sexuelles Verlangen und führt sich auf wie ein wild gewordener Gamsbock.

Dennoch kommt das Wort „gamsig" nicht von „Gams". Tatsächlich handelt es sich um eine Ableitung des bairisch-österreichischen Mundartausdrucks *gamri* (= lüstern).

„Mach mich nicht gamsig!" – dieser Satz bedeutet: Weck nicht Lust in mir! Und eine leicht zu entflammende Frau wird in der Mundart „a Gamsige" genannt.

Literatur: Maria Hornung/Sigmar Grüner: „Wörterbuch der Wiener Mundart", 2., erweiterte und verbesserte Auflage mit mehr als 1000 neuen Stichwörtern und Ergänzungen, Wien 2002, S. 403.

Gattehosen

Die „Gattehosen" hat mit dem „Gatten" zu tun.

Beim umgangssprachlichen Begriff „Gattehose(n)" bzw. „Gattahosen" stellt die Volksetymologie gern eine Verbindung zu „Gatte" (= Ehegemahl) her.

In Wirklichkeit entstammt die Bezeichnung dem ungarischen *gatya* (= Unterhose, weite leinene Leibhosen, Gatjehosen) – einem Teil der ungarischen Tracht.

Das Wort „Gattehosen" stellt also eine Tautologie dar, denn *gatya* bedeutet ja bereits „Hose(n)". Auch die leicht spöttische *ing*-Form „Gattinger" ist recht beliebt, und verdeutlichend spricht man auch von „Untergattinger".

Germ

Der in Österreich häufige Familienname Germ hat mit „Hefe" zu tun.

Hier liegt kein Berufsname vor. Der Name kommt vom slowenischen Hauptwort *grm* (= Busch).

Literatur: Maria Hornung: „Lexikon österreichischer Familiennamen", Wien 2002, S. 57.

Geste

Dieses Wort wird korrekterweise mit langem e-Laut ausgesprochen.

Nein, im Deutschen spricht man einen Vokal, wenn er vor mehreren Konsonanten steht, kurz aus, man denke nur an die Wörter „Held", „Scherz" oder „schlecht". Das Ursprungswort lateinisch *gestus* (= Gebärdenspiel des Schauspielers oder Redners) von lateinisch *gerere* (= tragen) wird bereits im Lateinischen mit einem kurzen e-Laut gesprochen.

Der Schauspieler und Regisseur Michael Schottenberg gehört zu jenen, die für die richtige Aussprache plädieren, aber auf verlorenem Posten stehen: „Sogar in manchen Schauspielschulen wird die falsche Aussprache gelehrt!" Auch das Aussprachewörterbuch des *Duden* führt bereits die falsche Aussprache als Nebenform an.

Wahrscheinlich wird die Aussprache mit langem e-Laut deswegen immer beliebter, weil damit eine Unterscheidung zwischen den Wörtern „Gäste" und „Geste" möglich wird, die an sich völlig gleich lautend ausgesprochen werden. Außerdem dürfte die Meinung verbreitet sein, dass die lang gezogene Aussprache von „Geste" besonders nobel klingt.

Literatur: „Siebs – Deutsche Aussprache. Reine und gemäßigte Hochlautung mit Aussprachewörterbuch", hg. von Helmut de Boor, Hugo Moser und Christian Winkler, 19. Auflage, Berlin 1969, S. 58 u. 270; für Hinweise zu diesem Irrtum danken wir Herrn Thomas Herok, Wien.

Gneißer

Gneißer ist ein österreichischer Familienname.

Was im *Kaisermühlen-Blues* dem einen der Bezirksrat Schoitl (siehe dieses Stichwort), ist dem anderen der Bezirksrat Gneißer, zwei mehr oder weniger rivalisierende Politiker, die aber doch etwas gemeinsam haben: Sie gehören nicht zu den klügsten Menschen des Bezirks.

Wenn Götz Kaufmann als Gneißer seinen kullernden „unschuldigen" Blick aufsetzt, ahnt man, dass er wieder einmal „einen Hund gebaut hat". Wir haben es also mit einem „sprechenden Namen" zu tun, mit dem der Autor Ernst Hinterberger die Figur bedachte – der Name gibt uns, ironisch ins Gegenteil verkehrt, einen Hinweis auf den Charakter dieser Figur.

Die beiden Bezirksräte in Ernst Hinterbergers Fernsehserie „Kaisermühlenblues":
links Gneißer (Götz Kaufmann), rechts Schoitl (Peter Fröhlich).

Tatsächlich existiert kein Name dieser Art. Wenn ich mich auch als Kenner des Gassenjargons bezeichnen darf, so lernte ich das Wort erst durch Wolfgang Teuschl kennen, der ihm in der Variante „Kneißer" die Bedeutung „Mensch mit wachem, raschen Verstand, Besserwisser" gibt.

Was war aber vor Teuschl? Es gibt ein seit Jahrhunderten bezeugtes Zeitwort *gneis(s)en* (= spüren, wittern, merken), das in der deutschen Gaunersprache wie auch in Mundarten Österreichs geläufig ist. Das Wörterbuch der Brüder Grimm verzeichnet es in der Variante *geneusen* sowie in der einfachen Form *neisen* und weist auf eine Verwandtschaft zu den Begriffen *neusen* bzw. *niesen* hin. Somit können wir auch eine Verbindung zum Hauptwort *Nase* und zu dem mundartlichen *iwanosa(r)n* (übernasern) herstellen.

Im *Österreichischen Wörterbuch* finden wir unter „gneißen" die Bedeutungen „merken, durchschauen". Unter „Blitzgneißer" versteht man eine Person, die eine Situation rasch und richtig erfasst – ironisch oft ins Gegenteil verkehrt.

Literatur: Wolfgang Teuschl: „Wiener Dialektlexikon", 2. Auflage, Purkersdorf–Wien 1994, S. 133; „Deutsches Wörterbuch von Jacob und Wilhelm Grimm", Leipzig 1854–1971, Nachdruck: München 1991, 33 Bände, 5. Bd., Sp. 3391 f.

Granada

Die Redewendung „Gleich spiel'n s' Granada!" ist in Granada entstanden.

In der Tat hatte der Spruch mit der südspanischen Stadt ursprünglich überhaupt nichts zu tun. Der Ausdruck stammt aus der Soldatensprache – er versinnbildlicht die Angst der Soldaten vor einem Granatenhagel.

Als Augustin Lara 1935 sein Lied „Granada" komponierte, das später ein Welterfolg werden sollte, entstand die bis heute gebräuchliche Redewendung: „Gleich spiel'n s' Granada!" (= gleich setzt's was!").

Grausbirnen

Es gibt keine „Grausbirnen", sondern nur „Grausbeeren".

Das meinte Peter Wehle in seinem Buch *Sprechen Sie Wienerisch?*. Er leitet die allseits bekannte Redensart „mir steigen die Grausbirnen auf" (= mich gruselt's) von imaginären Grausbeeren ab.

Damit macht Wehle aber auch etwas kompliziert, was in Wirklichkeit ganz einfach ist. Denn Grausbirnen gibt es tatsächlich. Wir müssen lediglich einen Blick in das Buch *Steirischer Wortschatz* werfen. Dort finden wir „Grausbirne" als „Name der größten Mostbirnengattung".

Warum heißt diese Birne Grausbirne? „Grauß" nannte man die kernigen Erhebungen auf der Schale dieser Birne, die sie nur zur Mosterzeugung und nicht zum Verzehr geeignet erscheinen ließ. Der Begriff geht zurück auf das mittelhochdeutsche Hauptwort *grûz* (= „Grauß", Korn).

Weil man eine gedankliche Verbindung zum Ausdruck „Graus" (= Ekel) herstellen kann, erfreut sich das Bild der „aufsteigenden Grausbirnen" einer so großen Beliebtheit.

Literatur: Peter Wehle: „Sprechen Sie Wienerisch? Von Adaxl bis Zwutschkerl", Nachdruck der erweiterten und bearbeiteten Neuausgabe aus 1981, Wien 2003, S. 154; Theodor Unger/Ferdinand Khull: „Steirischer Wortschatz, als Ergänzung zu Schmellers Bayerischem Wörterbuch", Graz 1903, Nachdruck: Wiesbaden 1968, S. 304.

Grean

„Grea(n)" kommt von „greinen".

Der gaunersprachliche Ausdruck „grean" ist vom Zeitwort „greinen" (= den Mund verziehen, weinen, winseln) abzuleiten. Dies meint Roland Girtler in seinem Buch *Rotwelsch. Die alte Sprache der Gauner, Dirnen und Vagabunden* (1998).

Dagegen spricht schon ein Lautgesetz des Wienerischen: Aus „greinen" kann niemals *greanen* werden!

Das Ursprungswort ist also schlicht und einfach die Farbe Grün – in der Mundart als *grean* ausgesprochen (mit den Bedeutungen „ungut, unheilvoll, verdächtig, betrügerisch").

Die endgültige Klärung verdanken wir dem Pionier der deutschen Rotwelschforschung Avé-Lallemant, der darauf hinweist, dass die Farbe Grün im Jargon der Kartenleger „Betrübnis, Krankheit, Verdruss" bedeutet.

In der Wiener Gaunersprache hat man das Wort „grean" außerdem durch Umkehrung verfremdet – damit unbeteiligte Dritte den Inhalt eines Gesprächs nicht mitbekommen. So ist aus „grean" das Wort „an-gre" geworden (siehe auch das Stichwort „Höh").

Literatur: Roland Girtler: „Rotwelsch. Die alte Sprache der Gauner, Dirnen und Vagabunden", Wien 1998, S. 173; Friedrich Christian Benedict Avé-Lallemant: „Das deutsche Gaunertum in seiner sozialpolitischen, literarischen und linguistischen Ausbildung zu seinem heutigen Bestande", 2 Teile in einem Band, 2. Teil, S. 202, Leipzig 1858–1862, Neudruck: Wiesbaden 1998.

Grieskirchen etc.

Die Ortsbezeichnungen „Grieskirchen", „Gries am Brenner", „Salzgries" etc. haben etwas mit dem Lebensmittel Grieß zu tun.

Grieß ist ein körnig gemahlenes geschältes Getreide, aus dem u. a. Grießknöderl, Grießnockerl, Grießschmarren und Grießstrudel zubereitet werden. Diese vier Gerichte sind „Nationalspeisen" der bodenständigen Küche Österreichs – nicht zufällig finden sie sich auch in dem Buch *Das kulinarische Erbe Österreichs*, in dem die klassischen Gerichte unseres Landes kodifiziert worden sind.

Was hat das Lebensmittel Grieß mit dem in Ortsbezeichnungen häufig anzutreffenden Wort „Gries" zu tun? Man denke nur an Grieskirchen in Oberösterreich, an Gries am Brenner in Tirol, an den Salzgries in Wien oder die Griesgasse in Graz und in Salzburg.

In der Tat haben diese Ortsbezeichnungen semantisch mit dem Lebensmittel „Grieß" überhaupt nichts zu tun. Ihr gemeinsamer Nenner ist die Topographie: Sie liegen allesamt an einem Bach oder an einem Fluss. Das mittelhochdeutsche Wort *griez* hatte nämlich die Bedeutungen „Sandkorn", „Kiessand" (besonders am Ufer), „Meeresstrand" und „Grund des Wassers".

Der Wiener Salzgries ist bereits 1322 urkundlich erwähnt. Auf dem südlichsten Donauarm – dem heutigen Donaukanal – legten früher die mit Salz beladenen Schiffe an. In der Zeit um 1900 lagerten auf den Sandbänken des Donauarms und des Wienflusses die Obdachlosen – sie wurden „Griasla" („Griesler") genannt. Der Journalist Emil Kläger hat sich dieser Leute angenommen und in zahlreichen Vorträgen in der Wiener Urania über ihr menschenunwürdiges Dasein Klage geführt.

Zurück zum Nahrungsmittel Grieß, das im Mittelalter als „Grießmehl" bezeichnet wurde, ein Begriff, den man erst im Neuhochdeutschen auf „Grieß" verkürzte. Etymologisch hat das Nahrungsmittel Grieß mit dem Wortbestandteil *Gries* in den Ortsbezeichnungen aber sehr wohl zu tun, da mittelhochdeutsch *griez* nicht nur „Sandkorn, Sand" bedeutet, sondern auch „grob gemahlenes Getreide, Grießmehl".

Literatur: „Mittelhochdeutsches Wörterbuch. Mit Benutzung des Nachlasses von Georg Benecke", ausgearbeitet von Wilhelm Müller, 3 Bände (Bd. 2 in 2 Abteilungen), Hildesheim–Zürich–New York 1986 (3. Nachdruckauflage der Ausgabe Leipzig 1854), 1. Bd., S. 577 f.; Felix Czeike: „Historisches Lexikon Wien", 5 Bände, 1992–1997, 2. Bd., S. 601, u. 5. Bd., S. 38; Friedrich Kluge: „Etymologisches Wörterbuch der deutschen Sprache", 23., erweiterte Auflage, bearbeitet von Elmar Seebold, Berlin–New York 1999, S. 338; Albert Petrikovits: „Die Wiener Gauner-, Zuhälter- und Dirnensprache", hg. und mit einem Nachwort versehen von Inge Strasser, Wien–Köln–Graz 1986 (Nachdruck der 2. Auflage Wien 1922), S. 38; Maria Hornung/Sigmar Grüner: „Wörterbuch der Wiener Mundart", 2., erweiterte und verbesserte Auflage mit mehr als 1000 neuen Stichwörtern und Ergänzungen, Wien 2002, S. 449.

Grubenhund

Der Grubenhund bellt.

Ein „Grubenhund" ist schon *per definitionem* ein Irrtum. Denn dabei handelt es sich – so Heinz Küpper in seinem Wörterbuch – um eine absichtlich törichte Leserzuschrift, die die Redaktion bedenkenlos ins Blatt setzt.

Erfinder des Grubenhundes ist ein gewisser Arthur Schütz. Am 17. November 1911 traf er sich mit einigen Ingenieuren im Wiener

Grandhotel zum Mittagessen. Bald unterhielt man sich über die Berichterstattung der *Neuen Freien Presse,* die ein kleines Erdbeben ungeheuer aufgebauscht hatte. Plötzlich trieb es Arthur Schütz in das Schreibzimmer des Hotels, und er schrieb wie unter Zwang in einem Zug den haarsträubendsten technischen Unsinn, der ihm gerade einfiel. Den auf diese Weise entstandenen Leserbrief zum Erdbeben las er seinen Freunden vor, die sich vor Lachen bogen. Einer der Anwesenden meinte, einen derartigen Schwachsinn würde kein Blatt bringen, doch er hatte sich getäuscht. Schütz meinte, die *Neue Freie Presse* bringe alles, sofern nur der richtige pseudowissenschaftliche Ton getroffen werde und die Zuschrift von einem Absender mit passendem Hintergrund stamme. Und er hatte Recht.

Ein Schlüsselsatz des Leserbriefes lautete: „Völlig unerklärlich ist jedoch die Erscheinung, dass mein im Laboratorium schlafender Grubenhund schon eine halbe Stunde vor Beginn des Bebens auffallende Zeichen größter Unruhe gab." Hätte der Redakteur wissen müssen, dass man als Grubenhunte die flachen Rollwägen bezeichnet, die im Bergbau den Abraum auf Schienen abtransportieren?

Als der Leserbrief unter dem Namen Dr. Erich Ritter von Winkler erschien, verdächtigten viele Karl Kraus als Autor. Doch der leugnete die Urheberschaft beharrlich. Dennoch wurde er immer wieder als der Schöpfer des Grubenhundes bezeichnet, auch unmittelbar nach seinem Tode – im Nachruf in der *Reichspost.* Daraufhin teilte Arthur Schütz in einer Leserzuschrift dem Blatt mit, dass er es war, der den namensgebenden Grubenhund verfasst hatte.

Doch die *Reichspost* sah es anders: „Zu dieser an äußere Hergänge erinnernden Reklamation ist zu sagen, dass der Grubenhund von 1911 erst durch die fürsorgliche Nachbehandlung in der *Fackel* zu dem geworden ist, was er seither ist: ein geflügeltes Wort und die allgemein gebräuchliche Bezeichnung für Unfälle einer Zeitung." Und es sei Karl Kraus gewesen, der schon 1908 unter dem Decknamen eines „Zivilingenieurs J. Berdach aus der Glockengasse" die *Neue Freie Presse* hereingelegt hatte – ebenfalls mit einer

Cover des Buches „Der Grubenhund. Eine Kultursatire" von Arthur Schütz, Wien 1931.

Leserzuschrift zu einem kleinen, unbedeutenden Erdbeben. In der *Fackel* gab er sich dann als Urheber zu erkennen und triumphierte: „Sie (die *Neue Freie Presse*) schweigt mich seit zehn Jahren tot; sie ignoriert mich als Satiriker und lässt mich nur als Geologen gelten."

Doch auch wenn der „Herr Ritter von Winkler" in gewisser Weise ein Sohn des „Zivilingenieurs Berdach aus der Glockengasse" war, so ändert dies nichts daran, dass der Grubenhund ohne Arthur Schütz nicht das Licht der Welt erblickt hätte.

Literatur: Horst Friedrich Mayer: „Lexikon der populären Irrtümer Österreichs", Wien–Frankfurt/Main 2001, S. 84 f.; Horst Friedrich Mayer: „Die Entenmacher. Wenn Medien in die Falle tappen", Wien 1998, S. 23 ff.

Gschamsterer

„Gschamsterer" ist aus „Gehorsamster" entstanden.

Der Gruß „Gschamster Diener!" ist Teil der Altwiener Mundart – diese Formel wird in der Regel mit „Ich bin Ihr gehorsamster Diener!" übersetzt. Ein „Gschamsterer" oder „Schamsterer" ist ein „Freund", „Liebhaber", aber auch ein „Liebediener", „Komplimentenmacher".

Herkunftswort ist jedoch nicht „gehorsamst" oder „Gehorsamster", sondern ein Hauptwort aus dem Jiddischen. Der Synagogendiener *schámeß* ist bei der Wortbildung Pate gestanden. Obwohl das Wort „Schammes" schon so viel wie „Diener" bedeutet, hat man sicherheitshalber die deutsche Übersetzung hinterhergestellt („Schammer-Diener"). Später wurde mit *st* eine Höchststufe gebildet und die Vorsilbe *ge-* vorangesetzt.

Literatur: Peter Wehle: „Sprechen Sie Wienerisch? Von Adaxl bis Zwutschkerl", Nachdruck der erweiterten und bearbeiteten Neuausgabe aus 1981, Wien 2003, S. 157; Franz S. Hügel: „Der Wiener Dialekt. Lexikon der Wiener Volkssprache", Wien–Pest–Leipzig 1873, Nachdruck 1991, S. 134; Leo Rosten: „Jiddisch. Eine kleine Enzyklopädie", München 2002, S. 507 ff.

Gscherter

Das Schmähwort „Gscherter" kommt von „geschorenen Haaren".

Wenn ein Wiener zu einem Mann vom Lande sagt, er ist ein „Gscherter", dann bezeichnet er ihn damit als einfältig, provinzlerisch. Im Gegenzug läuft er freilich Gefahr, als „gscherter Weana" (= überheblicher Wiener) tituliert zu werden.

Da die Bauern früher im Gegensatz zu den Adeligen kein langes Haar tragen durften, hat die Volksetymologie eine simple Erklärung parat: Der „Gscherte" kommt vom mittelhochdeutschen

schern (= die Haare schneiden). Aber wie soll aus einem „Geschorenen" ein „Gescherter" geworden sein? Da passt doch etwas nicht
zusammen!

In der Tat kommt der Begriff „Gscherter" von einem mittelhochdeutschen *scherten* (= abschneiden, schädigen). Ein „Gscherter" ist also ein „Geschädigter", eine Art Tölpel, und mit der Fri-
sur der Bauern hatte das ursprünglich überhaupt nichts zu tun.

Literatur: Matthias Lexer: „Mittelhochdeutsches Handwörterbuch", 3 Bände, Leipzig 1872, Nachdruck: Stuttgart 1992, 2. Bd., Sp. 712; Heinrich Klenz: „Schelten-Wörterbuch. Die Berufs-, besonders Handwerkerschelten und Verwandtes", Straßburg 1910, S. 83; Wilhelm Polzer: „Gaunerwörterbuch für den Kriminalpraktiker", München–Berlin–Leipzig 1922, S. 33; Franz S. Hügel: „Der
Wiener Dialekt", Wien 1873, Nachdruck: Vaduz 1995, S. 72.

Gschisti-Gschasti

**Der Scherzausdruck „Gschisti-Gschasti" (= unnötige Geschäftigkeit, Getue)
kommt aus dem Tschechischen.**

Im Anschluss an einen Vortrag von Maria Hornung über *Fremdes
im Wienerischen* verlangten einige Teilnehmer mit aller Vehemenz
nach einer Bestätigung, dass der Scherzausdruck „Gschisti-Gschasti" vom tschechischen *čistě-saski* (= purer Unsinn) entlehnt sei.

Nun gibt es zwar ein tschechisches Umstandswort *čistě* (gesprochen tschiste) mit den Bedeutungen „rein, klar, sauber", es gibt ein
Hauptwort *šašek* (= Narr; gesprochen *schaschek*); aber was soll das
mit unserem Ausdruck zu tun haben?

In der Tat vermengte der Volkswitz die Begriffe „Gschichten"
und „gschissn" zu „Gschisti", dem freilich noch der „Rhythmus"
fehlte – sodass es zu einer „*i-a*-Verbindung" ähnlich „Schnick-
Schnack" oder „wischi-waschi" kam.

Literatur: Maria Hornung/Sigmar Grüner: „Wörterbuch der Wiener Mundart", 2., erweiterte und verbesserte Auflage mit mehr als 1000 neuen Stichwörtern und Ergänzungen, Wien 2002, S. 462; Internet: http://www.alsergrund.vhs.at/wienerisch/kurs/ursprung.html.

Gulasch 1

Ein Gulasch ist ein Gulasch – egal, ob man es in Wien oder in Budapest serviert bekommt.

Im Gegensatz zum original ungarischen *gulyás* ist das Wiener Saftgulasch ein typisch wienerisches Gericht, das sich von seinem ungarischen Vetter nur den Namen und den Paprika geborgt hat.

Während das klassische ungarische *gulyás* am ehesten der österreichischen Gulaschsuppe entspricht, ist das Gulasch eigentlich ein mit Paprika gewürztes Rindsragout, das sich aus einem im Kessel zubereiteten Rinderhirtengericht namens *gulyás hús* entwickelt hat und um die Mitte des 19. Jahrhunderts über Pressburg nach Wien kam. Hier ersetzte man die ursprünglich verwendeten Paprikaschoten durch Paprikapulver, und das „Gollasch" – später: „Wiener Saftgulasch" – war geboren.

Was wir Gulasch nennen, ist in Ungarn ein *pörkölt*. Außerdem kennen die Ungarn ein *paprikás* – ein Gulasch mit Rahm. Nicht zuletzt gibt es ein *tokány*, das nicht unbedingt mit Paprika gewürzt sein muss und schon in die Nähe jenes Gerichts kommt, das wir Saftfleisch nennen.

Übrigens: Mit dem Wort *gulyás* bezeichnete man ursprünglich nicht ein Gericht, sondern den Rinderhirten, der dieser Speise den Namen gegeben hat.

Literatur: Horst Friedrich Mayer: „Lexikon der populären Irrtümer Österreichs", Wien–Frankfurt/Main 2001, S. 86; Christoph Wagner: „Das Lexikon der Wiener Küche", Wien 1996, S. 106.

Gulasch 2

Das Szegediner Gulasch stammt aus Szeged.

Das berühmte Krautgulasch stammt *nicht* aus Szeged, sondern aus Budapest. Als der Restaurant-Kritiker Christoph Wagner in einem Szegediner Hotel ein Szegediner Gulasch bestellen wollte, sagte ihm der Kellner: „Bei uns gibt es kein Szegediner Gulasch – wir kennen nur ein *Székely-gulyás!*"

Nach Hause zurückgekehrt, stöberte Wagner in seiner Bibliothek, und in George Langs Standardwerk über die ungarische Küche wurde er fündig: Der Archivar des Komitats Pest, der Székely hieß (gesprochen *sékeji*), wollte 1846 im Restaurant „Spieluhr" zu später Stunde noch etwas bestellen. Als man ihm mitteilte, die Küche sei bereits geschlossen, soll er geantwortet haben: „Dann geben Sie mir halt das, was vom Sauerkraut und *pörkölt* übrig geblieben ist, auf einem Teller!"

Der Nationaldichter Sándor Petöfi war Zeuge dieser ungewöhnlichen Bestellung und schloss sich gleich an: „Geben Sie mir auch das Gulasch von Herrn Székely!"

Heute nennt man dieses Gericht in Ungarn meist *Székelykaposzta* (Székely-Kraut). Die wahre Entstehungsgeschichte ist längst in Vergessenheit geraten. Die Ungarn glauben, das berühmte Krautgulasch wäre nach den Szekelern benannt, einer ungarisch sprechenden Minderheit Rumäniens. Die Szekler (ungarisch *Székely*) gehörten mehr als 400 Jahre lang zu den drei regierenden Volksgruppen Siebenbürgens.

Literatur: Horst Friedrich Mayer: „Lexikon der populären Irrtümer Österreichs", Wien–Frankfurt/Main 2001, S. 86 f.; George Lang: „Die klassische ungarische Küche", Budapest 1993, S. 257 f.; für wertvolle Hinweise danken wir Gyula Zsigri, Szeged.

Hacknstad

Das Wort „hacknstad" (= arbeitslos) ist aus „Hackn" (= Arbeit) und „stad" (= stumm, still) entstanden.

„Ich geh in die Hackn" heißt im Wienerischen: „Ich geh in die Arbeit!" Wer „hacknstad" ist, ist arbeitslos.

Die irrtümliche Etymologie „still mit der Hacke" findet man in allen bisher erschienenen Wörterbüchern, auch noch in der 2. Auflage des *Wörterbuchs der Wiener Mundart*. Auch ich bin diesem Irrtum lange Zeit aufgesessen.

Dass aus der „Hacke" in einer übertragenen Bedeutung die „Arbeit" geworden ist, kann man als unbestritten voraussetzen. Auch ist evident, dass es ein Eigenschaftswort „stad" in der Bedeutung „still, stumm" gibt. Doch die Erklärung „still mit der Hacke" klingt eigentlich recht seltsam.

In der Tat handelt es sich um eine Wortbildung aus „Hackn" (= Arbeit) und dem Kartenspielerausdruck „skat" (= in einer Farbe keine einzige Karte im Blatt haben). Hat ein Spieler kein Herz, sagt er: „Ich bin skat in Herz!" Wortprägungen dieser Art sind in der Wiener Mundart keine Seltenheit. Neben „hacknstad" ist wohl „schmähstad" (= sprachlos) am gebräuchlichsten.

Auf die richtige Fährte brachte mich ein Lexikon der Gaunersprache aus dem Jahr 1922. Der hohe Polizeibeamte Albert Petrikovits, der seine Stichwörter nach Gehör oder nach schriftlichen Zeugnissen von einsitzenden Verbrechern übernahm, wies darauf hin, dass der Ausdruck „skat" auch gerne „gstard" ausgesprochen wird. So führt er nebeneinander die Begriffe „skat" (= ohne) bzw. „gstard" (= ohne) an, und nennt als Beispiele „böckgstard" (= ohne Schuhe) oder „tüblgstard" (= ohne Heller, ohne Geld).

Das ebenfalls im Jargon der Tarockspieler vorkommende „Skartindel" (= kleine Farbkarte, die mit Nummern versehen ist) wird ebenfalls gerne als *Schkartíndel* ausgesprochen, wobei dieses Wort dieselbe Wurzel wie „skat" hat. In gleicher Weise wird aus

„Sküs" (= Name der höchsten Trumpfkarte) „Stieß" oder „Gstieß".
Damit ist klar: Das Wort „hacknstad" (= arbeitslos) ist aus
„Hackn" (= Arbeit) und „stad" = „skat" zusammengesetzt. Letz-
teres umschreibt Petrikovits – etwas vereinfacht – mit der Bedeutung „ohne".

Wenn Albert Petrikovits den Begriff „skat" mit der Schreibweise „stard" zitiert, so ist er nahe am Original. Die Änderung von *sk*
zu *st* (gemeint ist gesprochen *scht*) dient der leichteren Aussprache.
Hier hat der Volksmund den Anlaut sozusagen abgeschliffen. Wir
können es selbst ausprobieren: „schdard" ist angenehmer auszusprechen als „skart".

Petrikovits hat dann dem Wort noch die deutsche Vorsilbe *ge-*
vorangestellt, weil er offensichtlich zu „gestarrt" eine Verbindung
herstellen wollte. Der Volksmund hingegen nahm eine Angleichung zu „stad" (= still, stumm) vor, ein Wort, das in Ignaz Franz
Castellis *Wörterbuch der Mundart in Oesterreich unter der Enns*
aus dem Jahre 1847 mit den Bedeutungen „stille, ruhig, schweig-
sam; auch langsam und leise" belegt ist.

Literatur: Albert Petrikovits: „Die Wiener Gauner-, Zuhälter- und Dirnensprache", hg. und mit ei-
nem Nachwort versehen von Inge Strasser, Wien–Köln–Graz 1986 (Nachdruck der 2. Auflage
Wien 1922); Ignaz Franz Castelli: „Wörterbuch der Mundart in Oesterreich unter der Enns",
Wien 1847, S. 232; Wolfgang Mayr/Robert Sedlaczek: „Das große Tarockbuch", Wien 2001, S. 206.

Haflinger

Die ersten Haflinger wurden in Hafling gezüchtet.

Die ersten Haflinger wurden nicht in Hafling (italienisch *Avelengo*)
bei Meran gezüchtet, sondern in Schluderns im Vinschgau. Dort
begann im Jahr 1874 die planmäßige Zucht mit dem Hengstfohlen
des Bauern Folie *(249 Folie),* das als Elternpaar den orientalischen
Hengst *El' Bedavi XXII* und eine veredelte Landstute hatte.

Erst später übersiedelte die Zucht nach Hafling, und von diesem Ort bekam die Pferderasse schließlich ihren Namen.

Haflinger sind kompakte, relativ kleine (Stockmaß 135 bis 145 cm), stets fuchsfarbene Pferde mit blondem Schweif und blonder Mähne; sie zeichnen sich durch ihren guten Charakter und ihre Leistungsbereitschaft aus. Früher wurden Haflinger vorwiegend als Gebrauchspferde in der Landwirtschaft und beim Militär eingesetzt. Heute findet züchterisch eine Verdrängung des ursprünglichen Typs zugunsten eines leichtgliedrigeren Freizeitpferdes statt.

Literatur: Horst Friedrich Mayer: „Das neue Lexikon der populären Irrtümer Österreichs. Weitere Missverständnisse, Vorurteile und Denkfehler. Der zweite Band", Wien–Frankfurt/Main 2002, S. 77; Josef Rampold: „Vinschgau. Landschaft, Geschichte und Gegenwart am Oberlauf der Etsch", Bozen 1971; O. Schweisgut (Bearbeiter): „Haflinger. Pferde. Ursprung, Zucht und Haltung, weltweite Verbreitung", Neuausgabe 1995; für den Hinweis danken wir Ulrike Ruetz, Pasching.

Hallstatt

Dieser Ortsname wird mit dt geschrieben.

Der Ortsname Hallstatt wird oft irrtümlicherweise mit *dt* geschrieben. Er leitet sich jedoch nicht von „Stadt", sondern von „Stätte" ab. Das mittelhochdeutsche *hal* bedeutet „Salz(werk)", es handelt sich also um eine Stätte, wo Salz abgebaut wird.

Hallstatt ist der älteste Salzbergbau der Welt. Bereits 2000 vor Christus wurde hier Salz abgebaut, die erste bergmännische Salzgewinnung ist mit 1500 vor Christus datiert.

Literatur: Richard und Maria Bamberger, Ernst Bruckmüller, Karl Gutkas (Hg.): „Österreich Lexikon", 2 Bände, Wien 1995, 1. Bd., S. 465 f.; siehe auch die Website http://www.hallstatt.net.

Handy

Der Begriff Handy stammt nicht aus dem Englischen.

Das ist kein rein österreichischer Irrtum, aber wir haben ihn in dieses Buch aufgenommen, weil er auch in österreichischen Medien immer wieder zu finden ist. Die Amerikaner sagen zu jenem Gerät, das wir Handy nennen, *cell phone*. Dies ist eine Abkürzung für

Werbesujet der Firma „Motorola" für das „Handie-Talkie SCR536", ca. 1944.

cellular telephone. Die Engländer sagen dazu *mobile phone* oder kurz *mobile*. Deshalb wird in schöner Regelmäßigkeit behauptet, dass das Wort „Handy" überhaupt nichts mit dem Englischen zu tun habe. Auch uns ist in dem Buch *Die populären Irrtümer Österreichs* dieser Fehler unterlaufen.

In der Tat stammt der Begriff „Handy" allerdings doch aus dem Englischen, und zwar handelt es sich um eine Ableitung von „Handie-Talkie", einem tragbaren Funkgerät, das die Amerikaner im Zweiten Weltkrieg verwendet hatten. Es wurde von der Firma Motorola hergestellt und war dem berühmten „Walkie-Talkie" nicht unähnlich.

Der Begriff „Handie" (später auch in der Schreibung „Handy") wurde im deutschen Sprachraum schon Mitte der 1980er-Jahre für ein tragbares Funktelefon verwendet – also rund ein halbes Jahrzehnt vor dem Start der heutigen GSM-Netze –, in England schon in den 1970er-Jahren.

Literatur: Horst Friedrich Mayer: „Lexikon der populären Irrtümer Österreichs", Wien–Frankfurt/Main 2001, S. 89; einen guten Überblick über die Herkunft des Begriffes „Handy" findet man im Internet auf http://www.u32.de/handy.htm und http://staff-www.uni-marbug.de/~naeser/handie.htm.

Hartberg

Der Ortsname Hartberg hat etwas mit „hart" zu tun.

Ortsnamen mit dem Bestandteil *hart* sind über ganz Österreich, von Niederösterreich bis nach Vorarlberg, verbreitet. Man denke nur an den steirischen Ort Hartberg. Wir haben es hier mit dem mittelhochdeutschen Ausdruck *hart* zu tun, der neben dem „harten Boden" vor allem auch den „Wald" bezeichnet. Hartberg ist also ein bewaldeter Berg.

Hasenleiten

Die Hasenleiten-Siedlung in Wien hat ihren Namen von den Hasen, die dort früher auf den Feldern hoppelten.

Wenn auch über die Felder der Simmeringer Heide im 11. Wiener Gemeindebezirk früher zahlreiche Hasen hoppelten, so ist die für ihre einstmals urwüchsige Bevölkerung bekannte Hasenleiten-Siedlung doch nicht nach Meister Lampe benannt.

Die Siedlung hat ihren Namen von den Haselstauden, die offensichtlich in diesem Gebiet früher weit verbreitet waren.

Der zweite Bestandteil des Wortes „Hasenleiten", die „Leiten", stammt aus der bairisch-österreichischen Mundart und bezeichnet die Seite eines Hügels, den Abhang bzw. einen schiefen Acker – gemeinsamer Nenner ist die schiefe Ebene (vergleiche das Stichwort „Schielleiten").

Literatur: Fritz Lochner Freiherr von Hüttenbach: „Nur scheinbar echte Tiernamen in Ortsbezeichnungen der Steiermark", in: „Mundart und Name im Sprachkontakt. Festschrift für Maria Hornung zum 70. Geburtstag", Wien 1990, S. 328.

Hatschen

Das Zeitwort „hatschen" verdankt seinen Ursprung den Mekka-Pilgern.

Hier haben wir es mit einer Legende zu tun, die der Schriftsteller und Journalist Vincenz Chiavacci in seinem viel gelesenen Buch *Wiener vom alten Schlag* (1895) festgehalten hat. Demnach sollen jene Mohammedaner, die einen Hadsch unternehmen wollten, oft mit schlechtem Schuhwerk Richtung Mekka unterwegs gewesen sein, sodass sie sich nur schleppend fortbewegen konnten. Wer eine derartige Pilgerfahrt zur Kaaba bereits hinter sich hatte, durfte den Ehrentitel „Hadschi" führen – womit die Herkunft der

Wörter „hatschen" (= schleifend, schleppend gehen), „Hatscher"
(= langer anstrengender Marsch) und „hatschert" (= hinkend,
schwerfällig) ausreichend erklärt wäre. Außerdem gibt es auch „hat-
scherte" (= unvollkommene) Lösungen, wofür wir Österreicher
berühmt sein sollen.

Hadschi Loja, zeitgenössische Darstellung, 1878 (Zinkotypie).

In Wirklichkeit haben wir es mit einem lautmalenden Wort zu tun, das uns einen „schleifenden, schleppenden Gang" vermittelt – wobei sicher auch eine Verwandtschaft zu „hutschen" besteht. Wenn wir bedenken, dass man die schleifende Bewegung mit den Händen machen kann, so kommen wir zum damit verwandten „hätscheln", das primär „hin- und herstreicheln" bedeutet.

Der Historiker Felix Czeike schildert in seinem *Historischen Lexikon Wien* die wahre Geschichte von Hadschi Loja, der von 1878 bis 1880 Anführer der bosnischen Moslems war und die Besetzung von Bosnien und der Herzegowina durch österreichisch-ungarische Truppen bekämpfte. Hadschi Loja zog sich eine schwere Beinverletzung zu, als sich ein Schuss aus seinem Gewehr löste. Es wurde ihm der Unterschenkel amputiert, worauf man ihm eine Prothese aus Holz anpasste. Nach Verbüßung einer fünfjährigen Kerkerstrafe wurde Hadschi Loja des Landes verwiesen, worauf er sich in Mekka niederließ.

Jedenfalls war der Bosnier in Österreich so populär wie auch gefürchtet, sodass man einen hinkenden und hilflosen Menschen spöttisch „Hadschi Loja" nannte. Außerdem bezeichneten die Wiener damals ein dunkles Kümmelweckerl als „Hadschi-Loja-Weckerl". Auch der Begriff „Bosniakerl" bürgerte sich ein – eine Bezeichnung, die sich bis zum heutigen Tag erhalten hat.

Literatur: Vincenz Chiavacci: „Wiener vom alten Schlag", Stuttgart 1895, S. 6 f.; Felix Czeike: „Historisches Lexikon Wien", 5 Bände, Wien 1992–1997, 3. Bd., S. 18.

Hausnudel

Hausnudel ist eine Speise.

Zum Brauchtum des alten Wien gehörte die so genannte *Hausnu-del*. Der Ausdruck ist lexikalisch für Wien zum ersten Mal in Ignaz Franz Castellis *Wörterbuch der Mundart in Oesterreich unter der Enns* (1847) belegt, wo es heißt: „eine Gasterei, welche Jemand gibt, wenn er ein Haus kauf't, oder eine neue Wohnung bezieht".

Etwa 30 Jahre später beschreibt Franz S. Hügel die Hausnudel weiters als „gemüthliche Hausunterhaltung im Fasching, wo getanzt wird".

Die Bezeichnung lässt auf eine ländliche Herkunft schließen, zumal die „Nudel" in bäuerlichen Haushalten den Knechten, Mägden und Taglöhnern als Festtagsschmaus kredenzt wurde.

Matthias Lexer, der während seiner mundartlichen Forschung-stätigkeit seine Heimat Kärnten durchwanderte, lernte (im Jahre 1859) in der Gegend von Feldkirchen die *Hausnudel* kennen. Hier handelt es sich um ein „Festmahl, zu dem man seine Freunde beim Antritt eines Amtes oder bei der Übernahme einer Wirtschaft ein-lud".

Schließlich berichtet Johann Andreas Schmeller im *Bayerischen Wörterbuch* von einem Zeitungsartikel, der im April des Jahres 1851 „Hausnudeln" des Erzherzogs Johann ankündigt, die er als neuer Besitzer von Schönna seinen Tiroler Schützen in Aussicht stellt.

Literatur: Ignaz Franz Castelli: „Wörterbuch der Mundart in Oesterreich unter der Enns", Wien 1847, S. 167; Franz S. Hügel: „Der Wiener Dialekt. Lexikon der Wiener Volkssprache, Wien–Pest–Leipzig 1873, Nachdruck: Vaduz 1995, S. 80; Matthias Lexer: „Kärntisches Wörterbuch", Leipzig 1862, Nachdruck: Vaduz 1998, Sp. 199; Andreas J. Schmeller: „Bayerisches Wörterbuch", 2. Auf-lage bearbeitet von G. K. Frommann, 2 Bände, München 1872–1877, Nachdruck: München 1996, 1. Bd., Sp. 1729.

Heidi pupeidi

„Heidi pupeidi!" stammt aus Griechenland.

Der volkstümliche Schriftsteller Vinzenz Chiavacci, Schöpfer der „Frau Sopherl vom Naschmarkt" und des „Herren Adabei", verbreitete um die Jahrhundertwende erfolgreich den Mythos, dass das in Wien weithin bekannte Wiegenlied „Heidi pupeidi, heidi pupei!" griechischen Ursprungs sei. Es handle sich dabei um „ehrwürdige griechische Verse aus dem zwölften Jahrhundert", schreibt Chiavacci in seinem 1895 erschienen Buch *Wiener vom alten Schlag:*

„Eine Verwandte des griechischen Kaisers Konstantin, Theodora, vermählte sich im Jahre 1149 mit Heinrich Jasomirgott, dem Babenberger Herzog. Als Griechin von Geist und Geschmack dichtete sie für ihren ersten Sprößling ein Wiegenlied (...). Die Kammerzofen, echte Wiener Kinder, sangen diese Verse nach, und da sie kein Griechisch verstanden, so machten sie aus dem ‚heude mu paidion' ein heidi pupei, und dieses Liedchen der griechischen Kaiserstochter wird noch heutigentags unseren kleinen ‚Bambaletschen' vorgesungen."

Auch Peter Wehle greift in *Sprechen Sie Wienerisch?* diesen Irrtum auf. In der Tat war Heinrich II. (Jasomirgott) in zweiter Ehe mit Theodora Komnena, der Tochter des Sebastokrators Andronikus und Nichte Kaiser Manuels I., von Byzanz vermählt. Da *heude mu paidion* auf deutsch „Schlaf, mein Kindchen!" bedeutet, schien auch der Inhalt der griechischen Zeilen zu passen.

Chiavacci hat damit einen Mythos wiedergegeben, der zu seiner Zeit weit verbreitet war. So berichtete 1852 ein Professor des Wiener Schottengymnasiums namens Sengschmitt, dass mehrere Babenberger griechische Prinzessinnen als ihre Ehefrauen mit zahlreichem Gefolge aus Griechenland nach Wien mitgebracht hätten. Als die griechischen Mägde ein Herzogskind mit *heude mu paidion* in den Schlaf sangen, hätten die Wiener daraus das bekannte Wiegenlied „Haiderl pupaiderl, haiderl pupai!" gemacht.

An diese Herleitung knüpfte 1980 auch Peter Wehle an, als er die Griechin Theodora als Urheberin des Kinderliedes „Heidipupeidi, was raschelt im Stroh?" bezeichnete.

Dass das so nicht stimmen kann, dieser Verdacht kam schon Ende des 19. Jahrhunderts auf. In einem mit A. L. gezeichneten Artikel der Monatszeitschrift *Alt-Wien* des Jahres 1895 wird darauf hingewiesen, dass zur Zeit der Babenberger im 12. Jahrhundert längst nicht mehr die Aussprache des Altgriechischen, sondern jene des Neugriechischen vorherrschend war. Dann hätte jedoch der griechische Vers „Efde mu pädion, efde mu pä!" heißen müssen!

Den Verfechtern der griechischen Wurzeln dieses Wiegenliedes hätte aber noch ein anderer Umstand zu denken geben müssen: Die Worte „eia popeia" bzw. „heidi popeidi" sind auch in der Schweiz, in Berlin, ja sogar in Holland gebräuchlich.

In der Tat ist „Heidi pupeidi!" ein Wiegenlied bäuerlicher Herkunft, entstanden aus der lautmalenden Nachahmung des sanften Hin- und Herbewegens beim Wiegen des Kindes. Dazu passt auch, dass in einem alten Kärntner Wörterbuch von Matthias Lexer *haia* als Mundartbegriff für Wiege bezeichnet wird, Friedrich Nicolai 1785 *heideln* (= schlummern) erwähnt und Franz S. Hügel 1873 das Zeitwort *heiderln* (= kleine Kinder einschläfern) vermerkt.

Dass „heidi" eines Tages durch „pupeidi" ergänzt worden ist, kann Kenner der Sprachentwicklung nicht verwundern. Es handelt sich dabei um eine „Iteration mit vorangestelltem b", also um die Wiederholung eines Wortes, wobei vor das wiederholte Wort der Laut *b* oder *p* gestellt wird. Die Silben „heidi pupeidi" klingen in den Ohren der Kinder einfach gut – genauso wie „Hatschi-Bratschis Luftballon", der Titel eines legendären Kinderbuches von Franz Karl Ginzkey.

Literatur: Horst Friedrich Mayer: „Das neue Lexikon der populären Irrtümer Österreichs. Weitere Missverständnisse, Vorurteile und Denkfehler. Der zweite Band", Wien–Frankfurt/Main 2002, S. 245 f.; Vinzenz Chiavacci: „Wiener vom alten Schlag", Wien 1895, S. 5; Peter Wehle: „Sprechen Sie Wienerisch? Von Adaxl bis Zwutschkerl", Nachdruck der erweiterten und bearbeiteten Neuausgabe aus 1981, Wien 2003, S. 174.

Heuschreck

„Heuschreck" hat etwas mit „erschrecken" zu tun.

Der in Österreich gängige Ausdruck „Heuschreck" ist immer wieder Anlass für Irrtümer. Demnach wäre der Name dadurch entstanden, dass er uns erschreckt, wenn er aus dem Heu in die Höhe springt. Oder erschrickt er selbst, wenn wir auf ihn zugehen?

Das Insekt mit den kräftigen Hinterbeinchen hat seinen Namen von der ursprünglichen Bedeutung des Zeitwortes „schrecken", und das war „aufspringen" bzw. „auffahren". In Deutschland wird das kleine Tier auch „Schrecke" oder „Springschrecke" genannt – in dem Wort „Springschrecke" ist der Gedanke des Springens gleich zwei Mal enthalten.

Hinten

„Rückwärts" klingt vornehmer als „hinten".

Dieser Irrtum ist nicht nur in vielen Mundarten, sondern auch in offiziellen Aufschriften weit verbreitet. Das Ergebnis sind Sätze wie „Steigen wir bei der Straßenbahn rückwärts ein!" anstatt „Steigen wir hinten ein" oder die Aufforderung „Rückwärts anstellen".

„Rückwärts" und „hinten" sind jedoch nicht ein und dasselbe. Wenn wir bei der Straßenbahn hinten einsteigen, dann nehmen wir den hinteren (und nicht den mittleren oder vorderen) Eingang. Wenn wir jedoch „rückwärts" einsteigen, dann müssen wir uns mit dem Rücken zur Eingangstüre stellen und auf diese Weise die Treppen hinaufsteigen – das ist nicht einfach. Ebenso schwierig wäre es, sich mit dem Rücken vor einem „hinteren" Amtsschalter anzustellen und in dieser Haltung schließlich sein Begehren vorzubringen.

Weil aber das Wort „hinten" manche Menschen an „Hintern" erinnert, wählen sie stattdessen das „falsche" Wort „rückwärts" (= nach hinten). Auch der Staat will hier nicht unvornehm erscheinen. Es gibt übrigens auch noch den Begriff „arschlings" (= mit dem Hinterteil voran). Dieser ist auch im *Österreichischen Wörterbuch* vermerkt.

Hirnederl

Das Schmähwort Hirnederl ist zusammengesetzt aus „Hirn" und „Ederl" (= Eduard).

Wenn wir einen geistig Unterbemittelten als „Hirnederl" bezeichnen, so haben wir es mit einem hübschen Beispiel für Volksetymologie zu tun. In Wahrheit hat der zweite Wortteil nichts mit dem männlichen Vornamen Eduard zu tun.

Herkunftswort ist das mittelhochdeutsche Eigenschaftswort *œde* (= leer, verlassen). Das „Hirnederl" steht also in enger Verwandtschaft mit einem, „der von allen guten Geistern verlassen" ist. Es handelt sich übrigens um eine nicht allzu grobe Verunglimpfung, vielleicht mit einem „Doderl" zu vergleichen.

Schade ist es, dass ein anderes Schmähwort für einen „Trottel" nahezu ausgestorben ist, nämlich der „Papadua(r)l". Er wurde jedoch schon in meiner Kindheit höchst selten hervorgeholt, der „Papa Turl" (= Vater Theodor).

Genau genommen hatte man es mit einem Kerl zu tun, der sich „blöd gefressen" hat – zumal das Herkunftswort das italienische Hauptwort *pappatore* (= Vielfraß) ist, das wir in die Verkleinerungsform gesetzt haben.

Wenn ich von Leuten, die noch älter sind als ich, bei der Koseform „Turl" öfter auf den Vornamen Arthur hingewiesen werde, kontere ich keck mit dem Namen eines früheren Fußballidols. Es handelt sich um „Turl Wagner", der bei offiziellen Anlässen völlig korrekt als „Theodor Wagner" geführt wurde.

Literatur: Maria Hornung/Sigmar Grüner: „Wörterbuch der Wiener Mundart", 2., erweiterte und verbesserte Auflage mit mehr als 1000 neuen Stichwörtern und Ergänzungen, Wien 2002, S. 498 u. 122.

Hirschwang

Der Ortsname Hirschwang beinhaltet das Wort „Wange".

Das könnte man bei dem niederösterreichischen Ort Hirschwang vermuten, passen doch die Wörter „Hirsch" und „Wange" in gewisser Weise zusammen. Doch was wäre dann mit dem salzburgischen Hallwang oder mit Ortschaften wie Aichelwang bei Kufstein und Langenwang im Mürztal?

All diese Ortschaften, Hirschwang mit eingeschlossen, leiten ihren Namen von einem althochdeutschen Hauptwort *wang* ab. Es bedeutet so viel wie „Talmulde" oder „Wiesenabhang" und hat lediglich eine gemeinsame indogermanische Wurzel mit der Wange in unserem Gesicht.

Literatur: „Deutsches Wörterbuch von Jacob und Wilhelm Grimm", Leipzig 1854–1971, Nachdruck: München 1991, 33 Bände, 27. Bd., Sp. 1747 ff.

Hochstapler

Der „Hochstapler" stapelt.

Der in Österreich und Deutschland gängige Ausdruck „Hochstapler" kommt nicht von „stapeln", sondern von „stabeln" bzw. „stap(p)eln" (= betteln). Ein „Hochstappler" war ursprünglich ein raffinierter Bettler, der eine adelige Herkunft vortäuschte und mit falschen Attesten über erlittene Unglücksfälle Mitleid erheischte. Das Wort stammt aus der Gaunersprache und setzt sich zusammen aus „hoch" (= vornehm) und „stapeln" (= betteln).

Eigentliches Ursprungswort von „stapeln" ist das lateinische Hauptwort *stabulum* (= Standort, Stallung, Gasthof, Ausspann), dazu gehört der Begriff *stabularius* (= Pferdeknecht, Stallwirt, niederer Gastwirt). In dem Werk *Liber Vagatorum* von 1510 ist bereits die deutsche Form „Stabüler" mit der Bedeutung „Bettler" vermerkt. Ursprünglich war damit wohl der „Einkehrende einer niederen Gaststätte" gemeint.

Heute sehen wir in einem „Hochstapler" nicht so sehr einen Bettler, als einen Betrüger, Schwindler, Aufschneider: jemand, der in betrügerischer Absicht (und eventuell mit falschem Namen) eine hohe gesellschaftliche Stellung vortäuscht und das Vertrauen des Getäuschten durch massive Betrügereien missbraucht.

Literatur: Karl Ernst Georges: Lateinisch-deutsches Handwörterbuch, 2 Bände, 9. Auflage, Hannover–Leipzig 1913, Nachdruck: Darmstadt 1995, 2. Bd., Sp. 2782 f.; Lorenz Diefenbach: „Glossarium latino-germanicum mediae et infimae aetatis", Frankfurt am Main 1857, Nachdruck: Darmstadt 1997, S. 550; Friedrich Kluge: „Rotwelsch. Quellen und Wortschatz der Gaunersprache und der verwandten Geheimsprachen", Straßburg 1901, S. 38 u. 163 f.; Siegmund A. Wolf: „Wörterbuch des Rotwelschen", 2., durchgesehene Auflage, Hamburg 1985, S. 316 u. 138; Rudolf Fröhlich: „Die gefährlichen Klassen Wiens. Darstellung ihres Entstehens, ihrer Verbindungen, ihrer Taktik, ihrer Sitten und Gewohnheiten und ihrer Sprache. Mit belehrenden Winken über Gaunerkniffe und einem Wörterbuche der Gaunersprache", Wien 1851, S. 150; Friedrich Kluge: „Etymologisches Wörterbuch der deutschen Sprache", 23., erweiterte Auflage, bearbeitet von Elmar Seebold, Berlin–New York 1999, S. 378.

Hochweiß

„Hochweiß" bedeutet dasselbe wie „strahlend weiß".

Mag sein, dass der Ausdruck „hochweiß" niemals im *Duden* aufscheinen wird – es gibt ihn aber dennoch. Nur dass er im eigentlichen Sinn nichts mit der Farbe Weiß zu tun hat.

Am besten gelangen wir zu richtigen Bedeutung, wenn wir vom gegenteiligen Begriff „neger" (= „schwarz", „abgebrannt", ohne Geld) ausgehen, das aus der Gaunersprache auch in unsere Alltagssprache Eingang gefunden hat.

Dem entsprechend ist man auf den Ausdruck „weiß" für „schuldenfrei, wohlhabend, über jeden Verdacht erhaben" gekommen. Er ist jedoch nur mehr in der Zusammensetzung „hochweiß" geläufig.

Höh

Die Bezeichnung „Höh" (= Polizei) hat mit „Höhe" zu tun.

Einige Etymologen sprechen sich dafür aus, dass es sich um berittene Polizisten handelte, welche Delinquenten oder anderes Fußvolk vom Pferd, also von der „Höhe" herab, maßregelten.

In der Tat aber ist dieser Begriff vom so genannten „Hemann" abzuleiten, den uns Theodor Vernaleken in den *Mythen und Bräuchen des Volkes in Oesterreich* als einen „Waldgeist von riesiger Körpergröße und mit schwarzem Mantel angetan" schildert. Wenn ihn Leute verspotten wollten, setzte er sich unter „He-Rufen" auf ihren Rücken und war nicht abzuschütteln.

Gustav Gugitz erzählt in den *Sagen und Legenden der Stadt Wien* von der Schrecken erregenden Erscheinung der „Hehmänner", die in den Weingärten rund um die Wienerstadt das Heft in der Hand hatten. „Das sind riesenhafte Männer mit übergroßen, runden Köpfen, aus denen zwei wilde Augen feurig schauen. Sie trugen in der Gegend Döblings meist die gewöhnliche Hauerkleidung, oft auch einen breiten Hut. Sie vermögen sich pfeilschnell in einem Augenblick viele Meilen weit zu bewegen. Das muß ein grausamer Schreck gewesen sein, als ein übermütiger Bursch spottend in die Au: ‚He, He' hineinrief. Da kam einer der Hehmänner durch die Luft, hockte sich mit ganzer Schwere auf den Rücken des Spötters und war bis zum Morgengrauen nicht herunterzukriegen. Das war aber noch eine leichte Strafe. Sonst kommen gleich mehrere mit Windeseile und reißen den Rufer in Stücke ..."

Dieser „Hehmann" fand später auch Eingang in die Gaunersprache, die es ohnedies liebte, Sachbegriffe wie Personen mit dem Grundwort „Mann" zu versehen. Der „Hehmann" (= Polizist) trat also zu Ausdrücken wie „Obermann" (= Hut), „Übermann" (= Mantel), „Zwickmann" (= Henker) und „Bammelmann" (= Gehängter) hinzu.

Die Wiener Gaunersprache verkürzte schließlich den Begriff „Hehmann" zu *He* (mit offen gesprochenem *e*, also ähnlich dem *ä*) – gemeint ist der einzelne Polizist. *Oberhe* ist die „oberste Polizei", also die Polizeidirektion.

In Graz ist im Jahr 1903 der Ausdruck „Hedi" belegt. Dabei handelt es sich nicht um eine Koseform, sondern um eine Umkehrung von „Die Höh" zu „Höh die", woraus „Hedi" wird.

Derartige Umkehrungen sind in der Gaunersprache keine Seltenheit (siehe das Stichwort „Grean"), kommen aber auch in der Schriftsprache vor – man denke an die scherzhaften Ausdrücke „Tiktak" an Stelle von „Taktik", „Schiedunter" an Stelle von „Unterschied" oder (meist fragend) „schmäh-ohne" an Stelle von „ohne Schmäh".

Literatur: Theodor Vernaleken: „Mythos und Bräuche des Volkes in Österreich", Wien 1859, S. 241 f.; Gustav Gugitz: „Die Sagen und Legenden der Stadt Wien, Wien 1952, S. 1; Louis Günther: „Die deutsche Gaunersprache und verwandte Geheim- und Berufssprachen", Leipzig 1919, Nachdruck: Wiesbaden 1965, S. 96; Louis Günther: „Das Rotwelsch des deutschen Gauners", Straßburg 1905, S. 77 ff.; „Handwörterbuch des deutschen Aberglaubens", hg. von Hans Bächtold-Stäubli, 10 Bände, Basel 1927, Nachdruck: Berlin 2000, 3. Bd., Sp. 1706 ff.

Hurniglen

„Hurniglen" ist ein unfeines Wort.

Was könnte einem nicht alles beim Zeitwort „hurniglen" einfallen? In der Tat hat dieses Wort, das zum Beispiel im Vorarlberger Raum gebraucht wird, nichts mit dem „Igel" zu tun.

Die unpersönlich gebrauchte Wendung „es hurniglet mich" bedeutet „ich verspüre einen prickelnden Kälteschmerz" (in den Finger- oder Zehenspitzen). Es besteht wohl eine Verbindung zu „Hornung", dem germanischen Ausdruck für den (kalten) „Februar".

Literatur: Leo Jutz: „Vorarlbergisches Wörterbuch mit Einschluß des Fürstentums Liechtenstein", 1. Bd., Wien 1955 (1960), Sp. 1467.

Hütteldorf

Der Wiener Ortsteil Hütteldorf hat seinen Namen von kleinen Hütten.

Diese Behauptung könnte nur insofern Berechtigung haben, als wohl die meisten Dörfer einmal aus kleinen Hütten bestanden; mit dem Namen des Ortes hat dies jedoch nichts zu tun.

Wie schon bei den *Heanzen* liegt auch hier ein „unorganisches h" vor – also ein Buchstabe, der sich nach sprachlichen Gesichtspunkten nicht erklären lässt. Das heißt aber, dass wir es mit keiner Form von „Hütte" zu tun haben.

Elisabeth Schuster leitet Namen dieses Teils des 14. Wiener Gemeindebezirks von einem althochdeutschen Personennamen *Uoto* her und belegt für das Jahr 1226 die Variante *de Utendorf*, für 1572 aber bereits die Form *Hüeteldorf*.

Literatur: Maria Hornung / Franz Roitinger: „Die österreichischen Mundarten. Eine Einführung", neu bearbeitet von Gerhard Zeillinger, Wien 2000, S. 26; Elisabeth Schuster: „Die Etymologie der niederösterreichischen Ortsnamen", 3 Bände, Wien 1989–1994, 3. Bd., S. 315.

Ihnen

„Ihnen" klingt höflicher als „Sie".

Dieser Irrtum ist in vielen Mundarten weit verbreitet. Das Ergebnis sind Sätze wie „Bitte, regens Ihna net auf!" (= Bitte, regen Sie sich nicht auf!).

Folgende Anekdote, basierend auf einer wahren Begebenheit, spielt auf einem deutschen Fußballplatz.

Der Schiedsrichter zeigt dem Stürmer Willi „Ente" Lippens die gelbe Karte und sagt: „Ich verwarne Ihnen!"

Darauf sagt Lippens: „Ich danke Sie!".

Der Schiedsrichter zeigt Lippens die rote Karte.

Literatur: Fritz Beck: „Die besten Sportlerwitze", Wien o.J., S. 44.

Installateur

Die in Österreich gängige Berufsbezeichnung „Installateur" stammt aus dem Französischen.

„Ich bin Klempner von Beruf" – diesen Satz hört man nur im Norden Deutschlands. Im Süden und Westen des deutschen Sprachraumes (Ausnahme Schweiz) werden in der Umgangssprache die jeweiligen Dialektwörter heute durch „Installateur" ersetzt.

Das Wort ist eine Scheinentlehnung des 20. Jahrhunderts, weil es im Französischen in dieser Bedeutung nicht vorhanden ist. (Siehe auch das Stichwort „Friseur".)

Literatur: Horst Friedrich Mayer: „Das neue Lexikon der populären Irrtümer Österreichs. Weitere Missverständnisse, Vorurteile und Denkfehler. Der zweite Band", Wien–Frankfurt/Main 2002, S. 93; Werner König: dtv–Atlas Deutsche Sprache, 13. Auflage, München 2001, S. 193.

Ja-Wort

Das Ja-Wort lautet: „Ja, ich will!"

Die Heiratsformel auf die Frage des Standesbeamten „Wollen Sie … zur Frau (zum Mann) nehmen?" lautet im Deutschen schlicht und einfach: „Ja!", im Englischen hingegen: „Yes, I will!"

Da in Filmsynchronisationen das englische „Yes, I will!" nicht durch „Ja!" ersetzt werden kann (dies würde mit den Lippenbewegungen nicht zusammenpassen), nimmt die Formel „Ja, ich will!" auch im deutschen Sprachraum immer mehr überhand.

Dass sie aber auch bereits in deutsch-österreichischen Fernsehproduktionen wie „Liebe, Lügen, Leidenschaften" zu hören ist, kommt doch überraschend. So hörte man in der am 2. Jänner 2003 ausgestrahlten Folge dieser Mini-Serie bei der Hochzeit von Valerie (Denise Zich) und Robert (Philipp Brennickmeyer) den Satz „Ja, ich will!".

Nur wenige Monate zuvor war „Ja, ich will!" der Slogan einer österreichweiten Plakatwerbung – als Blickfang diente ein frisch getrautes Paar.

Jucker

Der altwienerische Ausdruck „Jucker" kommt vom Zeitwort „jucken" (= beißen).

„Juckerzeugl" ist ein anderes Wort für die Fiakerkutsche. Wir finden diesen Ausdruck in dem beliebten Wienerlied „I häng' an meiner Weanerstadt". In der Kurzform „Zeugel" finden wir das Wort in dem berühmten „Fiakerlied" von Gustav Pick: „Mei Zeugl steht am Graben …".

Viele glauben, dass der vollständige Ausdruck „Juckerzeugl" etwas mit dem Zeitwort „jucken" (= beißen) zu tun hat. Der Bestandteil „Jucker" ist jedoch kein echt wienerischer Begriff, zumal der Ausdruck aus dem alemannischen Sprachraum zu uns gelangt ist.

Ein Blick in das *Vorarlbergische Wörterbuch* bietet uns für den Ausdruck „Juck" die Bedeutung „Sprung in die Höhe" und für das Zeitwort „jucken" die Varianten „aufschnellen, hüpfen, springen".

Literatur: Leo Parthé: „Die schönsten Wienerlieder", Wien o. J., S. 99; „Deutsches Wörterbuch von Jacob und Wilhelm Grimm", Leipzig 1854–1971, Nachdruck: München 1991, 33 Bände, 10. Bd., Sp. 2347 f.; Leo Jutz: „Vorarlbergisches Wörterbuch mit Einschluß des Fürstentums Liechtenstein", 10. Lieferung, Wien 1960, Sp. 1503.

Kabanossi

Die „Kabanossi" ist eine italienische Wurstsorte.

Die beliebte Wurstsorte „Kabanossi" wird vielfach für ein italienisches Produkt gehalten. Auch ich habe ursprünglich vermutet, dass es eine italienische Wurst namens *cabano* geben müsse. Diesen Ausdruck wird man jedoch in italienischen Wörterbüchern vergeblich suchen. Woher sollte auch das angehängte *-ssi* kommen? Vielleicht aus einer Anlehnung an Mario Cavaradossi aus Verdis berühmter Oper *Tosca?*

In der Tat stammt das Wort „Kabanossi" aus dem Polnischen. Dort gibt es eine Wurst mit dem Namen *kabanos*, der von *kaban* (= Eber) abgeleitet wird.

Zur Annahme, dass diese Wurst aus Italien stammt, trägt auch die nicht selten anzutreffende Schreibung „Cabanossi" bei. Ein *c* am Beginn eines Wortes ist in slawischen Sprachen recht selten, im Italienischen allerdings gang und gäbe.

Werbefoto der Firma Wiesbauer für „Cabanossi-Würstchen".

Nach Angaben der Firma Wiesbauer werden ihre Cabanossi im Heißrauchverfahren über Buchenholz geräuchert und anschließend im Klimaraum getrocknet. Sie sind würzig im Geschmack und haben eine charakteristische Paprikanote.

Bekannt ist auch die Marke „Knabbernossi" – hier wird der ursprüngliche Name der Wurst mit dem Zeitwort „knabbern" vermischt.

Literatur: Heinz Dieter Pohl: „Die Sprache der österreichischen (insbes. Wiener) Küche 2", in: „Wiener Sprachblätter", 52. Jg. (September 2002), 3. Heft, S. 92; Christoph Wagner: „Das Lexikon der Wiener Küche", Wien 1996, S. 121; Florian Holzer: „Ode an die Kabanossi", in: „Österreich für Feinschmecker. Das kulinarische Jahrbuch 1997", hg. von Christoph Wagner u. Robert Sedlaczek, Wien 1996, S. 106 ff.; für wichtige Hinweise zu diesem Irrtum danken wir Dr. Martin Pollack, Wien.

Kaiserschmarren

Der Kaiserschmarren heißt deshalb so, weil Kaiser Franz Joseph ihn gerne aß.

Über die Entstehung dieses wohl berühmtesten aller Wiener Schmarren aus gerissenem Eierteig existieren zahlreiche Legenden. Eine davon erzählt von einem Hofküchen-Patissier, der für die notorisch linienbewusste Kaiserin Elisabeth gerne besonders leichte Desserts kreierte. Als er jedoch einmal mit einer neuen Komposition aus Omelettenteig und Zwetschkenröster in der kulinarischen Gunst der Kaiserin gar nicht zu landen vermochte, sprang Seine Majestät in die Bresche und aß die Portion der Kaiserin mit den Worten „Na geb' er mir halt den Schmarren her, den unser Leopold da wieder z'sammkocht hat". Schließlich soll der Kaiser von dem Gericht so begeistert gewesen sein, dass er es kurzerhand „Kaiserschmarren" nannte.

Historisch verbürgt ist diese Auslegung allerdings nicht. Kaiserschmarren dürfte in Wirklichkeit eine Wortschöpfung der Wienerinnen und Wiener sein, die allen Namen von besonders feinen Gerichten und Grundprodukten das Wort „Kaiser" voranstellten.

Hiefür gibt es eine große Zahl an Beispielen. So ist der *Kaiserauszug* ein alter Ausdruck für das beste vorrätige Weizenmehl (Auszugsmehl), die *Kaiserbirn* eine besonders feine Butterbirnensorte und der *Kaiserfisch* ein Saibling, ein Lachs oder eine Goldforelle, also ein besonders guter Fisch. Das *Kaiserfleisch* ist ein Räucherfleisch mit besonders saftiger Schwarte, das *Kaisergerstl* ein besonders fein geriebenes Gerstl, der *Kaiserg'spritzte* ein G'spritzter mit Sekt, ein *Kaisergulasch* ein Gericht aus Rindslungenbraten mit abgeschmalzenen Bandnudeln, die *Kaisermelange* ein großer Mokka, der statt mit Milch mit Eigelb, Honig und Weinbrand vermischt wird, das *Kaiserschnitzel* ein Rahmschnitzel aus der Kalbsnuss, das mit Petersilie sowie klein gehackten Sardellen, Kapern und Zitronensaft abgeschmeckt wird, und die *Kaisersemmel* eine fünffach eingekerbte Semmel, für die ausschließlich reinstes weißes Mehl verwendet wird.

Es ist undenkbar, dass alle diese Gerichte – den Kaiserschmarren mit eingeschlossen – zu den Leibspeisen Kaiser Franz Josephs gehörten. Außerdem sind einige der oben erwähnten Begriffe viel älteren Ursprungs. So kannte man ein Kaiserfleisch beispielsweise bereits zu Zeiten Maria Theresias.

Es gibt noch einen anderen Begriff, der nach dem gleichen Muster entstanden ist, doch dieser hat mit dem Essen überhaupt nichts zu tun: das *Kaiserwetter*.

Literatur: Horst Friedrich Mayer: „Lexikon der populären Irrtümer Österreichs", Wien–Frankfurt/Main 2001, S. 110 f.; Christoph Wagner: „Das Lexikon der Wiener Küche", Wien 1996, S. 122.

Kalksburg

Dieser Ortsname setzt sich aus „Kalk" und „Burg" zusammen.

Kalksburg ist ein Teil des 23. Wiener Gemeindebezirks. Die Wortbestandteile sind nicht Kalk, sondern Kalb, nicht Burg, sondern Berg. Ursprünglich handelte es sich um ein „Berggelände, auf dem Kälber geweidet werden."

Noch 1357 ist die Bezeichnung *Chalsperg* verbürgt, später wird der Name zu *Kalksburg* umgedeutet.

Literatur: Elisabeth Schuster: „Die Etymologie der niederösterreichischen Ortsnamen", 3 Bände, Wien 1989–1994, 2. Bd., S. 350.

Kalter

Der Kalter hat etwas mit „kalt" zu tun.

Einen Fischbehälter nennt man „Kalter", und obwohl dieser kaltes Wasser enthält, besteht keine Verbindung zum Eigenschaftswort „kalt".

„Kalter" ist eine Nebenform von „Gehalter", wie in den Wörterbüchern des Vorarlbergischen und des Oberösterreichischen zu lesen steht. In ganz Vorarlberg ist „gehalten" (= aufbewahren, aufheben) gebräuchlich, aber eben auch Gehalter (= Aufbewahrungsort, Gefäß, Behälter, besonders Fischkasten im Brunnen oder Bach).

Die Wandlung von „Gehalter" zu „Kalter" erklärt sich durch das Wegfallen eines Selbstlautes (Synkope).

Literatur: Leo Jutz: „Vorarlbergisches Wörterbuch mit Einschluß des Fürstentums Liechtenstein", 11. Lieferung, Wien 1960, Sp. 10 f., u. 7. Lieferung, Wien 1959, Sp. 1085; Otto Jungmair/Albrecht Etz: „Wörterbuch zur oberösterreichischen Mundart", 6., unveränderte Auflage, Linz 1999, S. 143 u. 95; Ignaz Franz Castelli: „Wörterbuch der Mundart in Oesterreich unter der Enns", Wien 1847, S. 179.

Kamel

Das Wiener Restaurant „Zum schwarzen Kameel" hat etwas mit einem Kamel zu tun.

Dieses wunderschöne Jugendstil-Restaurant in der Wiener Innenstadt (mit Stehbüfett und Delikatessenabteilung) geht auf eine Spezereienhandlung zurück, die 1618/19 ein Gewürzkrämer namens Johann Baptist Camel gegründet hat. Heiteren Sinnes nannte er das Lokal „Zum schwarzen Kamel" und gab später auch dem Haus ein entsprechendes Hausschild. Damit war der Verwechslung mit dem „Schiff der Wüste" bereits Tür und Tor geöffnet.

Um der Verwirrung noch eins drauf zu setzen, hängt noch heute im Hinterzimmer ein riesiges Gemälde, das ein imposantes schwarzes Kamel mit rotem Überwurf zeigt. Bei genauerer Betrachtung stellt sich heraus: Es handelt sich um ein einhöckriges Kamel – also um ein Dromedar, wie wir es auch auf der Packung der Zigarettenmarke „Camel" finden.

Gemälde im Hinterzimmer des Restaurants.

Aus der Familie des Johann Baptist Camel entspross der gelehrte Missionar und Botaniker Georg Joseph Camel (Camelius), nach welchem Karl von Linné die Kamelie benannte, ein aus Ostasien stammendes Teegewächs mit dunkelgrünen, ledrigen Blättern und großen, meist gefüllten Blüten in weißer bis dunkelroter Farbe. Dass Georg Joseph Camel (geb. 1661 in Brünn, gest. 1706 in Manila), die Kamelie selbst entdeckt hat, ist allerdings ein weiterer Irrtum. Neueste Forschungen belegen, dass diese Pflanze erstmals von dem deutschen Physiker Andreas Cleyer beschrieben wurde, der in den 1680er-Jahren Japan bereist hatte.

Literatur: Horst Friedrich Mayer: „Lexikon der populären Irrtümer Österreichs", Wien–Frankfurt/Main 2001, S. 112; Richard Groner: „Wien wie es war. Ein Nachschlagewerk für Freunde des alten und neuen Wien", vollständig neu bearbeitet und erweitert von Felix Czeike, 5. Auflage, Wien–München 1965, S. 277; Informationen über die Kamelie und über deren Entdecker findet man im Internet unter http://www.sc.edu/library/spcoll/nathist/camellia/camellia1.html sowie auf der Web-Site der „International Camellia Society" http://www.med-rz.uni-sb.de/med_fak/physiol2/camellia/home.htm.

Karacho

„Mit vollem Karacho" leitet sich von dem spanischen Eigenschaftswort CARAJO ab, und dieses bedeutet „schnell".

Wenn Peter Wehle hier ein spanisches Eigenschaftswort *carajo* (= schnell) aus dem Sombrero zaubert, so klingt dies ja recht vernünftig. Einziges Problem: Dieses Eigenschaftswort gibt es im Spanischen nicht.

Tatsächlich existiert im Spanischen nur ein Hauptwort *carajo* (gesprochen *carácho*), und dieses bedeutet „Penis". Spanier verwenden diesen Begriff zum Ausdruck der Verwunderung – dort, wo wir im Deutschen „Donnerwetter" sagen.

Wie aber kommt das Wort „Penis" zur Bedeutung „rasch"? Deutsche Soldaten haben aus dem Mund von Spaniern den phallizistischen Ausdruck gehört und waren davon offensichtlich recht angetan. Sie hatten in ihrer eigenen Sprache zwei Begriffe, die ähnlich klangen: „Karriere" (= schneller Lauf, Galopp) und „Krach". Diese beiden Wörter vermengten sie zu einem neuen Wort, das sie mit dem spanischen Wort *carajo* in Einklang brachten.

Seither sagen auch wir „Er kommt mit vollem Karacho daher", ohne daran zu denken, welches Ursprungswort hier eine Rolle gespielt hat.

Literatur: Rudolf J. Slabý/Rudolf Grossmann: „Wörterbuch der spanischen und deutschen Sprache", Barcelona 1948, S. 124; Friedrich Kluge: „Etymologisches Wörterbuch der deutschen Sprache", 23., erweiterte Auflage, bearbeitet von Elmar Seebold, Berlin–New York 1999, S. 426; Wolfgang Pfeifer: „Etymologisches Wörterbuch des Deutschen", ungekürzte, durchgesehene Ausgabe der 4. Auflage, Berlin 1999, S. 621; Peter Wehle: „Sprechen Sie Wienerisch? Von Adaxl bis Zwutschkerl", Nachdruck der erweiterten und bearbeiteten Neuausgabe aus 1981, Wien 2003, S. 191.

Karnifeln

Karnifeln (= quälen) stammt aus dem Lateinischen.

In der Schule lernten wir, dass das Zeitwort *karnifeln* (= quälen, peinigen, schikanieren) von lateinisch *carnific-e* abzuleiten sei. Weil es so makaber war, haben wir uns diese Herleitung auch leicht gemerkt, zumal das Wort in wörtlicher Übersetzung „Fleischmacher", im weiteren Sinne aber „Stockmeister, Henker, Scharfrichter" bedeutet. Peter Wehle hat als Ursprungswort französisch *canif* (= Taschenmesser, Messer) angenommen – auch er unterlag einem Irrtum.

In Wahrheit stammt „karnifeln" von einem alten deutschen Zeitwort ab, das im 15. und 16. Jahrhundert in den Formen „karnöffeln" oder „karnüffeln", im 17. Jahrhundert bereits als „karniffeln" belegt ist. Schon damals lautete die Bedeutung „stoßen", „quälen" und „durchprügeln".

„Karnöffel" ist auch der Name eines Kartenspiels, das vermutlich als das älteste Kartenspiel Europas gelten kann und noch dazu bis zum heutigen Tag gespielt wird. Ursprünglich bedeutete „Karnöffel" so viel wie „Hodenbruch".

In den herkömmlichen Kartenspielen ist die Welt in Ordnung: Der König sticht die Dame (Ober), die Dame den Buben (Unter). Im Spiel Karnöffel ist diese Ordnung jedoch auf den Kopf gestellt: Der Trumpf-Bube (Karnöffel) sticht nicht nur Trumpf-Sieben (den Kaiser), sondern auch Trumpf-Sechs (den Papst) und Trumpf-Zwei (den Teufel).

Karnöffel war in den Augen der Obrigkeit ein anarchistisches Kartenspiel, es wurde – je nach dem vorherrschenden politischen Klima – einmal verboten, dann wieder erlaubt, und schließlich wieder verboten. 1426 durfte man Karnöffel im bayerischen Nördlingen erstmals in der Öffentlichkeit spielen (das ist gleichzeitig der älteste Beleg dieses Kartenspiels), 1446 wurde es in Augsburg verboten, 1448 in Balgau erlaubt. 1496 predigte ein Bischof Geiler von der Kanzel gegen das Spiel, aus dem Jahr 1546 ist ein satirischer Dialog zwischen der Spielkarte mit dem Namen „Papst" und jener mit dem Namen „Teufel" erhalten.

Lange Zeit hielt man das Kartenspiel Karnöffel für ausgestorben, ehe es der Kartenspieleforscher Rudolph von Leyden 1970 in der Schweiz wieder entdeckt hat. Es heißt heute „das Kaiserspiel", die Regeln sind weitgehend unverändert geblieben. Elemente von Karnöffel haben auch in das Tiroler Nationalspiel Watten Eingang gefunden.

Literatur: Karl Ernst Georges: „Lateinisch-deutsches Handwörterbuch", 2 Bände, 8. Auflage (Nachdruck 1992), S. 1004 f.; „Deutsches Wörterbuch von Fr. L. K. Weigand", 5. Auflage, hg. von H. Hirt, 2 Bände, Gießen 1909–1910, 1. Bd., S. 902 f.; Matthias Lexer: „Mittelhochdeutsches Handwörterbuch", 3 Bände, Leipzig 1872, Nachdruck: Stuttgart 1992, 1. Bd., Sp. 1520; „Österreichisches Wörterbuch. Neubearbeitung. Mit den neuen amtlichen Regeln", 39. Auflage, Wien 2001; David Parlett: „The Oxford Guide to Card Games", Oxford–New York 1990, S. 165–168; David Parlett: „The Penguin Encyclopedia of Card Games", London 2000, S. 336–339; Peter Wehle: „Sprechen Sie Wienerisch? Von Adaxl bis Zwutschkerl", Nachdruck der erweiterten und bearbeiteten Neuausgabe aus 1981, Wien 2003, S. 190.

Kater

Der „Kater" nach Alkoholkonsum kommt von „Katarrh".

Das hat man lange Zeit geglaubt, wenngleich die Ableitung von griechisch *katarrh* (= Herabfließendes, Schnupfen) nicht so recht passen wollte.

In der 23. Auflage des Wörterbuchs von Kluge, erschienen im Jahr 1999, finden wird endlich eine plausible Etymologie. Im 16. Jahrhundert wurde im Raum Leipzig ein Bier mit dem Namen „Kater" ausgeschenkt, das am nächsten Morgen ein „Kratzen im Kopf" herbeiführte. Außerdem gab es sicherlich eine Verbindung zum „Katzenjammer" nach einer durchzechten Nacht.

Literatur: Walter Krämer/Denis Krämer/Götz Trenkler: „Das neue Lexikon der populären Irrtümer", Frankfurt am Main 1998; Friedrich Kluge: „Wortforschung und Wortgeschichte", Leipzig 1912, S. 100 ff.

Katzelmacher

Katzelmacher haben etwas mit Katzen zu tun.

Der Ausdruck „Katzelmacher" ist in Österreich eine abwertende Bezeichnung für Italiener. Mit Katzen hat der Begriff allerdings nichts zu tun, er stammt vielmehr vom italienischen Wort *la cazza*, die Kelle, ab. Früher stellten Italiener – vor allem Ladiner – aus Holz Schöpfkellen und andere Gebrauchsgegenstände her, die sie dann im Straßenhandel vertrieben.

In Tirol und Kärnten wird noch heute eine Kelle zum Suppenschöpfen mundartlich als „Gatze" bezeichnet.

Literatur: Horst Friedrich Mayer: „Lexikon der populären Irrtümer Österreichs", Wien–Frankfurt/Main 2001, S. 117 f.; Maria Hornung/Sigmar Grüner: „Wörterbuch der Wiener Mundart", 2., erweiterte und verbesserte Auflage mit mehr als 1000 neuen Stichwörtern und Ergänzungen, Wien 2002, S. 536; für den Hinweis auf die heutige Bedeutung des Wortes „Gatze" in der Tiroler Mundart danken wir Direktor Hubert Auer, Telfs.

Kelch

„Kelch" (= Streit) kommt von dem Gemüse gleichen Namens.

Das Wort „Kelch" ist ein gaunersprachlicher Ausdruck für „Streit" oder „Schlägerei", der häufig von dem Kohlgemüse abgeleitet wird – in Wien sagt man zu beidem *Kö(l)ch*.

In der Tat handelt es sich um eine Entlehnung aus dem Jiddischen, wo es das Wort *bekojch* (= Gewalttat) gibt. Bei der Eindeutschung wurde eine gedankliche Verbindung zu jenem Nahrungsmittel hergestellt, das wegen seines penetranten Geruchs verschrien ist.

Das Gemüse hat seinen mundartlichen Namen von den kelchförmigen Auswüchsen am Wurzelhals.

Literatur: Koloman Berkes/Victor Erdélyi: „Das Leben und Treiben der Gauner", Budapest 1889, S. 100.

Kiberer

Der „Kiberer" war schon immer ein uniformierter Polizist.

Anhand dieses Beispiels kann man erkennen, wie sich die Bedeutung eines Wortes im Laufe der Zeit mehrmals wandelt. Ursprungswort von „Kiberer" ist das jiddische *kübbe* (= Schlafkammer, Hurenhaus). Daraus wurde der „Kuberer", ein inzwischen ausgestorbener Begriff für einen Polizeikommissar, der die Prostituierten kontrolliert.

Später bezeichnete man als „Kiberer" einen Kriminalbeamten – also einen Polizisten in Zivil, der schwere Verbrechen wie Mord und Totschlag aufklärt. Erst seit kurzem hat ein weiterer Bedeutungswandel stattgefunden. Heute verwenden wir das Wort „Kiberer" vor allem für einen uniformierten Polizisten, der „für Ruhe und Ordnung" sorgt, den Straßenverkehr überwacht und Strafzettel austeilt.

Nur im Polizeidienst selbst gilt nach wie vor die ältere Bedeutung: Wenn Polizisten miteinander reden, dann verstehen sie unter einem „Kiberer" einzig und allein ein Mitglied der Kriminalpolizei.

Da viele das Wort „Kiberer" fälschlich von „Kiebitz" (= interessierter Zuschauer) ableiten, ist auch die nicht ganz richtige Schreibung „Kieberer" immer wieder anzutreffen. (Das überaus tolerante *Österreichische Wörterbuch* lässt beide Schreibungen gelten.)

Während man unter „Kiberer" den einzelnen Polizisten versteht, ist mit „Kiberei" die Polizei gemeint.

Literatur: Siegmund A. Wolf: „Wörterbuch des Rotwelschen", 2., durchgesehene Auflage, Hamburg 1985, S. 164 u. 176; Peter Wehle: „Die Wiener Gaunersprache. Eine stark aufgelockerte Dissertation", 3. Auflage, Wien 1981, S. 77; Konrad Maritschnik: „Steirisches Mundart Wörterbuch", unter Mitarbeit von Karl Sluga, Gnas 2000, S. 69 f.; Leopold Ziller: „Was nicht im Duden steht. Ein Salzburger Mundart-Wörterbuch", 2., vermehrte Auflage, St. Gilgen am Wolfgangsee 1995, S. 109; Hans Gross: „Handbuch für Untersuchungsrichter als System der Kriminalistik", 6., umgearbeitete Auflage, München–Berlin–Leipzig 1914; 1. Bd., S. 471; Wilhelm Polzer: „Gaunerwörterbuch für den Kriminalpraktiker", München–Berlin–Leipzig 1922, S. 43.

Kiebitz

Der Kiebitz beim Kartenspiel hat nichts mit dem gleichnamigen Vogel tun.

Wir kommen nun zu einer ganz besonderen Art von Irrtum. Eine Ableitung, die jeder Leserin und jedem Leser plausibel erscheinen wird, ist von Experten als falsch erklärt worden. An Stelle dieser einleuchtenden Erklärung errichten sie ein kompliziertes Gedankengebäude, das aufs erste ordentlich Eindruck macht. Doch jetzt kommt der Clou! In Wahrheit sind die Experten auf dem Holzweg, das sprachliche Volksempfinden hingegen hat Recht gehabt.

Ein Zuschauer beim Kartenspiel, der ungebetene Ratschläge gibt und oftmals auch noch „das Spiel verrät", wird gerne als Kiebitz bezeichnet. „Kiebitz, halt's Maul" ist eine etwas derbe, aber recht geläufige Aufforderung an diese Zuschauer, das Spiel – wenn es schon sein muss – nur schweigend zu beobachten.

Nun wird jeder sagen, na klar, hier ist der Kiebitz Pate gestanden, ein schwarzweißer Vogel aus der Verwandtschaft der Regenpfeifer, benannt nach seinem charakteristischen „Kiwitt"-Geschrei.

Nein, falsch, sagen die Experten. Der Ausdruck „Kiebitz" stammt von einem rotwelschen Zeitwort „kibitschen" (= visitieren, durchsuchen) ab. Auch die beiden Autoren Walter Krämer und Wolfgang Sauer sind in ihrem *Lexikon der populären Sprachirrtümer* auf diese Fehlmeinung von Experten hereingefallen, genauso wie Peter Wehle in seinem Buch *Sprechen Sie Wienerisch?*.

Es war nämlich tatsächlich der Vogel Kiebitz, der den Störenfrieden beim Kartenspiel, aber auch den Zuhören bei einem Prozess („Gerichtssaalkiebitz") seinen Namen lieh.

Schon in einem österreichischen Wörterbuch aus dem Jahre 1815 finden wir die Varietäten „kiwit, kivit, küfiz, gebytz", die der Verfasser Matthias Höfer als Nachahmung des „heißhungerigen und widerwärtigen Geschreyes" dieses Vogels ansieht. Auch das einige Jahrzehnte später erschienene Wörterbuch der Gebrüder Grimm sieht das ähnlich. Dort findet man „Kiebitz" als einen

Übernamen für jemanden, „der sich unberufen um andrer Leute Sachen kümmert". Außerdem vermerkt das *Grimm'sche Wörterbuch* den Ausdruck „Kiebitz" als Bezeichnung für „die österreichischen Ordonnanzoffiziere, die wie der Vogel aufgeregt hin und her schwirren".

Der Kiebitz beim Kartenspiel ist also eine männliche Person, die von einem Spieler zum anderen schwirrt und in einem lauten „Gezirpe" seinen Kommentar abgibt – genauso wie der Vogel mit seinem seltsamen Geschrei.

Literatur: Walter Krämer/Wolfgang Sauer: „Lexikon der populären Sprachirrtümer", Frankfurt am Main 2001, S. 105; Matthias Höfer: „Etymologisches Wörterbuch der in Oberdeutschland, vorzüglich aber in Oesterreich üblichen Mundart", 3 Teile, Linz 1915, 2. Teil, S. 127; „Deutsches Wörterbuch von Jacob und Wilhelm Grimm", Leipzig 1854–1971, Nachdruck: München 1991, 33 Bände, 11. Bd., Sp. 657 f.; Peter Wehle: „Sprechen Sie Wienerisch? Von Adaxl bis Zwutschkerl", Nachdruck der erweiterten und bearbeiteten Neuausgabe aus 1981, Wien 2003, S. 194.

Killer

Der Familienname „Killer" kommt aus dem Englischen.

Auf der österreichischen Telefonbuch-CD der Firma *Herold* findet man unter dem Familiennamen „Killer" mehr als 70 Eintragungen, was für einiges Erstaunen sorgen könnte. Allerdings handelt es sich hier nicht um ein Fremdwort aus dem Englischen, sondern um eine Hauptwortform zu dem bairisch-österreichischen Eigenschaftswort *kille*, das im *Bayerischen Wörterbuch* mit den Bedeutungen „sanft, zart, zärtlich" zu finden ist. Für die österreichischen Sprachinseln in Italien ist auch ein Zeitwort *killen* (= liebkosen) ausgewiesen.

Auch im alten Wien gab es Familien mit dem Namen „Killer", wie eine Reklame aus dem Jahre 1898 beweist. Der Steinmetz Emil Killer annoncierte sein umfangreiches Lager an Grabmonumenten, Grabkreuzen, Gittern und Laternen …

Wenn man ein kleines Kind kitzelt, vor allem unterm Kinn, sagt man „killekille". Dieser scherzende Ausdruck aus der Kindersprache ist im gesamten deutschen Sprachraum verbreitet.

Kipferl

Das Kipferl wurde in der Zeit der Türkenkriege erfunden und hat etwas mit dem türkischen Halbmond zu tun.

Die in Wien weit verbreitete Ansicht, dieses Gebäck stehe mit dem türkischen Halbmond und mit den Türkenbelagerungen der Stadt in einem Zusammenhang, kann genauerer Prüfung nicht standhalten.

118

Vermutlich gehört auch die Erzählung, wonach der Wiener Bäcker Peter Wendler aus der Grünangergasse während der Türkenbelagerung einen überdimensionierten Halbmond gebacken hat, um den Belagerern zu signalisieren, es wären noch genug Lebensmittel vorhanden, ins Reich der Legende.

Mit Sicherheit handelt es sich beim Kipferl um ein schon viel früher bekanntes, heidnisches Brauchtumsgebäck, das bereits bei einer Weihnachtsfeier Leopolds VI., des Glorreichen (1176–1230), im Jahr 1227 erwähnt wurde, als die Bäcker ihm „Chiphen" brachten.

Nicht einmal der Name des Gebäcks, das anderswo Hörnchen genannt wird, hat etwas mit der Form des Halbmondes zu tun. Das Kipferl erhielt seinen Namen von der gebogenen Form der Stemmleiste des Bauernwagens, auch Wagenrunge genannt. Diese hieß mittelhochdeutsch *kipfe* und althochdeutsch *kipfo* und geht zurück auf lateinisch *cippus* (= Spitzsäule, Pfahl).

Dieses Wort lebt übrigens auch weiter in dem Begriff „Kipfl-Erdäpfel", die in der Kurzform Kipfler genannt werden. Auch hier wird auf die gebogene Form Bezug genommen. In Deutschland heißen diese Kartoffeln „Bamberger Hörnchen".

Manchmal werden auch die Croissants mit den Türkenbelagerungen Wiens in einen Zusammenhang gebracht. Bei diesem französischen Gebäck passt wenigstens der Name, denn Croissant heißt Halbmond.

Literatur: Horst Friedrich Mayer: „Lexikon der populären Irrtümer Österreichs", Wien–Frankfurt/Main 2001, S. 118; Maria Hornung/Sigmar Grüner: „Wörterbuch der Wiener Mundart", 2., erweiterte und verbesserte Auflage mit mehr als 1000 neuen Stichwörtern und Ergänzungen, Wien 2002, S. 544; Mauriz Schuster/Hans Schikola: „Das alte Wienerisch. Ein kulturgeschichtliches Wörterbuch", Wien 1996, S. 76; Christoph Wagner: „Das Lexikon der Wiener Küche", Wien 1996, S. 129.

Koffer

Der Koffer ist ein Reiseutensil und sonst nichts.

Das Wort „Koffer" ist auch ein beliebtes Schmähwort für eine „männliche plumpe Person, die nur im Weg steht" – wie auch ein Koffer manchmal den Weg versperrt. In Form einer Verstärkung spricht man auch von einem „Vollkoffer". Vor allem beim Militär dürften die Begriffe „Koffer" und „Vollkoffer" recht beliebt sein.

Daneben gibt es noch den Ausdruck „einen Koffer stehen lassen" – diese Formulierung wird dann in der Wiener Mundart und in der Soldatensprache verwendet, wenn jemand einen gehörigen Darmwind hinter sich gelassen hat. „Koffer" nannte man ein schweres Geschoß mit nachhaltiger Wirkung.

Literatur: Theodor Imme: „Die deutsche Soldatensprache der Gegenwart und ihr Humor", Dortmund 1917, S. 137.

Kombinésch

Die „Kombinésch" stammt aus Frankreich.

Sicherlich – Frankreich ist seit ewigen Zeiten beispielgebend im Bereich Mode. Doch das inzwischen veraltet klingende Wort „Kombinésch" (= Unterkleid) stammt nicht aus aus Frankreich.

Das Wort „Kombinésch" stammt vom englischen Ausdruck *combination* – Unterleiberl und Unterrock in einem – und ist dann französisiert worden.

Vielleicht kennen junge Leser den Ausdruck nicht mehr, sicher aber haben Sie schon einmal eine alte Wochenschau etwa aus den 1950er-Jahren gesehen, in der „die Máma" in der Kombinésch und „der Pápa" in der schwarzen Klothose und dem Ruder- oder

Werbesujet der Firma „Palmers", Wien, 1956.

Netzleiberl am Ufer des Donaukanals sitzen, das scherzhaft als die „Wiener Riviera" bezeichnet wurde.

Der Pápa hatte noch ein an den Enden geknotetes angefeuchtetes Taschentuch am Kopf, damit er keinen Sonnenbrand bekommt. Und die Máma hantierte öfter am „Rexglas", um den Gurkensalat herauszufischen, den man zum Schnitzerl oder zum faschierten Laberl aß – während der Pápa beinahe unbemerkt ein Schlückchen aus seiner „Röhre" machte. Der Bub aber kurvte irgendwo in der Umgebung herum, mit seinem Lohner-Moped Modell „Sissy", das beinahe wie ein echter Motorroller aussah.

Die Kombinésch war jedenfalls ein verführerisches Kleidungsstück, das die Männerwelt in helle Aufregung versetzte.

Kotzen

Eine kotzgrobe Antwort ist „einfach zum Kotzen".

Der Ausdruck „Kotzen" hat in diesem Fall nichts mit „erbrechen" zu tun. Bei „Kotzen", nämlich dem Hauptwort, handelt es sich um eine grobe Wolldecke, wie sie beim Bundesheer oder auf Skihütten in Verwendung steht.

Der alte Ausdruck ist noch in ganz Österreich gebräuchlich. So kennt man in Tirol eine weibliche Version, „die Kotze", sowie eine männliche, „den Kotzen", als „grobe Wolldecke", während in Vorarlberg „die Kotze" vor allem eine „grobe Pferde-" oder „Bettdecke" bzw. einen „Teppich" bezeichnet.

Das Herkunftswort ist die mittelhochdeutsche Form *kotze*, die uns der Germanist Matthias Lexer als „grobes, zottiges Wollenzeug, Decke oder Kleid davon" vermittelt. Somit ergibt sich freilich, dass das Eigenschaftswort „kotzgrob" eine entstellte Form zu „kotzengrob" darstellt, wie es etwa im *Österreichischen Wörterbuch* nachzulesen ist.

Im alpenländischen Sprachraum ist „der Kotzen" noch heute ein Wetterfleck.

Literatur: Matthias Lexer: „Mittelhochdeutsches Handwörterbuch", 3 Bände, Leipzig 1872, Nachdruck: Stuttgart 1992, 1. Bd., Sp. 1691.

Krapfen

Cäcilie Krapf erfand den Faschingskrapfen.

Der Topograph und Historiker Wilhelm Kisch berichtet von einer Mandolettibäckerin namens Cäcilie Krapf, die im Jahr 1690 im ersten Wiener Gemeindebezirk einen Bäckerladen geführt haben soll: „Sie war durch ein köstliches Gebäck berühmt geworden; die Wiener nannten es nach ihr ‚Cilli-Kugeln', und lange Zeit galt es als Leckerbissen. Dreissig Jahre später gab sie ihrem Gebäcke eine wesentliche Verbesserung, indem sie es besonders zu Faschingszeiten mit eingesottenen Früchten füllte, daher die vornehme Welt diese Kuchen auch ‚Faschingskuchen‘, und da ihr Name, Cäcilie Krapf, schon stadtkundig war, nach ihr auch ‚Faschingskrapfen‘ nannte, welche Bezeichnung dann die Oberhand gewann und sich seitdem in Wien und in ganz Europa einbürgerte".

Da uns die Legende oft lieber ist als die Realität, lesen wir nicht ungern in der *Neuen Kronenzeitung* vom 24. Jänner 2002 wieder einmal das Histörchen von der guten alten Bäckerin. Nur dass die Geschichte halt nicht stimmt.

Wenn wir uns zur rauen Wahrheit emporschwingen wollen, werden wir ein althochdeutsches Hauptwort *krapfo* oder *kraffo* (= Kralle, Klaue, Haken) finden, das im Mittelhochdeutschen bereits als *krapfe* belegt ist.

Den Berufsstand der Krapfenbäcker gab es schon im 15. Jahrhundert. Allerdings waren sie keine Guten, wenn wir Michael Beheims *Buch von den Wienern* (1462–1465) Glauben schenken, der die „crapfenpacher" wie die „koltrager, schmerschneidder, tendler, wampenwascher, clampfer, tatengraber, hundslaher, petler, phenningprediger und schinder" zum „Gesindel" zählt.

Der Volkskundler Gustav Gugitz legt sogar schon für das 13. Jahrhundert dem höfischen Meier Helmbrecht einen „Kraphen" in den Mund. Auch berichtet er von wiederholten Faschings- und Krapfenschießen am Hofe Karls VI. – wobei die Krapfen der Siegespreis waren. So muss es uns auch nicht verwundern, von einem wettkampfmäßigen Krapfenessen im Jahr 1854 zu hören, bei dem es zwei Studenten „auf je 30 Stücke" brachten.

Jedenfalls galt der Krapfen als Kostbarkeit, man lud in der Faschingszeit zum „Faschingskrapfen", der hier – wie die „Hausnudel" (siehe das Stichwort) – einer ganzen Festivität den Namen gab. Oft tat man, wenn jemand mit einem Mädchen den Krapfen teilte, den ersten Schritt zur Ehe, und nicht selten galt dies als Zeichen zur Verlobung. Und wenn wir schließlich bei unseren Krapfen auch den weißen Rand, das „Ranftl", mitsamt dem Loch für die Füllung nicht missen wollen, so bekommt man ihn auf dem Land noch hausgemacht, und er hat zumeist eine leicht gekrümmte Form, wie eben eine „Klaue".

Literatur: Wilhelm Kisch: „Die alten Strassen und Plätze Wien's und ihre historisch interessanten Häuser. Ein Beitrag zur Culturgeschichte Wien's mit Rücksicht auf vaterländische Kunst, Architektur, Musik und Literatur", 12 Bände, Wien 1883–1895, Nachdruck: Wien 2000/2001, 1. Bd., S. 138; die „crapfenbacher" Michael Beheims werden in Friedrich Kluges „Rotwelsch. Quellen und Wortschatz der Gaunersprache und der verwandten Geheimsprachen" (Straßburg 1901, Nachdruck: Berlin–New York 1987, S. 16) erwähnt; Gustav Gugitz: „Das Jahr und seine Feste im Volksbrauch Österreichs", 2 Bände, Wien 1950, 1. Bd., S. 27–32; Curiositäten-Memorabilien-Lexikon von Wien (Realis), 2 Teile, Wien 1846, 1. Teil, S. 421 f.

Kräueln

„Kräueln" (= kriechen) schreibt man in der Schriftsprache „krallen".

Der Wiener Mundartausdruck „kräueln" – gesprochen *gräu(l)n* – stellt Journalisten immer wieder vor eine schwierige Aufgabe: Wie ist dieses Wort in der Schriftsprache wiederzugeben?

Als der deutsche Fußballer Oliver Kahn seine schwangere Frau sitzen ließ, brachte *News* ein kurzes Statement Dagmar Kollers zu dieser Affäre: „Wenn ein Mann mit einer 21-Jährigen *herumkrallt*, während seine Frau hochschwanger daheim sitzt, kann man nur eines raten: Abkassieren und rausschmeißen ..." Auch Peter Wehle vertritt in *Sprechen Sie Wienerisch?* die Meinung, dass dieses Wort von „Kralle" abzuleiten sei.

Vermutlich ist das Wort *umanåndagräu(l)n* gefallen, und dieses hat nichts mit „krallen" zu tun. Wir müssen vielmehr an das seltene Wort „herumkräueln" (= herumkriechen) denken. Lebendig ist dieser Ausdruck bei uns hauptsächlich in der Mundart.

Es gibt nämlich zu einem niederdeutschen „krauels" auch ein oberdeutsches umgelautetes „kräueln" (= krabbelnd kriechen) – beides Iterativa (auf -*eln*) zu „krauen", dem Kluge die Bedeutung „mit gekrümmten Fingern kratzen" gibt.

Wenn auch eine gewisse Verwandtschaft mit „Kralle" gegeben sein mag, so haben die beiden Ausdrücke primär nichts miteinander zu tun. „Krallen" ist somit eine falsche Übertragung.

Literatur: „Deutsches Wörterbuch von Jacob und Wilhelm Grimm", Leipzig 1854–1971, Nachdruck: München 1991, 33 Bände, 5. Bd., Sp. 2084 f.; Andreas J. Schmeller: „Bayerisches Wörterbuch", 2. Auflage bearbeitet von G. K. Frommann, 2 Bände, München 1872–1877, Nachdruck: München 1996, 1. Bd., Sp. 1357; Friedrich Kluge: „Etymologisches Wörterbuch der deutschen Sprache", 23., erweiterte Auflage, bearbeitet von Elmar Seebold, Berlin–New York 1999, S. 484; „News" vom 13. 3. 2003, S. 188; Peter Wehle: „Sprechen Sie Wienerisch? Von Adaxl bis Zwutschkerl", Nachdruck der erweiterten und bearbeiteten Neuausgabe aus 1981, Wien 2003, S. 201.

Krauterer

Der wienerische Ausdruck „alter Krauterer" leitet sich von „Krauthändler" ab.

Das in Wien noch heute gebräuchliche Schmähwort „alter Krauterer" ist weder Wienerischer Herkunft, noch leitet es sich von einer Berufsbezeichnung „Krauthändler" ab. Wir haben es also hier gleich mit zwei Irrtümern zu tun, die sich großer Beliebtheit erfreuen.

Das Wörterbuch der Brüder Grimm erklärt uns den „alten Krauterer" als einen im Schwäbischen gebräuchlichen Ausdruck für einen „unruhigen, widersetzlichen Menschen" – man sieht, dass der Begriff nicht auf Wien beschränkt ist. Hier verstehen wir darunter einen „hilflosen alten Mann" oder einen „alten Nörgler".

Früher bezeichnete man als „Krauterer" den „Kostgeber" oder „Meister". Weil dieser offensichtlich mit Vorliebe billige Krautgerichte kochen ließ, bekam er den abwertenden Namen, wobei „Kraut" in diesem Fall ein Synonym für „Kost" ist.

Lediglich die verdeutlichende zusätzliche Silbe -er – wie etwa beim „Glaserer" – zeigt die wienerische Färbung dieses gesamtdeutschen Begriffes.

Literatur: Heinrich Klenz: „Schelten-Wörterbuch. Die Berufs-, besonders Handwerkerschelten und Verwandtes", Straßburg 1910, S. 58.

Kreta

Kreta ist nur eine griechische Insel.

Auch ein Teil des 10. Wiener Gemeindebezirks heißt im Volksmund „Kreta", oder genauer: „die Kreta". Es handelt sich hierbei um das Gebiet zwischen Quellenstraße, Gudrunstraße und Geiselbergstraße.

Als dieser Teil Favoritens verbaut wurde, galt die Gegend als unsicher. Da zur gleichen Zeit auf Kreta Unruhen ausbrachen, übernahm man den Namen der Mittelmeerinsel.

Der Kabarettist, Musiker, Autor und Sänger Gerhard Bronner wurde 1922 in der Kreta geboren.

Literatur: Felix Czeike: „Historisches Lexikon Wien", 5 Bände, Wien 1992–1997, 3. Bd., S. 610.

Krispindel

Das Wort „Krispindel" (= magerer, schwächlicher Mensch) stammt vom hl. Crispinus oder von „spindeldürr" ab.

So liest man es in vielen Wörterbüchern und auch in Peter Wehles *Sprechen Sie Wienerisch?*. Allerdings hat „Krispindel" weder mit dem hl. Crispinus, Schutzpatron der Schuster und Schneider, noch mit dem Wort „spindeldürr" etwas zu tun. Es besteht auch keine

Verbindung zur „Spinnerin am Kreuz", einer gotischen Bildsäule im 12. Wiener Gemeindebezirk, die laut Wehle früher „Krespinuskreuz" geheißen haben soll.

Schon die Römer kannten den Beinamen *Crispinus* (= Krauskopf), der zunächst als Spitzname verwendet wurde, sich dann aber zu einem vererbbaren Familiennamen entwickelte. Berühmt und bis zum heutigen Tag in Verwendung ist Juvenals Satz: „Wenn Crispinus, vom Pöbel des Nils stammend, als Sklave in Canopis geboren, (…) an schwitzenden Fingern seinen Goldring für den Sommer ‚fächelt‘, dann ist es schwer, keine Satire zu schreiben *(difficile est saturam non scribere)*". Auch Gotthold Ephrahim Lessing greift in seiner Invektive gegen den Übersetzer Johann Jakob Dusch auf die Anfangsworte von Juvenals vierter Satire zurück: „Sieh da, wieder einmal Crispinus!" *(ecce iterum Crispinus)*.

Relevant für die heutige Bedeutung von „Krispindel" ist jedoch erst die Figur des Crispin in der französischen Komödie des 17. Jahrhunderts. Es gab etwa 40 französische Komödien nach Paul Scarrons „Der Schüler von Salamanca", in denen ein verschlagener und intriganter Diener dieses Namens als Hauptfigur fungierte.

Mitte des 18. Jahrhunderts gastierten viele französische Theatertruppen auch in Wien. So wurde 1763 am Käntnertortheater „Crispin als Kammerdiener, Vater und Schwiegervater" aufgeführt, 1769 am Burgtheater „Crispin médecin".

Philip Hafner, der Vater der Altwiener Volkskomödie, verpflanzte die Figur in ein Wiener Milieu. In Hafners Stücken spielen die drei Bediensteten Kasperl, Hanswurst und Crispin eine ganz entscheidende Rolle. Sie ahmen nach früherem Muster immer wieder ihre Herren nach, wobei der Schneidergeselle Crispin in dem komischen Trio zur zentralen Figur wird.

Rund drei Jahrzehnte später erlebte der Wienerische Crispin einen weiteren Triumph. Joachim Perinet, der Hausdichter des Leopoldstädter Theaters, bearbeitete sieben von den insgesamt acht Stücken Hafners und wandelte die Lokalpossen in Singspiele um. Crispins Auftrittslied „Ich bin der Schneider Wetz und Wetz" soll ein echter Gassenhauer gewesen sein.

Während man im Französischen Crispin als Synonym für einen frechen, skrupellosen Kerl sah, bezeichnet er in unserem Sprachraum von nun an eine magere, schwächliche Person. Aus Crispin wurde Krispindel, eine Verkleinerungsform mit dem Gleitlaut *d* – ähnlich wie *Weinderl, Kanderl* oder *Mariedl*.

Literatur: Sigmar Grüner: „Zum Appellativum Krispindl, ‚magerer schwächlicher Mensch' im Wienerischen", in: „Sprache und Name in Mitteleuropa. Festschrift für Maria Hornung", hg. von Heinz Dieter Pohl (Beihefte zur Österreichischen Namensforschung, Bd. 1), Wien 2000, S. 291–302; Peter Wehle: „Sprechen Sie Wienerisch? Von Adaxl bis Zwutschkerl", Nachdruck der erweiterten und bearbeiteten Neuausgabe aus 1981, Wien 2003, S. 72 u. 203; wir danken Frau Univ.-Prof. Dr. Brigitte Marschall für Informationen zur Theaterfigur „Crispin" und Frau Christine Walketseder für Übersetzungen aus dem Französischen.

Kunde

Ein Kunde will immer etwas kaufen.

Nicht im Rotwelschen. Dort hatte dieses Wort eine ganz andere Bedeutung. „Kunde" war die gegenseitige Anredeform, wenn fahrende Handwerker, Gauner oder Studenten unter sich waren, wobei man einen vermeintlichen Konsorten mit der Frage „Kunde?" auf die Probe stellte.

Wenn der Befragte bejahte, war man unter sich. Wenn er mit „Wie meinen Sie das?" oder „Ich kaufe nichts!" reagierte, entpuppte er sich als Außenseiter, den man entweder fürchten musste oder vielleicht ausnehmen konnte.

„Kunde" hat mit „kundig" zu tun. Ursprünglich verstand man darunter einen Bekannten, dann einen Geschäftsfreund und erst zuletzt den Besucher eines Geschäfts, der etwas kauft.

Literatur: Roland Girtler: Rotwelsch. Die alte Sprache der Gauner, Dirnen und Vagabunden, Wien 1998, S. 162.

Lanzendorf

Der Ortsname „Lanzendorf" hat mit einer „Lanze" zu tun.

In Niederösterreich gibt es einige Ortschaften mit dem Bestandteil „Lanzen-" wie zum Beispiel „Lanzendorf" und „Lanzenkirchen"; sie haben jedoch nichts mit dem Begriff „Lanze" zu tun, sondern sind nach einem Mann mit dem althochdeutschen Namen „Lanzo" benannt.

Literatur: Elisabeth Schuster: „Die Etymologie der niederösterreichischen Ortsnamen", 3 Bände, Wien 1989–1994, 2. Bd., S. 451 ff.

Laschieren

Das Zeitwort „laschieren" kommt von „lasch".

„Warum ist Toni Polster vom Tierschutzverband kritisiert worden? Weil er 2 Mal 45 Minuten auf einem Regenwurm stand." Solche Witze kursierten lange Zeit unter Fußballfans – Toni Polster schoss zwar viele Tore, doch man sagte ihm nach, dass er gern laschiert.

Auch in der Sprache der Kartenspieler gibt es den Ausdruck. Dort versteht man unter „laschieren" folgenden Vorgang: Ein Spieler verzichtet darauf, eine niedrige Karte zu stechen, weil er weiß, dass der Gegner mit einer höheren Karte kommen wird, die dann einen „fetteren" Stich ergibt.

Viele glauben an eine Ableitung von dem Eigenschaftswort „lasch", Peter Wehle nennt irrtümlich französisch *large* (= breit, weit, großzügig) als Herkunftswort.

Der Begriff stammt tatsächlich aus dem Französischen, aber er kommt von einem ganz anderen Wort. Alte Kartenspielbücher nennen die richtige Etymologie – sie leiten das Wort von französisch *lachez* (= nachlassen) ab.

Auch die heute gebräuchliche Schreibung „largieren" – sie wird beispielsweise vom *Österreichischen Wörterbuch* empfohlen – weist in eine falsche Richtung.

Literatur: Césaire Villatte: „Parisismen. Alphabetisch geordnete Sammlung der eigenartigen Ausdrucksweisen des Pariser Argot", Berlin 1884, S. 119; Peter Wehle: „Sprechen Sie Wienerisch? Von Adaxl bis Zwutschkerl", Nachdruck der erweiterten und bearbeiteten Neuausgabe aus 1981, Wien 2003, S 210.

Lenz

„Sich einen Lenz machen" hat etwas mit dem Frühling zu tun.

Diese Redewendung hat nichts mit dem Frühling zu tun, sie kommt von dem männlichen Vornamen Laurenz (eingedeutscht Lorenz), dessen Kurzform „Lenz" lautet.

Oft dienen Vornamen dazu, um einen Menschentyp zu charakterisieren. In diesem Fall wird mit dem Namen Lorenz zum Ausdruck gebracht, dass jemand nachlässig arbeitet, faul ist oder sich einfach etwas Ruhe gönnt.

Im Breisgau (früher Vorderösterreich, heute Baden-Württemberg) bezeichnete man als Lenz einen törichten, einfältigen Kerl. In Vorarlberg, insbesondere im Raum Götzis, ist das Eigenschaftswort „lenzig" (= langsam, nachlässig, faul) belegt. Das *Wörterbuch der Vorarlberger Mundart* zieht auch einen Vergleich zu der schweizerischen Redensart „den Lenz haben" (= schläfrig sein). In der Tiroler Mundart finden wir die Phrase „in Lenzen haben" (= keinen Eifer haben) sowie das Eigenschaftswort „len(t)sch" (= lässig, lau im Arbeiten).

Der andere „Lenz" – also der Frühling – hat mit den Formen „lang, länger, längst" zu tun; der Frühling ist schließlich die Zeit der länger werdenden Tage.

Gleich lautende Wörter mit verschiedenen Bedeutungen (Homonymen) sind für Wortspiele gut geeignet. Der Kabarettist Karl Farkas schrieb für eine Conference einen Text, den die beiden Schauspieler Karl Heinz Hackl und Heinz Marecek in ihrem Programm „Was lachen Sie?" in folgender Form vortragen:

Hackl (singt):	„Die Finken schlagen, der Lenz ist da ..."
Marecek:	Wo is er?
Hackl:	Wer?
Marecek:	Der Lenz! I krieg noch 500 Schilling von ihm!
Hackl:	Bitte, was für ein Lenz?
Marecek:	Was für ein Lenz! Was für ein Lenz! Der klane Lenz mi'n Vollbart, der mit Ihnen im Kindergarten war!
Hackl:	Nein, nein, also bei mir im Kindergarten war niemand mit einem Vollbart. Der wär' mir damals aufgefallen. Ich war ein furchtsames Kind.
Marecek:	Nicht sind Sie so blöd! Der klane Lenz, der Wäschehändler aus der Lerchenfelderstraße!
Hackl:	Was is? Ich meine doch den Frühling!
Marecek:	Das is sein Cousin, den brauch ich nicht. Ich brauch den Lenz!

Der Familienname Frühling ist tatsächlich keine Seltenheit. Heute findet man im Telefonbuch für den Raum Wien mehr als ein Dutzend Eintragungen mit dem Namen „Frühling".

Literatur: „Deutsches Wörterbuch von Jacob und Wilhelm Grimm", Leipzig 1854–1971, Nachdruck: München 1991, 33 Bände, 12. Bd., Sp. 752; Josef Schatz: „Wörterbuch der Tiroler Mundarten", 2 Bände, Innsbruck 1955/56, Nachdruck: Innsbruck 1993, 2. Bd., S. 386; Leo Jutz: „Vorarlbergisches Wörterbuch mit Einschluß des Fürstentums Liechtenstein", Wien 1960 (1965), Sp. 271; „Hackl & Marecek. Was lachen Sie? Live aus dem Burgtheater Wien", CD im Vertrieb Hoanzl, Wien 2002 (mit freundlicher Genehmigung des Thomas Sessler Verlags, Wien).

Lungenbraten

Der Lungenbraten hat etwas mit Lunge zu tun.

Als Lungenbraten wird in (Ost-)Österreich des edelste Stück Fleisch des Rindes oder des Schweins bezeichnet. Das Mittelstück ist dabei das Beste, das dicke Ende nennt man Lungenbratenkopf, das dünne Lungenbratenspitz.

Da heute eher selten das ganze Stück des Lungenbratens verwendet wird (früher traf man häufiger etwa auf den „Lungenbraten Belvedere"), sondern einzelne dicke Scheiben, haben sich die Ausdrücke Beefsteak oder Filetsteak eingebürgert.

Mit Lunge hat der Lungenbraten nichts zu tun. Die „Lunge" im Wort Lungenbraten stammt von mittelhochdeutsch *lumbel* ab, und das bedeutet Lende.

Die wirkliche Lunge wird in der österreichischen Gastronomie als „Beuschel" bezeichnet.

Literatur: Horst Friedrich Mayer: „Lexikon der populären Irrtümer Österreichs", Wien–Frankfurt/Main 2001, S. 140; Christoph Wagner: „Das Lexikon der Wiener Küche", Wien 1996, S. 61 u. 143 f.

Machatschek

Machatschek ist nur ein tschechischer Familienname.

Der Ausdruck „Machatschek" ist nicht nur ein tschechischer Familienname. Gemeint ist damit ein „Macher", ein „Herr Wichtig". Hier hat der Wiener Volksmund den tschechischen Familiennamen Machacek hergenommen und ihm aufgrund des Gleichklangs mit dem Wort „machen" eine neue Bedeutung gegeben.

Der „Herr Wichtig", der „Herr Gut", der „Herr G'scheit" und der „Herr Schlau" gehören in die gleiche Kategorie. Derartige

Ausdrücke finden wir schon bei Nestroy, zum Beispiel in der Posse *Die schlimmen Buben in der Schule.*
Der Name Machacek ist übrigens eine Ableitung von Martin bzw. Matthäus.

Literatur: Rudolf Simek/Stanislav Mikulášek: „Kleines Lexikon der tschechischen Familiennamen in Österreich", Wien 1995, S. 143 f.

Marone

„Marone" ist nur die italienische Bezeichnung für Edelkastanie.

Man muss wohl ein Insider sein, um die zweite Bedeutung dieses Ausdrucks zu kennen. Wer „maroni" ist – im Neuwienerischen sagt man auch „marone" –, der ist „nicht gut drauf", „körperlich schwach" oder „völlig mittellos".
Das Ursprungswort findet man in der Soldatensprache. Dort gibt es den Ausdruck „marode" (= leicht krank, nicht wohlauf, zu keiner Leistung fähig). Allerdings konnte man mit diesem Wort nicht viel anfangen, deshalb hat man den Begriff „eingedeutscht". Man stellte eine Verbindung zu *marrone*, der italienischen Bezeichnung für Edelkastanie, her, die – den Maronibratern sei Dank – als deutscher Ausdruck empfunden wird.
Mit anderen Worten: Das fremd klingende „marod" wurde durch das als deutsch empfundene „marone" ersetzt – eine Eindeutschung, die in Wirklichkeit eine Italianisierung darstellt.
Auf ähnliche Weise wurde aus „Negerant" (= mittelloser Mensch) das italianisierte Eigenschaftswort „negeroni" (= mittellos, ohne Geld) gebildet. Ein „pfiffiges Kerlchen" ist nicht nur latinisiert ein „Pfiffikus", sondern auch italianisiert ein „Pfiffikone".
An solchen (meist aus der Studentensprache) stammenden Wortmischungen konnte die Gaunersprache nicht vorbeigehen. Sie hat aus dem „Haberer" (= Freund, Bekannter), der von jiddisch *chawer* (= Genosse) abstammt, einen „Haberoni" gemacht.

Meier gehen

Den gaunersprachlichen Ausdruck „meier gehen" verdanken wir einem Herrn Meier.

Alle Leser mit dem Namen Meier, Mayer oder Mayr können aufatmen: Keine Person dieses Namens ist dafür verantwortlich, dass der Ausdruck „meier gehen" (= verhaftet werden) entstanden ist.

Im Mittelalter war ein *meier* der Oberste eines Schiedsgerichts oder einer Bürgerschaft (siehe englisch *mayor* = Bürgermeister). Wer zu einem Meier ging, musste also fürchten, zu einer Gefängnisstrafe verurteilt zu werden. Nicht zufällig ist im *Bayerischen Wörterbuch* das Zeitwort „meiern" (= derb zurechtweisen, durchprügeln, den Meister zeigen) vermerkt.

In der Wiener Gaunersprache bezeichnet jedenfalls der Ausdruck „Meierei" die Justizbehörde, und wer „meier geht", kommt hinter Gitter.

Ganz ähnlich ist der Ausdruck „mülli gehen" entstanden. Gemeint ist in diesem Fall die Tretmühle – im 17. und 18. Jahrhundert gab es in den Arbeitshäusern Treträder, die von den Verurteilten bedient werden mussten. Wenn man die ursprüngliche Bedeutung dieses Wortes berücksichtigt, könnte man „mühli gehen" schreiben. Die Schreibung „mülli" ist eine Angleichung an den Familiennamen Müller. Im *Bayerischen Wörterbuch* ist sogar der Ausdruck „Müllerin" (= Gefängnis) belegt. Dort heißt es, dass jemand auf sechs Wochen bei Wasser und Brot „in die Müllerin" gesperrt werden soll.

In der Wiener Gaunersprache kommt auch die „entrundete" Form recht häufig vor: aus „mülli gehen" wird „milli gehen".

Literatur: „Deutsches Wörterbuch von Jacob und Wilhelm Grimm", Leipzig 1854–1971, Nachdruck: München 1991, 33 Bände, 12. Bd., Sp. 1902 ff.; Andreas J. Schmeller: „Bayerisches Wörterbuch", 2. Auflage bearbeitet von G. K. Frommann, 2 Bände, München 1872–1877, Nachdruck: München 1996, 1. Bd., Sp. 1554 u. 1590; Wilhelm Polzer: „Gaunerwörterbuch für den Kriminalpraktiker", München–Berlin–Leipzig 1922, S. 54; Albert Petrikovits: „Die Wiener Gauner-, Zuhälter- und Dirnensprache", hg. und mit einem Nachwort versehen von Inge Strasser, Wien–Köln–Graz

1986 (Nachdruck der 2. Auflage Wien 1922), S. 59; Peter Wehle: „Die Wiener Gaunersprache. Eine stark aufgelockerte Dissertation", 3. Auflage, Wien 1981, S. 9; Rudolf Fröhlich: „Die gefährlichen Klassen Wiens. Darstellung ihres Entstehens, ihrer Verbindungen, ihrer Taktik, ihrer Sitten und Gewohnheiten und ihrer Sprache. Mit belehrenden Winken über Gaunerkniffe und einem Wörterbuche der Gaunersprache", Wien 1851, S. 137; Lutz Röhrich: „Lexikon der sprichwörtlichen Redensarten", 5. Auflage, Freiburg–Basel–Wien 1994, Sp. 1637 f.; Koloman Berkes/Victor Erdélyi: „Das Leben und Treiben der Gauner", Budapest 1889, S. 118.

Mieselsucht

Mieselsucht hat etwas mit dem Eigenschaftswort „mies" zu tun.

Das glauben vor allem wir in Österreich, und wohl deshalb schreiben wir „mieselsüchtig" mit langem *i* – auch das *Österreichische Wörterbuch* bezeichnet dies als die korrekte Schreibung. In bundesdeutschen Wörterbüchern ist jedoch nur „Miselsucht" zu finden – mit kurzem *i*.

Der erste Teil des Wortes stammt vom lateinischen *misellus* und vom altfranzösischen *mesel* ab, und das bedeutet „erbarmenswert" oder „leprakrank". Auch im Mittelhochdeutschen ist ein Eigenschaftswort *miselsühtic* zu finden, und zwar mit der Bedeutung „aussätzig" zu *misel* (= Aussatz).

Dass es sich ursprünglich um eine Krankheit gehandelt hat, zeigt auch der zweite Teile des Wortes, nämlich Sucht. Das mittelhochdeutsche Wort *suht* bedeutet so viel wie „Krankheit", es ist eng verwandt mit „Siechtum".

Wenn wir heute jemanden als mieselsüchtig bezeichnen, meinen wir allerdings etwas anderes: Wir wollen damit sagen, dass er dazu neigt, schlecht gelaunt zu sein.

Mischpoche

Das jiddische Wort „Mischpoche" enthält etwas Abwertendes.

Im jiddischen Ausdruck *mischpóche* schwingt in der deutschen Umgangssprache ein leicht abwertender oder ironischer Unterton mit. Gemeint ist eine „üble Gesellschaft", mit der man eigentlich nichts zu tun haben will.

Nicht jedoch im Jiddischen, woher der Ausdruck stammt. Dort ist man auf seine *mischpóche* stolz und sieht in ihr die Gesamtheit der Familie bzw. der Vorfahren. Zum Familienverband zählt man nicht nur die engsten Verwandten, sondern auch die Onkeln und Tanten sowie die Cousins und Cousinen ersten und zweiten Grades. So gesehen könnte man den Begriff „Mischpoche" am ehesten mit „Familienclan" umschreiben.

Der abwertende Unterton hängt wohl damit zusammen, dass der jiddische Ausdruck über die Gaunersprache in die deutsche Umgangssprache gelangt ist. Außerdem hat der Antisemitismus zahlreiche jiddische Ausdrücke nicht nur missverstanden, sondern absichtlich ins Gegenteil verkehrt.

Welch positive Färbung der Begriff etwa im amerikanischen Jiddisch hat, zeigt ein Witz, der in Leo Rostens Buch *Jiddisch. Eine kleine Enzyklopädie* wiedergegeben ist. Eine amerikanische Anzeigenkampagne lautet: „Bei der Chase Manhattan haben Sie einen Freund". Im Schaufenster der Bank of Israel hängt ein Schild: „– aber bei uns haben Sie Mischpoche!"

Literatur: Leo Rosten: „Jiddisch. Eine kleine Enzyklopädie", München 2001, S. 412 ff.

Mistelbacher

Polizisten nennt man „Mistelbacher", weil sich in diesem Ort früher eine Polizeischule befand.

Auch nach umfangreichen Recherchen ließ sich kein Beleg für eine Polizeischule in Mistelbach finden. Die in Mundartwörterbüchern immer wiederkehrende Ableitung des abfälligen Ausdrucks „Mistelbacher" von einer früheren Polizeischule in diesem niederösterreichischen Ort muss man daher ins Reich der Legende verweisen.

In gleicher Weise ist es ein Irrtum zu glauben, dass Polizisten deswegen „Mistelbacher" genannt werden, weil die Schüler der Wiener Polizei auf einem Schießplatz in Mistelbach ihre Schießübungen abhielten.

Gewissheit bringt ein Blick in das Buch *Die Wiener Polizei im Spiegel der Zeiten. Eine Chronik in Bildern,* das vom früheren Wiener Polizeipräsidenten Günther Bögl und von Harald Seyrl, dem Initiator des Wiener Kriminalmuseums, verfasst wurde. Dort ist nachzulesen, dass der Ausdruck „Mistelbacher" mit einem heute längst nicht mehr existierenden Erholungsheim für Polizeibeamte zusammenhängt.

Diese Spur weiterzuverfolgen war durchaus lohnend. Im Jahr 1916, mitten im Ersten Weltkrieg, errichtete man in Mistelbach für 750 Personen, die aus dem Kriegsgebiet Italien evakuiert worden waren, eine Flüchtlingsstation mit drei Gemeinschaftsbauten und 48 Häusern, wozu auch eine eigene Schule gehörte.

Nachdem die Flüchtlinge wieder in ihre Heimat zurückgekehrt waren, standen die Häuser zunächst leer, sodass man unter dem Wiener Polizeipräsidenten Johann Schober auf die Idee kam, Erholungsheime für Polizisten zu errichten. Diese Aktion lief von 1922 bis 1937.

Der Ausdruck „Mistelbacher" dürfte von den Medien der damaligen Zeit geprägt worden sein, wobei die Anklänge an das Wort „Mist" nicht zu überhören sind. Das Wort erfreute sich auch in der Gaunersprache einer großen Beliebtheit, zumal viele Polizisten aus dem Bezirk Mistelbach stammten. „Mistelbacher Polizisten" spielten auch im Juli 1927 eine bemerkenswerte Rolle, als Polizeipräsident Schober den Befehl gab, auf die revoltierenden Demonstranten vor dem Justizpalast zu schießen. Karl Kraus spielte später in der *Fackel* auf die den „Mistelbachern" anbefohlene Strenge an.

Der Ortsname Mistelbach leitet sich im Übrigen von jener Schmarotzerpflanze ab, die man auf Bäumen findet: die Mistel.

Literatur: Horst Friedrich Mayer: „Das neue Lexikon der populären Irrtümer Österreichs. Weitere Missverständnisse, Vorurteile und Denkfehler. Der zweite Band", Wien–Frankfurt/Main 2002, S. 120 f.; Günther Bögl/Harald Seyrl: „Die Wiener Polizei im Spiegel der Zeiten. Eine Chronik in Bildern", Wien 1992, S. 134; Karl Kraus: „Die Fackel", Heft 766–770, S. 66–68, Heft 811–819, S. 25; für den Hinweis auf das Erholungsheim für Polizisten danken wir auch Christa Jakob, Mistelbach, der Verfasserin der Chronik „Stadtrundgang in Mistelbach".

Mörtel

Der Familienname Mörtel kommt von dem gleichnamigen Baustoff.

Wir wissen nicht genau, wer den Spitznamen „Mörtel" für den Wiener Baumeister Richard Lugner erfunden hat, doch wird dieser Ausdruck meist dem *Krone*-Kolumnisten Michael Jeannée zugeschrieben. Bei der Namensschöpfung dürfte der Gedanke eine Rolle gespielt haben, dass Mörtel (aus Kalk oder Zement) beim Hausbau verwendet wird.

Mörtel ist allerdings in Österreich auch ein häufiger Familienname, und dieser hat mit dem Baustoff überhaupt nichts zu tun: Die Namen Mörtel, Mört und Mertl sind durchwegs Ableitungen von Martin.

Literatur: Maria Hornung: „Lexikon österreichischer Familiennamen", Wien 2002, S. 95 u. 97.

Mutterseelenallein

„Mutterseelenallein" hat mit „Mutter" und „Seele" nichts zu tun.

Auch hier sind wir wieder bei einem Beispiel, wo Walter Krämer und Wolfgang Sauer in ihrem *Lexikon der populären Sprachirrtümer* mit großem Aufwand einen Irrtum konstruieren, der in Wirklichkeit keiner ist (siehe das Stichwort „Kiebitz").

Krämer/Sauer zitieren die in Paris lehrende Germanistin Waltraud Legros, die den Ausdruck vom französischen *moi tout seul* (= ich ganz allein) herleiten will. Daraus soll durch Eindeutschung „mutterseelenallein" geworden sein.

Lutz Röhrich vermerkt jedoch die rein deutschen Ausdrücke „mutterallein" sowie „seelenallein", woraus schließlich die Zusammensetzung „mutterseelenallein" entstanden ist.

Im Wörterbuch des oberösterreichischen Pfarrers Matthias Höfer von 1815 finden wir noch die Variante „mutter-selig allein". Von einer Entlehnung aus dem Französischen kann also keine Rede sein, es handelt sich um rein deutsche Ausdrücke.

Literatur: Waltraud Legros: „Was die Wörter erzählen. Eine kleine etymologische Fundgrube", München 1997, S. 15; Walter Krämer/Wolfgang Sauer: „Lexikon der populären Sprachirrtümer", Frankfurt am Main 2001, S. 69; Matthias Höfer: „Etymologisches Wörterbuch der in Oberdeutschland, vorzüglich aber in Oesterreich üblichen Mundart", 3 Teile, Linz 1915, 2. Teil, S. 276.

Naderer

Ein Naderer ist jemand, der andere „einnäht" (= hinter Gitter bringt).

Dieses alte Wort erlebt durch den (sprechenden) Namen, den sich der Autor Ernst Hinterberger in der Fernsehserie *Kaisermühlen Blues* selber gegeben hat, eine Renaissance. Und doch harrt es immer noch einer plausiblen Herkunftsbestimmung.

Erstmals ist der Naderer wohl bei Josef Sonnleithner im Jahre 1811 als „nicht uniformirter Poizeydiener" verbucht. In späteren Wörterbüchern erhält er noch die Bedeutungen „Polizeispion, Aufspürer, Verräter".

Max Mayr, der auf die Umstände, wie es zu diesem Wort kam, keine Rücksicht nimmt, geht 1924 bei seiner Etymologie vom weiblichen Begriff *Nåderin* (= Näherin) aus – woraus er einen männlichen *Nåderer* schuf, mit dem Argument, dass es „dessen Beruf ist, die Leute einz'nahn" (= hinter Gitter zu bringen).

Nun gibt es zwar ein mittelhochdeutsches Wort *nataere* (= Flickschuster), das aber mit „Naderer" in keinem Zusammenhang steht. Wenn wir jedoch an eine „zischende Natter" denken, kommen wir im *Grimm'schen Wörterbuch* zu einem Zeitwort *nattern* (= zischen, grunzen) und einem Hauptwort *Natterer* (= „Zischender") – womit wir die Grundlage zu unserem ostösterreichischen *Nadara* haben. Das weiche *d* ist wie bei Butter und *buda(r)n* durch eine so genannte mundartliche Erweichung (Lenisierung) zu erklären. Ein Naderer ist also einer, der wie eine „falsche Schlange" andere verrät.

Eine kleine Nachbemerkung: Als Naderer gaben sich auch Leute der höchsten Stände her. Zu Metternichs Zeiten soll es an die 10 000 besoldete Spitzel gegeben haben, von deren Existenz die kleinen und mittleren Bürger nicht die geringste Ahnung hatten. Johann Pezzl bezeichnete sie als „Schmeißfliegen" und fügt in seiner *Skizze von Wien* (ca. 1790) erläuternd hinzu: „Dieses Ungeziefer drängt sich zu allen Gesellschaften (…), vorzüglich nistet es in Wirtshäusern, Kaffeehäusern, bei Trakteurs, in den Gärten, auf den Spazierplätzen und allen öffentlichen Belustigungsorten. Es schleicht in allen Gestalten herum: bald stellt es einen Wirt vor (...), nun einen Kammerdiener oder Sekretär, es befühlt in der Hülle eines Doktors den Puls (...), macht in der Form eines Mönches Hausbesuche (...), verwandelt sich sogar in Barone und Grafen. Nirgends kann man sich seiner erwehren: es sitzt mit am Spieltisch, tanzt auf Bällen, frühstückt im Augarten, horcht im Theater, (...) besäuft sich im schmutzigen Bierhause."

Literatur: Johann Pezzl: „Skizze von Wien. Ein Kultur- und Sittenbild aus der josefinischen Zeit", Graz 1923.

Naglergasse

In der Naglergasse wurden einst Nägel hergestellt.

Die Naglergasse im ersten Wiener Gemeindebezirk, unweit des Grabens, hat ihren Namen nicht deshalb, weil hier einst Nägel hergestellt wurden. Im Grundbuch der Stadt Wien aus dem Jahre 1432 findet sich als erstmalige Erwähnung der Name „undern Nadlern" – kurzum, dort waren Nadler tätig. Diese stellten Nadeln her, und nicht Nägel.

Der Volksmund hat im Rahmen einer Assimilation (Angleichung) aus der Nadlergasse eine Naglergasse gemacht.

Literatur: Felix Czeike: „Historisches Lexikon Wien", 5 Bände, Wien 1992–1997, 4. Bd., S. 345.

Naschmarkt

Der Wiener Naschmarkt hat etwas mit Naschen zu tun.

Der bedeutendste Obst- und Gemüsemarkt Wiens hieß früher Aschenmarkt. Er lag am Beginn der Wiedner Hauptstraße, wo es eine Aschenlagerstätte gab. Außerdem wurde auf dem Markt Holzasche zum Reinigen von Geschirr verkauft.

Mauritz Schuster beschreibt den alten Naschmarkt als „eine kleine Stadt von Verkaufsständen, deren aufgehäufte Waren von gewaltigen farbigen Stockschirmen überdacht waren; im übrigen wurden auch durch die Reihen der Standeln schmale, gassenartige Wege freigelassen. Einst sah man all die bunten Obst- und Gemüseberge unter den hellen Riesenschirmen neben den oft malerisch gekleideten Marktfrauen weithin leuchten …“ Dieses reich bewegte Leben war nicht nur für Maler, sondern auch für Dichter und Schauspieler anregend.

Erst 1919 übersiedelte der Markt im Zuge der Neugestaltung des Karlsplatzes auf die Wienflussüberdachung an der Wienzeile.

Weil es auf diesem Markt schließlich keine Asche mehr zu kaufen gab, in dem reichhaltigen Angebot aber auch Näschereien zu finden waren, erfolgte eine Umdeutung von Aschenmarkt zu Naschmarkt. Die Aussprache *Oschnmoakd* ist bei älteren Wienern etwa bis 1945 belegt.

Eine andere Theorie besagt, dass der Name Aschenmarkt von mittelhochdeutsch *asch* (= Gefäß), eventuell auch Milchkanne abzuleiten ist. Gemeint waren ursprünglich Holzgefäße aus Esche. Demnach hätte der Markt deshalb seinen Namen erhalten, weil es dort Milch zu kaufen gab.

Literatur: Horst Friedrich Mayer: „Lexikon der populären Irrtümer Österreichs", Wien–Frankfurt/Main 2001, S. 161; Maria Hornung/Sigmar Grüner: „Wörterbuch der Wiener Mundart", 2., erweiterte und verbesserte Auflage mit mehr als 1000 neuen Stichwörtern und Ergänzungen, Wien 2002, S. 603; Mauriz Schuster/Hans Schikola: „Das alte Wienerisch. Ein kulturgeschichtliches Wörterbuch", Wien 1996, S. 107–108.

Nikolo

Der Nikolo ist immer ein Mann.

Wenn wir uns im österreichischen Brauchtum umsehen, erfahren wir, dass es im Salzkammergut und im Ausseerland auch einen weiblichen *Nikolo* gibt.

Es begleitet hier das so genannte *Nikloweibl* in weißer Gewandung (und an die „Frau Holle" gemahnend) den Krampus und nimmt die Kinder vor ihm und anderen Begleitdämonen in Schutz.

Literatur: Otto Jungmair/Albrecht Etz: „Wörterbuch zur oberösterreichischen Volksmundart", 6., unveränderte Auflage, Linz 1999, S. 198.

Nudlaug

„Nudlaug" bezeichnet einen Brillenträger.

Diesen Ausdruck der Wiener Mundart hat Ernst Hinterberger in ganz Österreich bekannt gemacht. In seiner Fernsehserie *Ein echter Wiener geht nicht unter* kann man immer wieder hören, wie Edmund „Mundl" Sackbauer seinen Schwiegersohn in spe, den Franzi, als „Nudlaug" bezeichnet.

Franzi, dargestellt von Alexander Wächter, ist Brillenträger, und vielleicht glauben deshalb viele, dass „Nudlaug" ein Schimpfwort für Brillenträger ist. Auch Ernst Hinterberger, der ansonsten für alle Nuancen des Wienerischen ein gutes G'spür hat, irrt sich hier. In seinem Büchlein „Mundlsprüche" erklärt er das Wort „Nudlaug" damit, dass ein Penis kein Auge habe. Deshalb müsse es sich um eine abwertende Bezeichnung für einen sehschwachen Menschen handeln. („Nudl" ist in der österreichischen Umgangssprache ein bekanntes Synonym für das männliche Glied.)

In der Tat ist „Nudlaug" in der Wiener Mundart das, was

Edmund „Mundl" Sackbauer (Karl Merkatz) und Franzi (Alexander Wächter) in Ernst Hinterbergers Fernsehserie „Mundl. Ein echter Wiener geht nicht unter".

Mediziner lateinisch als *ostium urethrae externum bezeichnen* – die Öffnung der Harnröhre. Es handelt sich also um ein derbes Schimpfwort. Die richtige Erklärung ist übrigens in Wolfgang Teuschls *Wiener Dialektlexikon* zu finden.

Schimpfwörter dieser Art sind keine Seltenheit. Das Wienerische kennt auch den Ausdruck „Nudelkopf". Dabei handelt es sich um den vorderen Teil des Penis, den die Mediziner *Glans* (= Eichel) nennen.

Nun ist aber die Sprache etwas Lebendiges, und je öfter ein Wort verwendet wird, desto mehr Akzeptanz erhält es. Gleichzeitig tritt ein verharmlosender Effekt ein. „Nudlaug" wird heute nicht mehr als ein derbes Schimpfwort empfunden, auch die ursprüngliche Bedeutung des Ausdrucks ist verloren gegangen.

Wie sonst ließe sich erklären, dass das Wort „Nudlaug" sogar auf Plakatwänden zu sehen war? Eine Wiener Privatfernsehanstalt verwendete diesen Begriff im Rahmen einer groß angelegten Werbekampagne.

In gleicher Weise wäre verwunderlich, dass hoch gestellte Persönlichkeiten diesen Ausdruck öffentlich verwenden. So kündigte die Generaldirektorin des ORF, Monika Lindner, in einem Interview mit dem *Standard* an, sie wolle eine tägliche „Soap Opera" (Unterhaltungsserie) österreichischer Provenienz im Fernsehen initiieren. Auf die Frage des Journalisten, ob dies „der daily Mundl" sein werde, sagte sie: „Man muss nicht gleich das Nudlaug herbeizitieren ..."

Literatur: Die irrtümliche Deutung findet man in: Ernst Hinterberger: „Mundlsprüche", Wien 1996, S. 79. Maria Hornung/Sigmar Grüner: „Wörterbuch der Wiener Mundart", 2., erweiterte und verbesserte Auflage mit mehr als 1000 neuen Stichwörtern und Ergänzungen, Wien 2002, S. 613; siehe auch „Der Standard" vom 30. März 2002: „Nicht gleich das Nudlaug herbeizitieren. Monika Lindner im Gespräch mit Gerfried Sperl und Harald Fidler".

Nuscheln

Das Zeitwort „nuscheln" haben wir den Norddeutschen abgeluchst.

Ganz schön an der Nase führt uns Peter Wehle herum, wenn er glattweg behauptet, dass „nuscheln" (= undeutlich reden) ein norddeutsches lautmalendes Wort sei, „das durch seine konstante Verbindung mit der Sprechweise von Hans Moser so oft in deutschen Kritiken und Glossen stand, bis es von Wien annektiert wurde".

Nun muss aber an dieser Stelle gesagt sein, dass Hans Moser – auch wenn er das Nuscheln zur Kunstgattung erhob – schon etwa 100 Jahre früher beispielsweise im Bundesland Kärnten Vorgänger hatte. Die Variante *nuseln* ist bereits in Matthias Lexers Wörterbuch des Jahres 1862 als „heimlich reden, durch die Nase reden" ausgewiesen.

146

Auch die Tiroler würden wohl zu Recht darauf bestehen, dass der Ausdruck *nuseln* bzw. *nüscheln* („näselnd reden") als Nebenform zu „näseln" kein „piefkinesischer", sondern ein bairisch-österreichischer ist.

Schließlich würden sich auch die Vorarlberger dagegen verwahren, mit der Variante *nürschelen* norddeutsches Wortgut übernommen zu haben. Gar nicht zu reden von den Schweizern, bei denen die Varietäten *nüscheln* bzw. *nüschern* etwa seit 1800 belegt sind.

Literatur: Matthias Lexer: „Kärntisches Wörterbuch", Leipzig 1862, Nachdruck: Vaduz 1998, Sp. 200; Josef Schatz: „Wörterbuch der Tiroler Mundarten", 2 Bände, Innsbruck 1955/56, Nachdruck: Innsbruck 1993, 1. Bd., S. 458; Leo Jutz: „Vorarlbergisches Wörterbuch mit Einschluß des Fürstentums Liechtenstein", Wien 1960 (1965), 2. Bd., Sp. 569; Franz Joseph Stalder: „Schweizerisches Idiotikon", hg. von Niklaus Bigler, Aarau–Frankfurt am Main–Salzburg 1994, S. 476; Peter Wehle: „Sprechen Sie Wienerisch? Von Adaxl bis Zwutschkerl", Nachdruck der erweiterten und bearbeiteten Neuausgabe aus 1981, Wien 2003, S. 230.

Oberösterreich

Ein Ganzes besteht immer aus vier Vierteln.

Nicht in Oberösterreich, denn dieses Bundesland bestand im 18. Jahrhundert eine kurze Zeitspanne hindurch aus fünf Vierteln: Nach dem Bayerischen Erbfolgekrieg wurde dem „Land ob der Enns" (Oberösterreich) am 13. Mai 1779 das Gebiet zwischen Inn, Salzach, Donau und Hausruck zugeschlagen. Somit hatte das Land plötzlich fünf Viertel: das neu eingegliederte Innviertel, das Mühlviertel, das Machlandviertel, das Hausruckviertel und das Traunviertel.

Erst ein halbes Jahr später, am 1. November 1779, wurde durch ein kaiserliches Handschreiben verfügt, dass die beiden Landesteile nördlich der Donau, nämlich das Mühlviertel und das Machlandviertel, unter dem Namen Mühlviertel zusammengelegt werden. Erst dadurch war wieder ein Zustand erreicht, dass das Land aus vier Vierteln bestand.

Die Bewohner der heutigen vier Viertel rivalisieren manchmal recht heftig miteinander. Das *Wörterbuch der oberösterreichischen Mundart* zitiert folgenden Spottvers, den „die wilderen und groberen Innviertler auf die beschaulich-innerlichen Landler (= Hausruckviertler) singen":

„Ös Landler, ös Bandler, ös Nudldrucker
wann d' Innviertler kemmand, müaßts abirucka."

Der Ausdruck „Bandler" könnte eine Anspielung auf den Beruf des Bandlkramers sein. Zwar wurde einst die Gegend um Waidhofen an der Thaya wegen der reichhaltigen Produktion von Textilien das „Bandlkramerland" bezeichnet; vielleicht aber kamen etliche Wanderhändler aus dem oberösterreichischen Gebiet.

Ein „Nudldrucker" ist ein „unentschlossener Mensch". Die Herkunft dieses Wortes ist nicht hundertprozentig geklärt, es dürfte sich dabei um eine Anspielung auf die eintönige Arbeit mit einer Maschine zur häuslichen Nudelherstellung handeln. Der Begriff wird auch für einen „äußerst sparsamen Menschen" verwendet.

Literatur: Horst Friedrich Mayer: „Lexikon der populären Irrtümer Österreichs", Wien–Frankfurt/Main 2001, S. 102; Otto Jungmair/Albrecht Etz: „Wörterbuch zur oberösterreichischen Mundart", 6., unveränderte Auflage, Linz 1999, S. 199 u. 166 f.; Internet: http://www.aeiou.at/aeiou.encyclop.b/b090042.htm.

Orange

In Deutschland sagt man Apfelsine, in Österreich Orange.

Für Paradeiser und Tomate mag eine derartige Simplifizierung im Großen und Ganzen ihre Richtigkeit haben, nicht aber für Orange und Apfelsine. Die in diesem Fall relevante Sprachgrenze ist keineswegs in Walserberg und Kiefersfelden anzusiedeln, sie verläuft entlang des Mains. Mundartforscher haben festgestellt, dass man nördlich der Main-Grenze in der Umgangssprache eher Apfelsine sagt, und südlich davon, also nicht nur in Österreich, sondern auch in Bayern, eher Orange.

Interessant ist auch, dass früher im Süden Deutschlands Apfelsine und im Norden Orange als das jeweils Höherwertige angesehen wurde. Das ungewöhnliche Wort wurde also für „höhere" Verwendungsweisen reserviert.

So nimmt es nicht Wunder, dass die Bezeichnung Orange inzwischen im ganzen deutschen Sprachraum populär geworden ist – wohl auch deshalb, weil im Englischen der gleiche Begriff verwendet wird (man denke an Orange Juice oder Wodka Orange).

Das Wort „Orange" ist im 17. Jahrhundert aus franz. *pomme d'orange* entlehnt worden, das wiederum über das Spanische und Arabische aus dem Persischen kommt.

Apfelsine ist im 18. Jahrhundert aus dem Niederdeutschen ins Hochdeutsche gelangt. Vorbild war der französische Ausdruck *pomme de Sine* (= Apfel aus China).

Literatur: Horst Friedrich Mayer: „Das neue Lexikon der populären Irrtümer Österreichs. Weitere Missverständnisse, Vorurteile und Denkfehler. Der zweite Band", Wien–Frankfurt/Main 2002, S. 140; Werner König: dtv-Atlas Deutsche Sprache, 13. Auflage, München 2001, S. 238.

Pagat

Die Ansage „Pagat" im Kartenspiel Tarock leitet sich von italienisch PAGARE ab.

Diesen Irrtum findet man in dutzenden Tarockbüchern, die im 19. und im 20. Jahrhundert erschienen sind. In der Tat hat diese Spielkarte, die mit der römischen Ziffer Eins versehen ist, nichts mit italienisch *pagare* (= zahlen) zu tun.

Der Name der Spielkarte und der damit verbundenen Spielansage leitet sich von italienisch *bagatella* (= Geringfügigkeit, Kleinigkeit) ab. Als Lehnwort „Bagatelle" finden wir diesen Ausdruck auch in der deutschen Umgangssprache.

Aus *bagatella* wurde übrigens schon in der Sprache der italienischen Tarockspieler der Ausdruck *begatto*. Von dort ist es nicht weit zu unserem „Pagat".

Wer im österreichischen Nationalspiel Tarock einen Pagat verliert, wird allerdings zur Kasse gebeten, und deshalb kann man schon glauben, der Begriff hätte etwas mit „zahlen" zu tun.

Literatur: Wolfgang Mayr/Robert Sedlaczek: „Das große Tarockbuch", Wien 2001, S. 21.

Pamperletsch

Das Wort „Pamperletsch" (= kleines Kind) kommt aus dem Italienischen.

Der Schriftsteller und Journalist Vincenz Chiavacci hat dieses Wort von einem italienischen *bamboleggio* abgeleitet, das angeblich ein verächtlicher Ausdruck für „Säugling" ist. Einziges Problem: Dieses Wort existiert nicht. Andere stellten einen Zusammenhang zu dem Zeitwort *bamboleggiare* (= tändeln, scherzen, schäkern, sich kindisch betragen) her, das durch seine Bedeutung als Herkunftswort unbrauchbar ist.

Tatsächlich handelt es sich um eine Ableitung von bairisch *Pampe(r)l* (= Harlekin, Hanswurst). Die slawisierende Endung *tsch* ist in der Wiener Mundart keine Seltenheit, man denke nur an die lautmalenden Wortschöpfungen *autsch, babatschi, Biatschal* (= Bierchen), *Kautschi* (= Kaugummi) und *Popotscherl* (= kleiner Popo).

Franz S. Hügel vermerkt beim Stichwort „*Båmbaletsch*" (= angezogene Puppe, Schimpfwort für kleines Kind) noch die Variante „*Påmperletsch*" (Schmähwort für ein unreinliches und verwahrlostes Kind).

Mit der Zeit ist bei dem in ganz Österreich geläufigen Wort eine Bedeutungserweiterung eingetreten, sodass der „Pamperletsch" heute auch für ein „liebes, rührend hilfloses", oft auch „dickliches Kind" steht.

Literatur: Vincenz Chiavacci: „Wiener vom alten Schlag", Stuttgart 1895, S. 6; Peter Wehle: „Sprechen Sie Wienerisch? Von Adaxl bis Zwutschkerl", Nachdruck der erweiterten und bearbeiteten Neuausgabe aus 1981, Wien 2003, S. 104, 106 u. 235.

Panettone

Ein Lehrbub namens Toni erfand die italienische Süßspeise Panettone.

Dieser italienische Germkuchen mit kandierten Früchten soll seine Entstehung folgendem Vorfall verdanken: Eines Tages hatte ein italienischer Adeliger hohe Würdenträger zu Besuch. Als die Leibköche die gewünschte Mehlspeise verpatzten, befand sich der Hausherr in einem Dilemma: Was tun? Da rief er in seiner Verzweiflung einen Lehrbuben, und dieser kreierte jene Spezialität, die bis zum heutigen Tag nicht nur in Italien, sondern auch bei uns die Gaumen erfreut.

Der Hilferuf des Gastgebers soll *Pane, Toni!* gelautet haben, und diesem Umstand hat die Süßspeise angeblich ihren Namen zu verdanken.

In der Tat ist *panettone* eine Vergrößerungsform von *pane* (= Brot). Derartige Wortbildungen sind im Deutschen recht selten. In der Wiener Mundart ist es jedoch gang und gäbe, mit der Vorsilbe *Mords-* eine Vergrößerungsform zu bilden: Ein „Mordskerl" ist beispielslweise ein besonders großer Kerl, ein „Mordsluder" eine besonders luderhafte Person, und wenn man sich riesig freut, hat man eine „Mordsfreude".

Häufiger sind im Deutschen Verkleinerungsformen wie zum Beispiel die Nachsilben *-ein* und *-chen*.

Parterre

Der Ausdruck „Parterre" (= Erdgeschoß) ist dem Französischen entnommen.

Von der Vorliebe des Österreichers für den französischen Klang ist ja in diesem Buch öfter die Rede. Auch beim Ausdruck „Parterre" geht diese Vorliebe so weit, dass wir eine französische Herkunft zu erkennen glauben, die es in Wirklichkeit nicht gibt.

Es könnte gut es sein, dass uns ein französischer Besucher fassungslos anschaut, wenn wir ihm bedeuten, im Parterre eines Hauses zu wohnen. Denn französisch *parterre* heißt auf deutsch „Blumenbeet". Was wir „Parterre" nennen, heißt im Französischen *rez de chaussée*.

Allerdings heißt französisch *parterre* auch Parkett (im Theater). Könnte das nicht der Grund dafür sein, wie Parterre zu Erdgeschoß wurde?

Wer übrigens in Wien sagt „Ich bin parterre", meint damit „Ich bin am Boden, bin schlecht beisammen".

Literatur: G. Mazin: „Wiener Französisch", in: „Alt-Wien. Monatsschrift für Wiener Art und Sprache. Redigiert von Leopold Stieböck", 6. Jg., Jänner 1897–Dezember 1897, S. 12 f.

Päule gehen

Die Wiener Ausdrücke „päule gehen" und „päulisieren" stammen aus der Zigeunersprache.

So konnte man es bisher in vielen Mundartwörterbüchern lesen. Auch Peter Wehle meinte, *bäule geh(e)n* („päule gehen") und *bäulisía(r)n* („päulisieren") habe seine Wurzeln in einem Ausdruck der Zigeunersprache. Er leitete das rotwelsche Gaunerwort „päulisieren" von *pali* (= wieder) ab. Auch eine jüdische Wurzel war für ihn denkbar. Demnach wäre der jiddische Ausdruck *pallit* (= Entsprungener) das Herkunftswort.

Es gibt aber auch noch einen weiteren populären Irrtum rund um den Ausdruck „päule gehen". Die meisten halten „päule" für ein Umstandswort, also für ein Wort, das ein Zeitwort näher bestimmt: ähnlich wie „fortgehen" oder „wegbleiben".

Die richtige Herleitung des Ausdrucks „päulisieren" gehört zum Schwierigsten, was Sie in diesem Buch finden werden. Ich selbst habe mich viele Jahre mit diesem Problem befasst, wobei der Funke übergesprungen ist, als ich in einem Exemplar des 1847 erschienenen *Wörterbuchs der Mundart in Oesterreich unter der Enns* blätterte. Dort findet man die Redewendung: *„Baulus bledi măchn"* mit der Bedeutung „ohne die Zeche bezahlt zu haben, durchgehen".

Das Wort *päuli* ist also – man möchte es nicht für möglich halten – kein Umstandswort, sondern ein Hauptwort – oder genau genommen eine Koseform des Vornamens Paul. Aber wie kommt hier ein Pauli ins Spiel?

Auch das ist schnell erklärt, doch müssen wir uns kurz mit einem Ausdruck des Jiddischen befassen. Dort stoßen wir auf das Hauptwort *balbos,* und das bedeutet so viel wie „Hausherr" oder „Wirt", wobei im Wienerischen die Abwandlungen „Baulos", „Baulus", „Bäuli", „Bäule", „Päuli", „Päule", „Bali" und „Pali" gebräuchlich waren. Ursprünglich ging es also nicht um einen Mann namens Paul, sondern um die Berufsbezeichnung des Wirten.

Derartige Abwandlungen großer Zahl sind im Rotwelschen keine Seltenheit. Dies hängt damit zusammen, dass die kleinen und großen Gauner dazu neigen, bestehende Ausdrücke zu verhüllen und neue Varianten zu kreieren. Schließlich sollen jene, die vielleicht mithören, nicht alles verstehen. So registrierte beispielsweise der bedeutende Rotwelschforscher Louis Günther für den hebräischen Ausdruck *keleb* (= Hund) im deutschen Sprachraum die Varianten *Kelef, Kalef, Kalf, Keilef, Keilof, Kilef, Gilef, Kiluf(f), Kolef, Koluf, Klobe, Globe* und noch einige mehr.

Nun haben wir das Rätsel schon fast gelöst. Aber wie entstanden aus *„Baulus bledi mâchn"* die Wörter „päuli gehen" und „päulisieren" im Sinne von „weggehen"?

Genauer betrachtet handelt es sich bei dem Ausdruck „bledi" in dieser Redewendung nicht um das allseits bekannte Wort „blöde". Der Ausdruck „bledi" ist vielmehr eine Umformung von jiddisch *pléjte* – daraus ist im Deutschen später das Wort „Pleite" entstanden.

Ursprünglich hatte dieses Wort nichts mit einem wirtschaftlichen Zusammenbruch zu tun. Der Ausdruck „Pleite gehen" hieß so viel wie „flüchten" oder „entfliehen".

Womit wir beim letzten Schritt angelangt sind: „Baulus bledi mâchn" hat sich in zwei Begriffe aufgespalten, was in der Sprachentwicklung immer wieder vorkommt. So entstanden die beiden Ausdrücke „päuli machen" und „bledi machen" – beide mit der Bedeutung „fliehen" oder „entkommen". (Vergleiche die jiddische Wendung *machen a pléjte* = abhauen.)

Weil „päule" immer mehr als ein Umstandswort mit der Bedeutung „weg" empfunden wurde, konnte man mit dem Ausdruck „päule machen" bald nichts mehr anfangen – man ersetzte deshalb „päule machen" durch „päule gehen". Zum Wort „päulisieren" war es dann nur noch ein kleiner Schritt.

Literatur: Peter Wehle: „Sprechen Sie Wienerisch? Von Adaxl bis Zwutschkerl", Nachdruck der erweiterten und bearbeiteten Neuausgabe aus 1981, Wien 2003, S. 238 f.; „Duden. Jiddisches Wörterbuch", 2., durchgesehene Auflage von Ronald Lötzsch, Mannheim–Leipzig–Wien–Zürich 1992 (= Duden Taschenbücher 24), S. 143.

Penzing

Der Wiener Bezirk Penzing leitet sich von „penzen" her.

Der Journalist E. M. Schranka, ein wichtiger Zeitzeuge für die heutige Dialektforschung, schrieb 1905 über den Wiener Ortsteil Penzing, der heute auch dem ganzen Bezirk den Namen gibt: „Penzen: aneifern, antreiben, durch Zudringlichkeit etwas zuwege bringen oder veranlassen wollen. Im Altdeutschen kämpfen, turnieren, daher der Name Penzing als eines ehemaligen Turnierplatzes".

Wenngleich die von Schranka angeführten Bedeutungen des Zeitwortes „penzen" recht treffend sind, die Ableitung aus dem Altdeutschen ist falsch und der Name des Bezirks hat nichts mit „Turnierplatz" zu tun.

In der Tat stammt der Name Penzing von einem Mann namens Pantzo ab. Die erste urkundliche Erwähnung dieses Namens wird mit 1120 datiert.

Das Dorf Penzing gewann mit dem Bau des Schlosses Schönbrunn an Attraktivität, weil sich insbesondere der niedere Adel sowie das gehobene Bürgertum gern in der Nähe des Hofes ansiedelten. Sogar ein eigenes Theater gab es. Dass der Ort einmal recht populär war, bekunden auch diverse Volkssprüche und Volkslieder – wobei es besonders der „Pfarrer von Penzing" den Leuten angetan hat, zumal er sogar in den berühmt-berüchtigten Spittelbergliedern besungen wurde.

Bekannt ist auch heute noch die Redewendung „Glauben S', i bin da Pforrer (auch: da Schmied) von Penzing?", die ein Kartenspieler dann verwendet, wenn er zum Geben aufgefordert („angepenzt") wird, obwohl er gar nicht an der Reihe ist. Auch dem wortverspielten Abraham a Sancta Clara wird ein Scherzspruch zugeschrieben, der einem „Streithansl" gilt, zumal er „Du bist öfter zu Pentzing als Friedberg, öfter ein Hadrian als Friederich" lautet.

Hinter dem Zeitwort „penzen" vermutet Peter Wehle ein althochdeutsches Zeitwort *bensjan* (= flehen), das sich jedoch bei genauerer Betrachtung als angelsächsischer Ausdruck entpuppt. Diese Etymologie gilt nach dem *Grimm'schen Wörterbuch* als sehr weit hergeholt.

Eine weitere Herleitung führt zu einem alten Zeitwort *beengetzen* (= in die Enge treiben, beengen), während meines Erachtens ein rotwelsches *bennen* (= sprechen, reden) zu der Form auf *-etzen* führen könnte. Als Grundbedeutung hätten wir in diesem Falle „auf jemanden immer wieder einreden".

Am geläufigsten sind wohl die Bedeutungen „keine Ruhe geben, betteln, jammernd herumreden".

Literatur: Erich Maria Schranka: „Wiener Dialekt-Lexikon", Wien 1905, S. 126; Elisabeth Schuster: „Die Etymologie der niederösterreichischen Ortsnamen", 3 Bände, Wien 1989–1994, 1. Bd., S. 236; „Wörterbuch der bairischen Mundarten in Österreich", hg. von der Österreichischen Akademie der Wissenschaften, Wien 1964 ff., 14. Lieferung, Wien 1976, Sp. 1022 f.; Friedrich Kluge: „Rotwelsch. Quellen und Wortschatz der Gaunersprache und der verwandten Geheimsprachen", Straßburg 1901, Nachdruck: Berlin–New York 1987, S. 118; Matthias Höfer: „Etymologisches Wörterbuch der in Oberdeutschland, vorzüglich aber in Oesterreich üblichen Mundart", 3 Teile, Linz 1915, 2. Teil, S. 315 f.; Peter Wehle: „Sprechen Sie Wienerisch? Von Adaxl bis Zwutschkerl", Nachdruck der erweiterten und bearbeiteten Neuausgabe aus 1981, Wien 2003, S. 109 u. 239.

Pepperl, plausch net!

Die Redewendung „Pepperl, plausch net!" stammt aus einem Wienerlied mit Hans Moser.

Wenn auch der Refrain „Geh, Pepperl plausch net, 's is ja net wahr!" durch ein Wienerlied aus dem Jahre 1935 – mit dem Interpreten Hans Moser – einem breiten Publikum bekannt wurde, ist das Aufkommen der Redewendung zumindest 100 Jahre früher anzusetzen.

Johann Nestroy hat nämlich in seiner 1849 erstaufgeführten Komödie *Höllenangst* dem alten Schuster *Pfrim* die Worte „Plausch' nit, Peppi!" zugedacht, für deren weitere Verbreitung der berühmte Wenzel Müller sorgte, dem Nestroy diese Rolle auf den (stattlichen) Leib geschrieben hatte.

Auch der Mundartforscher Mauriz Schuster erwähnt diese Redewendung, und zwar in der Form: „Plausch' ned, Pepperl, d' Hausfrau leid't 's ned!".

Literatur: Leo Parthé: „Die schönsten Wienerlieder", Wien o. J., S. 79; Franz H. Mautner: „Johann Nestroys Komödien", 6 Bände, 2. Auflage, Frankfurt am Main 1981.

Pestitschek

Pestitschek ist ein minderwertiger Mensch.

Der Ausdruck „Pestitschek" bezeichnet nicht einen minderwertigen Menschen, wie uns der Soziologe Roland Girtler in seinem Buch *Rotwelsch* (1998) glauben macht. Auch mit „Pest" hat dieser Ausdruck nichts zu tun.

Den richtigen Hinweis findet man in dem 1908 erschienenen Buch von Emil Kläger mit dem Titel *Durch die Wiener Quartiere des Elends und Verbrechens. Ein Wanderbuch aus dem Jenseits.* Dieses Buch enthält im Anhang ein Glossar zur „Griaslersprache", das ist die Sprache der Obdachlosen. Dort findet man den „Bestigen", und siehe da – gemeint ist der Abwesende.

Daraus hat man aus Freude am Wortklang den Bestitschek geschaffen, im Anklang an den tatsächlich existierenden tschechischen Familiennamen Pesticek.

Wenn später jemand gesagt hat: „Er ist ein Bestitschek!", dann war damit ein „Chef" gemeint, einer der abwesend ist und seine Leute für sich arbeiten lässt, einer der sich sehr gut vorkommt – sozusagen eine Steigerung des „Herrn Gut".

Literatur: Emil Kläger: „Durch die Wiener Quartiere des Elends und Verbrechens. Ein Wanderbuch aus dem Jenseits, mit Anhang: Die Griaslersprache", Wien 1908, S. 164; Roland Girtler: „Rotwelsch. Die alte Sprache der Gauner, Dirnen und Vagabunden", Wien 1998, S. 173.

Pfifferling

Das Wort „Pfifferling" ist ein Teutonismus.

„Der Österreicher unterscheidet sich vom Deutschen durch die gemeinsame Sprache." Dieser Satz, fälschlicherweise Karl Kraus zugeschrieben – wie im ersten Band des *Lexikons der populären Irrtümer Österreichs* von Horst Friedrich Mayer aufgedeckt wird –, drückt die Sorge der Österreicherinnen und Österreicher um die sprachliche Identität aus.

Dabei schießen wir manchmal auch übers Ziel. So ist beispielsweise das Wort Pfifferling keineswegs ein Teutonismus, wie immer wieder zu hören und zu lesen ist. Das Wort Pfifferling („Pfefferschwamm") findet sich seit ewigen Zeiten in den verschiedenen Mundarten von Tirol bis Oberösterreich, ist also keineswegs auf Deutschland beschränkt.

Ein Mundartwörterbuch der Akademie der Wissenschaften erwähnt Belegstellen im Zillertal, in Kufstein, im Oberpinzgau, im oberösterreichischen Salzkammergut und in Teilen der Steiermark. Wohl deshalb ist die Redewendung „keinen Pfifferling wert sein" auch bei uns so gebräuchlich.

Literatur: Horst Friedrich Mayer: „Das neue Lexikon der populären Irrtümer Österreichs. Weitere Missverständnisse, Vorurteile und Denkfehler. Der zweite Band", Wien–Frankfurt/Main 2002, S. 149 f.; Wörterbuch der bairischen Mundarten in Österreich, hg. von der österreichischen Akademie der Wissenschaften, Wien 1964 ff., 15. Lieferung, Wien 1977, S. 59; für den Hinweis danken wir Dr. Herbert Fussy.

Pfitschipfeil

Den Namen dieses Kinderspielzeugs verdanken wir den Fidschi-Insulanern.

Das meint beispielsweise Hans Hauenstein, der Textdichter vieler Wienerlieder. Allerdings hat er den Bogen zu weit gespannt und übers Ziel geschossen. Um die Herkunft des Begriffes zu erklären, muss man nicht bis auf die Fidschiinseln fahren.

Tatsächlich bedeutet der Ausdruck „pfitschen" so viel wie „eine schnelle Bewegung machen", wobei lautmalend das Aufklatschen in einer Wasserpfütze nachempfunden wird. Schon das *Bayerische Wörterbuch* von Johann Andreas Schmeller erwähnt 1837 folgendes Beispiel: „Wasser in Schuhen pfitscht bey jedem Tritte".

Bleiben wir im Lande und suchen wir Belegstellen in den einzelnen Bundesländern.

Wenn Vorarlberger Kinder in eine Pfütze springen, macht es bei dieser schnellen Bewegung „pfitz" oder „pfütz".

Die Tiroler sagen etwa „Pfitschsuppe" zu einer Wassersuppe, die – in siedendes Schmalz geschüttet – ein jähes Zischen hervorruft. Dem Zeitwort „pfitschen" verleiht man dort die Bedeutungen „flitzen, schnellen, aufzischen".

Kärntner Kinder verwenden den Ausdruck „fitschn" (= schlüpfen, gleiten, etwas schnellen lassen), wozu Matthias Lexer noch erläutert, dass man „durch rasches Zusammendrücken des Daumens und des Zeigefingers" einen Kirschkern zu „fitschn" pflegt.

Die Salzburger Kinder schießen einen „Pfitzepfeil" mittels einer Gerte aus Weidenholz und einer Schnur ab. Nicht anders als die Steirer „pfitscheln" sie einen flachen Stein auf der Wasseroberfläche, der dort mehrere Sprünge macht – wofür man in Wien den Ausdruck „blattln" kennt.

Und während sich die oberösterreichischen Kinder einen „Pfitzipfeil" aus Holunderzweigen zurechtschnitzen, holen sich die Wiener Kinder ihr Spielzeug nicht von den fernen Fidschiinseln, sondern von der nahen Praterinsel – indem sie aus dem Schilf des

„Lusthauswassers" und des „Krebswassers" einen „Fitschipfeil" anfertigten – wie es aus einer Schrift des Jahres 1889 über Pflanzenkunde ersichtlich ist.

In Carl Loritzas Wörtersammlung aus dem Jahre 1847 finden wir ein „Pfitschapfal" (= Pfeil) gemeinsam mit der Redensart „er war so schell wie a Pfitschapfal".

Schließlich könnte in diesem Zusammenhang noch auf ein wienerisches Spiel verwiesen werden, das früher als Zeitvertreib vor allem in der Schule sehr beliebt war: das so genannte *Bfidschigógaln* (Pfitschigogerln). Bis zum heutigen Tag gibt es in dieser Sportart sogar regelrechte Klubmeisterschaften.

Alles was man dazu braucht, ist ein Tisch, zwei Kämme, zwei 2-Euro-Münzen sowie eine 50-Cent-Münze. Die beiden 2-Euro-Münzen sind sozusagen die Fußballer, die 50-Cent-Münze dient als Ball. Mit den Kämmen lassen die beiden Spieler die Münzen auf der Tischplatte herumflitzen.

Etymologisch ist dem hinzuzufügen, dass es sich um eine Zusammensetzung aus der lautmalenden Interjektion *bfidsch* (pfitsch) sowie dem Zeitwort *gogaln* (gackerln) handelt.

Literatur: Andreas J. Schmeller: „Bayerisches Wörterbuch", 2. Auflage bearbeitet von G. K. Frommann, 2 Bände, München 1872–1877, Nachdruck: München 1996, 1. Bd., Sp. 445; Leo Jutz: „Vorarlbergisches Wörterbuch mit Einschluß des Fürstentums Liechtenstein", 3. Lieferung, Wien 1957, Sp. 334 u. 348.; E. Höfer, E. und M. Kronfeld: „Die Volksnamen der niederösterreichischen Pflanzen", in: „Blätter des Vereines für Landeskunde von Niederösterreich", Wien 1889, S. 125; Carl Loritza: „Neues Idioticon Viennense, das ist: Die Volkssprache der Wiener mit Berücksichtigung der übrigen Landesdialekte", Wien–Leipzig 1847, S. 98; Internet: http://www.spielarchiv.de/spiel/z/zopp/zopp.htm.

Pflastertreter

„Pflastertreter" sind im ganzen deutschen Sprachraum „Müßiggänger".

Der Ausdruck „Pflastertreter" ist laut Duden ein veraltetes Spott-wort, das seinen Ursprung in der deutschen Studentensprache hat und erstmals 1795 belegt ist. Gemeint ist damit „ein studierendes Stadtkind, ein Bummler".

Doch nicht überall heißt „Pflastertreter" so viel wie „Müßig-gänger". In Tirol kennt man den Begriff „Pflastertreter" als scherz-haften Ausdruck für die Einwohner Kufsteins, wie im *Wörterbuch der Tiroler Mundarten* zu lesen ist. Dies ist ein Hinweis auf das „Großstadtpflaster" des Ortes. Auch der Begriff „Kopfsteiner" ist geläufig.

Literatur: Friedrich Kluge: „Deutsche Studentensprache", Straßburg 1895, S. 112; Josef Schatz: „Wörterbuch der Tiroler Mundarten", 2 Bände, Innsbruck 1955/1956, Nachdruck: Innsbruck 1993, 1. Bd., S. 71.

Pleitegeier

Der Pleitegeier ist ein Vogel.

Dieser Ausdruck ist wohl unter dem Einfluss des Jiddischen ent-standen, das nicht nur auf das Wienerische, sondern auf die deut-sche Sprache insgesamt einen großen Einfluss ausgeübt hat. Aus der jiddisch-rotwelschen Wendung „pléjte machen" (= fliehen, den Bankrott erleiden) entstand die umgangssprachliche Variante „Plei-te gehen".

Bleibt nur noch eins zu klären: Wie wurde aus dem „Pleitege-her" ein „Pleitegeier"?

Im Jiddischen, wo Diphthongierungen beliebt sind, war es kein weiter Weg zum „Pleitegejer", und von dort schließlich zum

„Pleitegeier". Dabei hat vermutlich der Gedanke Pate gestanden, dass wir jenes Siegel, das der Gerichtsvollzieher bei Pfändungen auf Einrichtungsgegenstände klebt, ebenfalls nach einem Vogel benennen: den Kuckuck.

Literatur: Salcia Landmann: „Jiddisch. Das Abenteuer einer Sprache", 6. Auflage, Berlin 1997, S. 214.

Pockerl

Der Ausdruck „Pockerlfrasn" hat etwas mit Tannenbaumzapfen (= Bockerln) zu tun.

Wenn jemand in den Zustand höchster Erregung gerät, sagt man über ihn: *„Dea griagt d' Pockalfrasn!"* Das Grundwort *Frasn* (nur im Plural) entspricht dabei den hochdeutschen „Fraisen". Aber was bedeutet Pockerl? Hat es etwas mit Tannenbaumzapfen zu tun, die wir ja „Bockerln" nennen?

Wir kennen in der österreichischen Mundart das *Bockal* (sächlich) als Bezeichnung für den Tannenzapfen und den *Pockal* (männlich) als eine von vielen Bezeichnungen für den Truthahn (heute meist „Pute" genannt, wenn er als Speise auf den Teller kommt, früher war auch der Ausdruck „Indian" recht beliebt).

Das *Bockerl* (den Tannenbaumzapfen) erklärt uns Maria Hornung als Verkleinerungsform zu „Rehbock", „da die Koniferenzapfen im Kinderspiel Tiere versinnbildlichen".

Beim *Pockerl* (Truthahn) müssen wir hingegen ein wenig weiter ausholen: Die Herleitung dieser Verkleinerungsform ist – wie bei so manchen österreichischen Speisen – im Ungarischen zu suchen, wo der Truthahn *póka* heißt – ein Begriff, der mit dem Eigenschaftswort *pókaképü* („kupferig im Gesicht") verwandt ist.

Diese Herleitung wird durch die Bemerkung in einem österreichischen Wörterbuch des Jahres 1780 bestätigt, wonach der

Ausdruck *Pockerl* nur bei den deutschsprachigen Ungarn im Gebrauch ist.

„Pockalfrasn" sind also ein Zustand höchster Erregung, vergleichbar mit jenem, in dem sich ein Truthahn befindet, wenn er vor einem Weibchen balzt oder wenn er von Menschen mit einem Spiegel oder einem farbigen Stoff gereizt wird.

Theaterfreunde kennen aus Johann Nestroys *Talisman* die schillernde Figur einer rothaarigen Gänsehüterin mit einem „sprechenden Namen", der zugleich eine reizvolle Kombination darstellt: Salome Pockerl.

Literatur: Paul Kretschmer: „Wortgeographie der hochdeutschen Umgangssprache", 2., durchgesehene und ergänzte Auflage, Göttingen 1969, S. 382; Moritz Ballagi: „Neues vollständiges Wörterbuch der ungarischen und deutschen Sprache", 3. Auflage, Pest 1867, S. 540.

Poliklinik

Die Wiener Poliklinik schreibt sich in Wirklichkeit mit y (also Polyklinik).

Diesen Irrtum findet man sogar auf der Website des zuständigen Magistrats der Stadt Wien. Er ist rasch aufgeklärt, zumal es sich lediglich um eine falsche Schreibung handelt.

Es werden die griechischen Wörter *pólis* (= Stadt) und *polýs* (= viel) miteinander
verwechselt. Tatsächlich handelt es sich um eine „Stadtklinik", sodass die richtige Schreibweise „Poliklinik" lautet.

In Wien wurde 1872 die erste Poliklinik Europas gegründet, um kostenlos zu lehren, zu lernen und zu helfen. Heute ist die Poliklinik ein modern ausgestattetes Spital.

Literatur: http://www.wien.gv.at/ma07/vorlesungen/boehmer.htm; http://www.rheinzeitung.de/on/02/02/27/magazin/news/musik-special.

Porcia

Der Name von Schloss Porcia wird richtig PORTSCHA ausgesprochen.

Schloss Porcia in Spittal an der Drau gehörte von 1662 bis 1918 den gleichnamigen Fürsten, heute ist es im Eigentum der Stadt Spittal an der Drau. Vor einiger Zeit ist in den Medien ein Streit ausgebrochen, wie man den Namen Porcia korrekt ausspricht: *portscha* (mit Betonung auf dem *o*) oder *portsia* (mit Betonung auf dem *i*) oder *portschia* (ebenfalls mit Betonung auf dem *i*)?

Die richtige Antwort lautet: Genauso wie die Stadt Porcia in der Nähe von Pordenone, wo sich auch heute noch das Stammschloss der Conti de Porcia befindet: *portschia* (mit Betonung auf dem *i*).

Literatur: Horst Friedrich Mayer: „Lexikon der populären Irrtümer Österreichs", Wien–Frankfurt/Main 2001, S. 179 f.; für den Hinweis auf diesen Irrtum danken wir DDr. Karl Anderwald, Klagenfurt, und Dr. Hartmut Prasch, Spittal an der Drau.

Pudern

Der Ausdruck „pudern" (= koitieren) hat etwas mit Puder (= Streupulver) zu tun.

Auch das ist ein Irrtum. Der Begriff stammt aus einer Zeit, als man die Butter in einem kleinen Fass aufwändig gestoßen hat, was heute wohl nur noch auf der Alm der Brauch ist. Der Ausdruck „pudern" hat also nichts mit Puder (= Streupulver) zu tun, sondern er leitet sich von der stoßenden Bewegung bei der Herstellung von Butter ab.

Auch andere Mundartausdrücke für „koitieren" funktionieren ähnlich. „Pempern" verweist auf das Hämmern des Schmiedes, „schustern" auf das rhythmische Klopfen des Schuhmachers, bei der Hin- und Herbewegung des „Wetzens" lässt sich an einen emsigen Scherenschleifer denken.

Wer das Wort „Puderdose" verwendet, braucht daher nicht rot zu werden, geht es doch dabei tatsächlich um eine ganz feine und durchaus unverfängliche Form von Streupulver. Dennoch hat dieser Ausdruck heute einen zweideutigen Klang, als ob das Wort etwas mit „koitieren" zu tun hätte.

Der Schauspieler Heinz Marecek erzählt gerne eine Anekdote aus jener Zeit, als im Theater in der Josefstadt „innerhalb des Ensembles rege freundschaftlich verkehrt wurde". Bei einer Sonntags-Matinee saßen alle Schauspielerinnen und Schauspieler auf der Bühne – auf den berühmten goldenen Rokokostühlchen. Als der Festredner, Prof. Heinz Kindermann, ans Rednerpult trat, schaute er versonnen dem langsam entschwebenden Luster nach und begann seine Rede mit dem fatalen Satz: „Dieses Haus erinnert mich immer an eine große Puderdose …"

Marecek erinnert sich, dass achtzig Rokokostühle zu wackeln begannen. Die Herren auf der Bühne banden sich die Schuhriemen, die Damen kramten in ihren Handtaschen auf dem Boden, und Vilma Degischer erzählte später: „Ich habe mich umgedreht und keinen einzigen Kopf gesehen – nur acht Reihen vergoldete Sessellehnen."

Auch der Schriftsteller Michael Köhlmeier erntet stets viel Applaus, wenn er mit Austropopper Reinhold Bilgeri das Gstanzl „Vogelhüsle" darbietet:

„Schatz kof mir a Puderdosa
und i han di gern://
Schatz kof mir a Puderdosa
und i hürot (ich heirate) di gern
und denn pudern mr umanand
i da Dosa umanand
bis mr gnuag hond vonanand
you and me."

Literatur: Heinz Marecek: „Das ist ein Theater. Begegnungen auf und hinter der Bühne", Salzburg 2002, S. 20; Michael Köhlmeier/Reinhold Bilgeri: „Vogelhüsle", auf: „Oho", CD, Musikladen Records, Rankweil.

Pumuckl

Der Name dieser Figur ist eine Fantasiebezeichnung.

Pumuckl ist ein kleiner frecher Kobold, der durch Zufall beim Meister Eder am Leimtopf kleben blieb und seitdem seinen Schabernack in dessen Werkstatt und am liebsten mit dessen Kunden treibt. Er ist ca. 30 cm groß, hat wuscheliges rotes Haar und ist, wie er sagt, schon dreihundert-zwölf-und-zwanzig Jahre alt.

Der Name dieser bei Kindern so beliebten Figur ist keine Fantasiebezeichnung. „Pumuckl" ist von einem Heiligen abgeleitet, der vor allem in Böhmen, Österreich und Bayern verehrt wird. Es handelt sich um den so genannten „Brückenheiligen", um den heiligen Johannes Nepomuk von Böhmen (geb. um 1350), der so beliebt ist, dass es allein in Wien an die 50 Johannes-Nepomuk-Statuen gibt.

Man muss nur die erste Silbe dieses Heiligen verschlucken und einen Vokal etwas variieren, schon wird aus Nepomuk ein „Pumuk" – und daraus entsteht dann der „Pumuckl".

Die Figur des Pumuckl hat sich 1961 Ellis Kaut ausgedacht. Zwei Jahre später kam es zu einer Hörspielserie im Bayerischen Rundfunk, dann zu Büchern, Fernsehproduktionen und sogar zu einem Kinofilm.

Literatur: Ludwig Zehetner: „Bairisches Deutsch. Lexikon der deutschen Sprache in Altbayern", 2., überarbeitete Auflage, München 1998, S. 235; Franz Attems/Johannes Koren: „Schutzheilige Österreichs als Bewahrer und Helfer", Innsbruck 1992, S. 58 f.

Puri

Wenn jemand schlampig gekleidet ist, „hängt ihm der Lauch heraus".

„*Den hengd da Buari aussa*" (= dem hängt der „Puri" heraus), kann man auch heutzutage noch in der Mundart hören; gemeint ist, er ist „schlampig gekleidet" oder „völlig mittellos".

In diversen Wörterbüchern, auch bei Peter Wehle, findet man die Redensart unter dem Stichwort „Porree" (= Lauch) von lateinisch *allium porrum* – ein fixer Bestandteil des österreichischen „Wurzelwerks" oder „Suppengrüns".

Freilich lässt sich eine Verbindung zum „Suppengrün" nur schwer herstellen. Wir müssen das Herkunftswort woanders suchen, nämlich in der Zigeunersprache. Dort bedeutete *pori* soviel wie „Schwanz" oder „Schweif".

Wenn jemandem „der Puri heraushängt", dann bedeutet dies also im wörtlichen Sinn, dass der „Hemdzipfel" sichtbar ist. Dass *Buari* in der Mundart auch eine Bezeichnung für „Penis" ist, spielt in diesem Zusammenhang wohl eine untergeordnete Rolle.

Was lautlich passiert, ist rasch erklärt: Aus der Buchstabenfolge or wird mundartlich *ua* (so wird etwa „morgen" zu *muagn*, „Ohrwaschel" zu *Uawaschschl*).

Durch den Gleichklang von *Buari* (= Porree) und *Buari* (= Hemdzipfel, Penis) lassen sich jedoch pikante Zweideutigkeiten konstruieren: „Droben auf dem Gallitzinberg, da gibt es eine Remassuri (ein Aufsehen erregendes Ereignis), da tanzt der Herr von Petersil mit der Frau von *Buari*" – heisst es in einem alten Wiener Spottvers.

Literatur: Peter Wehle: „Sprechen Sie Wienerisch? Von Adaxl bis Zwutschkerl", Nachdruck der erweiterten und bearbeiteten Neuausgabe aus 1981, Wien 2003, S. 245 u. 247; Wolfgang Teuschl: „Wiener Dialektlexikon", 2. Auflage, Purkersdorf–Wien 1994, S. 182; Viktor T. Malygin: „Österreichische Redewendungen und Redensarten", Wien 1996, S. 117; Maria Hornung/Sigmar Grüner: „Wörterbuch der Wiener Mundart", 2., erweiterte und verbesserte Auflage mit mehr als 1000 neuen Stichwörtern und Ergänzungen, Wien 2002, S. 206.

Quargeln

„Quargeln" (= unnützes Zeug reden) hat mit der Käsesorte Quargeln zu tun.

Diese Ansicht ist deswegen irrig, weil das Zeitwort „quargeln" (= unnützes Zeug reden) von „quarren" und „quarken" (= hässliche Laute von sich geben) hergeleitet ist.

Der Volkswitz hat dann aber schließlich die Verbindung mit dem billigen „Quark" bzw. den geruchsintensiven „Quargeln" hergestellt – wobei sicher auch die Redensart „einen Käse (einen Topfen) daherreden" mitspielte.

Quaste

Quasteln erinnern uns nur an Vorhänge oder Uniformen.

Das Wort „Quaste" bezeichnet eine größere Anzahl von Fäden, die am oberen Ende zusammengefasst sind und an einer Schnur hängen. Man findet sie an Vorhängen oder an Uniformen.

Es gibt aber auch noch eine andere Bedeutung dieses Wortes – die Leserinnen mögen es uns verzeihen: Als Quasteln bezeichnet man im Wienerischen die weiblichen Brüste. Aber auch den Männern ist hier eine Bedeutung zugedacht, versteht man unter „Quaste" oder „Quastl" in der Mundart doch auch den Penis bzw. in der Mehrzahl die männlichen Genitalien überhaupt.

Die Endung -(e)l drückt hier keine Verkleinerung aus, sondern versinnbildlicht ein Hin- und Herbewegen, ähnlich wie bei den Wörtern „Pendel" oder „Sichel".

Ein anderes Wort für die weiblichen Brüste, das ebenfalls auf -(e)l endet, ist als Koseform zu verstehen: „Tutteln".

Das „Quastl" bezeichnet übrigens in der Gaunersprache auch „Geld", eigentlich den Geldbeutel. „Hast a Quastl mit?", ist ein typische Redewendung mit diesem Wort.

Im Mittelhochdeutschen gibt es die Formen *quast* bzw. *quest* (= Büschel, Wedel, Badwedel). Davon leitet sich ein Zeitwort „questen" her, das so viel wie „den Badenden streicheln, peitschen" bedeutet. Der Familienname Quester ist daher von einer Berufsbezeichnung abgeleitet. Es ist also schon richtig, wenn der österreichische Automobilrennfahrer und Baumaterialienhändler Dieter Quester den Spitznamen „Quastl" trägt.

Literatur: Maria Hornung/Sigmar Grüner: „Wörterbuch der Wiener Mundart", 2., erweiterte und verbesserte Auflage mit mehr als 1000 neuen Stichwörtern und Ergänzungen, Wien 2002, S. 474; Matthias Lexer: „Mittelhochdeutsches Handwörterbuch", 3 Bände, Leipzig 1872, Nachdruck: Stuttgart 1992, 2. Bd., Sp. 324.

Ratz

Der Familienname Ratz ist von „Ratte" abzuleiten.

Auf der österreichischen Telefonbuch-CD der Firma *Herold* findet man rund 260 Eintragungen des Familiennamens Ratz. Nun weiß jeder, dass „Ratz" ein Mundartausdruck für „Ratte" ist. Bei diesem Familiennamen ist jedoch eine andere Herleitung wahrscheinlicher: „Ratz" ist ein Berufsname für eine Person, die Flachs röstet, und „Ratzen" oder „Rötze" ist jene Stelle, wo der Flachs geröstet wird.

Dass Berufsbezeichnungen zu Familiennamen werden, ist keine Seltenheit, man denke nur an Bauer, Messner, Müller, Schneider oder Schuster. Oft geht es um Berufe, die schon ausgestorben oder nur von regionaler Bedeutung sind. Ein Flatscher ist ein Metallarbeiter oder Spengler, ein Schnattler hat Nadelbäume nach einer speziellen Art beschnitten, ein Solderer ist ein Tischler, der auf die Herstellung von holzgeschnitzen Balkonen spezialisiert ist, und Kulterer ist ein Bettdeckenerzeuger.

Literatur: Maria Hornung: „Lexikon österreichischer Familiennamen", Wien 2002, S. 115.

169

Raunzen

Raunzen tut man nur in Wien.

So ganz kann das nicht stimmen, weil ja die Wörter auf *-zen* und *-etzen* insgesamt in der bairisch-österreichischen Mundart sehr beliebt und verbreitet sind.

Freilich können es die Wiener im Raunzen zu einer gewissen Meisterschaft gebracht haben – wer weiß da schon Genaueres?

Plakat zur „Nichtraunzer-Kampagne" der International Advertising Association (IAA), Wien.

Tatsache ist, dass man von einem althochdeutschen Zeitwort *rūnēn* (= heimlich flüstern, raunen) auszugehen hat, zu dem bereits im Althochdeutschen eine Form *rūnezen* (= flüstern, murren) belegt ist. Das *Bayerische Wörterbuch* verweist aber bei *raunzen* auch auf ein lautmalendes „schreien wie die Katze, wenn ihr etwas fehlt".

Es handelt sich also keineswegs um einen rein wienerischen Ausdruck. Auch in Linz, in Salzburg oder in München werden Menschen, die weinerlich klagen oder dauernd unzufrieden nörgeln, als „Raunzer" bezeichnet.

Literatur: Rudolf Schützeichel: „Althochdeutsches Wörterbuch", 5., überarbeitete und erweiterte Auflage, Tübingen 1995, S. 241; Andreas J. Schmeller: „Bayerisches Wörterbuch", 2. Auflage bearbeitet von G. K. Frommann, 2 Bände, München 1872–1877, Nachdruck: München 1996, 2. Bd., Sp. 108.

Ringelspiel

Das Ringelspiel heißt so, weil es sich im Kreis um eine Achse dreht.

Auch wenn sich ein Vergleich zwischen dem „Ringelreiha" der Kinder und dem „Ringelspiel" aufdrängt – die beiden Wörter haben nichts miteinander zu tun.

Der Ausdruck „Ringelspiel" stammt von einem mittelalterlichen Wettbewerb der Ritter ab. Man sieht es immer wieder in Kinofilmen: Ein Ritter mit einer Lanze reitet auf drei Ringe zu, die von einem Drehgestell herabhängen, und er versucht, in diese hineinzustechen. Dieses „Ringreiten" oder „Ringstechen" war die Urform unseres heutigen „Ringelspiels".

Wer die Ringe als erster auf seine Lanze heften konnte, war siegreich. Wenn dies beispielsweise im vierten Durchgang der Fall war, so konnte der Sieger nach dem vierten „Stechen" ermittelt werden. Die einzelnen Durchgänge nannte man nämlich „Stechen" – ein Begriff, der bis zum heutigen Tag im Sport gebräuchlich ist.

Nachdem Papst Clemens V. (1305–1314) diese Ritterspiele verboten hatte, veranstaltete man in der Bevölkerung ein „Ring"- oder „Ringelspiel". Der Wiener Historiker und Topograph J. E. Schlager berichtet von einem Stechen im Jahre 1438, das „auf der Prantstatt" (der heutigen „Brandstätte", unweit von St. Stephan) stattfand.

Ein letzter Nachklang des ritterlichen Brauches war dem Adel vorbehalten; so gab es zum Beispiel das „Ringelreiten" mit dem „Ringstechen" in der Winterreitschule – einem Gebäudeteil der Hofburg. Im Jahre 1743 veranstaltete man ein „Frauencaroussel", an dem auch Maria Theresia teilnahm. Den Höhepunkt dieses höfischen Brauches bildete ein gesamteuropäisches „Hoffest mit Ringelstechen" anlässlich des Wiener Kongresses im Jahre 1814.

Dann war es an der Zeit, dass das Volk den Brauch übernahm. Der *Wiener Almanach* berichtet 1895 über ein „Ringelspiel", das den bezeichnenden Namen „Turniersaal" trug. Während die Teilnehmer dieses Spiels im Kreis fuhren, versuchten sie mit einem

Stock einen in der Mitte aufgestellten Kasten zu treffen. Dem „Turniersaal" folgten bald andere Einrichtungen dieser Art, die aber noch recht einfach ausgeführt waren.

Als großer Innovator im Bereich der Ringelspiele trat der in Triest geborene Zauberkünstler Basilio Calafati in Erscheinung. Er verschönerte 1844 sein Ringelspiel im Wiener Prater mit einer Eisenbahn und 1855 mit einem Chinesen, der mit seinem Riesenzopf und mit seinen beweglichen Händen zum Tagesgespräch in ganz Wien wurde. Calafatis Karussell fand bald viele Nachahmer.

Der ursprüngliche Brauch existiert noch in einigen Bundesländern in Form des „Pfingstreitens". Eine Variante davon ist das „Gailtaler Kufenstechen" in Feistritz, von dem uns das Buch *Sitte und Brauch in Österreich* berichtet. Dabei treten am Pfingstmontag „Reiter mit einer kurzen, blanken Eisenlanze in der Rechten auf schweren, mit farbigen Wollkotzen bedeckten, jedoch ungesattelten Pferden" zum Stechen an. Die Kufe ist ein Fass, worauf die Reiter in vollem Galopp in mehreren Stechen einhauen, bis es in Stücke zertrümmert ist.

Literatur: Manfred Becker-Huberti: „Feiern – Feste – Jahreszeiten", Freiburg–Basel–Wien 2001, S. 349; „Wörterbuch der deutschen Volkskunde. Begründet von Oswald A. Erich und Richard Beitl", 3. Auflage, Stuttgart 1974, S. 677; Johann Evangelist Schlager: „Wiener Skizzen aus dem Mittelalter. In Auswahl herausgegeben und mit Anmerkungen, Bildern und Plänen versehen von Professor Wilhelm Kohler", Wien 1915, S. 61 f.; Felix Czeike: „Historisches Lexikon Wien", 5 Bände, Wien 1992–1997, 5. Bd., S. 665; „Wiener Almanach. Jahrbuch für Literatuer und öffentliches Leben", hg. von Heinrich Bohrmann u. Jaques Jäger, Wien 1895, S. 359; Wilhelm Kisch: „Die alten Strassen und Plätze Wien's und ihre historisch interessanten Häuser. Ein Beitrag zur Culturgeschichte Wien's mit Rücksicht auf vaterländische Kunst, Architektur, Musik und Literatur", 12 Bände, Wien 1883–1895, Nachdruck: Wien 2000/2001, 5. Bd., S. 37 f.; Viktor von Geramb: „Sitte und Brauch in Österreich. Dritte verbesserte Auflage des Buches ‚Deutsches Brauchtum in Österreich'", Graz 1948, S. 96 f.; Friedrich Kluge: „Etymologisches Wörterbuch der deutschen Sprache", 23., erweiterte Auflage, bearbeitet von Elmar Seebold, Berlin–New York 1999, S. 429.

Rosen

Das Kärntner Rosental heißt wegen seiner vielen Rosen so.

Wenngleich im klimatisch so begünstigten „Rosental" sicher auch herrliche Rosen gedeihen, so hat der Name ursprünglich nichts mit Blumen zu tun.

Eberhard Kranzmayer setzt mit dem 9. Jahrhundert eine althochdeutsche Form *rasa* (Landschaft um den Bach) als Herkunftswort an. Der Name wurde schließlich durch Volksetymologie zu *Rosental* „poetisiert".

Literatur: Eberhard Kranzmayer: „Ortsnamenbuch von Kärnten", 2 Bände, 2. Bd., Klagenfurt 1958, S. 181 u. 180.

Rotgipfler

„Rotgipfler" ist ein Rotwein.

Rotgipfler ist eine weiße Rebsorte, folglich wird aus ihr kein Rotwein, sondern ein Weißwein gekeltert. Sie hat ihren Namen von den roten Blättern an den Spitzen des Rebstockes. „Gipfel" war früher eine Bezeichnung für die „Spitzen" an Bäumen, Sträuchern und Kräutern.

Die Sorte Rotgipfler gedeiht vor allem südlich von Wien im Gebiet von Gumpoldskirchen. Die Weine sind vollmundig, sie werden heute auch trocken ausgebaut.

Literatur: Werner Schima/Robert Sedlaczek: „Unser Wein. Reisen zu Österreichs Winzern", Wien 1991, S. 168 ff.

Sandler

Der Begriff „Sandler" gehört zu den Klassikern unter den Sprachirrtümern, zumal bisher sämtliche Deutungen auf das Wort „Sand" hinauslaufen – was ja auch das Naheliegende ist.

Zunächst wollen wir stellvertretend zwei falsche Etymologien erwähnen. So denkt Peter Wehle an „Tagelöhner, die in Ziegelfabriken die Ziegel mit Sand bestreuen mussten". Roland Girtler ist ungefähr derselben Ansicht. Günter Jontes vermutet hinter dem „Sandler" (= Müßiggänger, Vagabund) einen „Händler mit Reibsand zum Putzen und Scheuern von Geschirr und Holzböden".

Diese Deutungen sind allerdings mit einem einzigen Gedanken zu widerlegen: Wenn nämlich der „Sandler" von „Sand" käme, so müsste es in der Mundart neben Wörtern wie „Sånd" und „Schlofwåndla" auch einen „Såndla" mit dumpfem a geben. In der Tat spricht man aber das Wort „Sandler" in der Mundart mit einem hellen a aus.

Also sollten wir uns woanders auf die Suche begeben und einen Blick ins Mittelhochdeutsche werfen, das uns ein Adjektiv *seine* (= langsam, träge) anbietet. Im *Wörterbuch der oberdeutschen Mundart* aus dem Jahre 1815 finden wir schließlich die Variante *sain* (= träge), das uns in einem bairischen *saineln* (= langsam sein im Tun und Sprechen) sowie dem Hauptwort *Sainel* (= langsame, trödelnde Person) wieder begegnet.

Die Doyenne der österreichischen Mundartforschung, Maria Hornung, erinnert sich daran, dass Franz Roitinger, ihr oberösterreichischer Mitautor an dem Buch *Die österreichischen Mundarten,* oftmals das Zeitwort *soandln* für „säumig, untätig sein" verwendete. Außerdem ist in Oberösterreich das Eigenschaftswort *soan* verbucht.

Wenn wir von einem schriftdeutschen „Schweif" zu einem oberösterreichischen bzw. gesamtösterreichischen *Schwoaf* und schließlich zum wienerischen *Schwaf* gelangen, so haben wir eine

Parallele zu den Begriffen „s<u>a</u>ineln", „s<u>o</u>andeln" und „s<u>a</u>ndeln". Der hinzugekommene Buchstabe *d* erklärt sich zum Zwecke der leichteren Aussprache als so genannter Gleitlaut, wie etwa bei „Wein" und „Weinderl".

Diese Zeitwörter auf -*eln* drücken recht selten eine Verkleinerung aus, vielmehr vermitteln sie häufig eine Hin- und Herbewegung, die hier noch durch ein vorangesetztes *umeinander* verdeutlicht wird.

Die Volksetymologie, deren Aufgabe ja nicht der wahre Ursprung, sondern ein Verständlichmachen ist, hat nun zu „sandeln" eine Verbindung mit dem neuhebräischen Hauptwort „Zandik" (= Parasit, Mitwisser, Blutsauger) hergestellt, sodass wir einem Wörterbuch der Gaunersprache von 1851 die Ausdrücke „Sand" (= Läuse)" sowie „sandig sein" (= Ungeziefer haben) entnehmen können. Man hat also den „Sandler" wohl in vieler Hinsicht zu Unrecht als „Parasiten" hingestellt.

Der „Sandler" als solcher ist erstmals im Jahre 1922 schriftlich belegt und wird als „herabgekommener, verlauster Mensch; Wohltätigkeitsschwindler; Bettler, um Gelegenheit zum Diebstahl zu haben" dargestellt.

Die Assoziation mit dem „Sand" dürfte also noch relativ jung sein. In der Steiermark und in Kärnten ist das Zeitwort *saundln* (= säumen, zaudern) belegt.

Literatur: Peter Wehle: „Sprechen Sie Wienerisch? Von Adaxl bis Zwutschkerl", Nachdruck der erweiterten und bearbeiteten Neuausgabe aus 1981, Wien 2003, S. 258; Günther Jontes: „Steirisches Schimpfwörterbuch", Graz 1998, S. 138; Roland Girtler: „Rotwelsch. Die alte Sprache der Gauner, Dirnen und Vagabunden", Wien 1998, S. 162; Otto Jungmair/Albrecht Etz: „Wörterbuch zur oberösterreichischen Volksmundart", Linz 1978, S. 268; Matthias Höfer: „Etymologisches Wörterbuch der in Oberdeutschland, vorzüglich aber in Oesterreich üblichen Mundart", 3 Teile, Linz 1915, 3. Teil, S. 58; Rudolf Fröhlich: „Die gefährlichen Klassen Wiens. Darstellung ihres Entstehens, ihrer Verbindungen, ihrer Taktik, ihrer Sitten und Gewohnheiten und ihrer Sprache. Mit belehrenden Winken über Gaunerkniffe und einem Wörterbuche der Gaunersprache", Wien 1851, S. 163; Carl Loritza: „Neues Idioticon Viennense, das ist: Die Volkssprache der Wiener mit Berücksichtigung der übrigen Landesdialekte", Wien–Leipzig 1847, S. 110; Albert Petrikovits: „Die Wiener Gauner-, Zuhälter- und Dirnensprache", hg. und mit einem Nachwort versehen von Inge Strasser, Wien–Köln–Graz 1986 (Nachdruck der 2. Auflage Wien 1922), S. 72.

Saubartel

Der Saubartel heißt so, weil er vom Schweinsbraten einen schmutzigen Bart hat.

Von dieser Vorstellung geht der steirische Volkskundeprofessor Günther Jontes aus, wobei er seine Vermutung mit folgenden Worten zu untermauern versucht:

„Saubartel: Bezeichnung für schmutzigen, unsauberen Menschen oder solchen, der genußvoll oder unbekümmert mit schmutzigen Dingen oder Schmutz umgeht, besonders solchen, die mit seinen eigenen Körperfunktionen zusammenhängen. Bartel ist Kurzform von Bartholomäus und ist hier durch seinen Gleichklang mit Bart auffällig, sodaß ein ursprüngliches Wortspiel vorliegen könnte, das Schwein und Bart beschmutzende Esser vereinigt."

Tatsächlich hat der Begriff „Saubartel" eine ähnliche Entstehungsgeschichte wie die Redewendung „Zeigen, wo Bartl den Most holt" (siehe unter diesem Stichwort).

Der Festtag des heiligen Bartholomäus am 24. August war in manchen Regionen der Beginn der Erntezeit. Vor allem Fischer, Schäfer und Schlachter wussten diesen Termin gebührlich zu feiern und veranstalteten ein Schlachtfest zu Ehren des Heiligen, den der Volksmund „Saubarthel" nannte, was in keiner Weise abfällig gemeint war.

Wenn auch die Festlichkeiten nach Abschaffung des kirchlichen Feiertages allmählich in Vergessenheit gerieten, so blieb dennoch die Bezeichnung „Saubartel" als Schlagwort im Volksmund haften, sodass man irgendwann daranging, im Wortspiel einen „schmutzigen Kerl" so zu nennen.

Literatur: Günther Jontes: „Österreichisches Schimpfwörterlexikon", Graz 1998, S. 308; „Handwörterbuch des deutschen Aberglaubens", hg. von Hans Bächtold-Stäubli, 10 Bände, Basel 1927, Nachdruck: Berlin 2000, 1. Bd, Sp. 931 ff.

Schalotten

Schalotten haben mit dem weiblichen Vornamen Charlotte etwas zu tun.

Auf Obst- und Gemüsemärkten haben wir Schalotten einige Male als „Charlotten" angeschrieben gesehen – offenbar glauben manche „Standler", die Zwiebelart habe mit dem weiblichen Vornamen Charlotte etwas zu tun.

Tatsächlich kommt das Wort von französisch *échalote* und heißt so viel wie „Zwiebel aus Askalon" (Askalon ist die Stadt der Philister in Palästina).

Literatur: Friedrich Kluge: „Etymologisches Wörterbuch der deutschen Sprache", 23., erweiterte Auflage, bearbeitet von Elmar Seebold, Berlin–New York 1999, S. 711.

Schichtseife

Die Schichtseife heißt deshalb so, weil sie aus mehreren Schichten besteht.

Der Name „Schichtseife" ist weder der Name einer Marke noch der Name eines Produkts. Sie heißt auch nicht deshalb so, weil sie aus mehreren Schichten besteht. In Wahrheit war „Schicht" ein Firmenname, oder besser gesagt: der Name eines altösterreichischen Seifenfabrikanten.

Der aus Böhmen stammende Seifenfabrikant Johann Schicht errichtete 1882 in Obersedlitz bei Aussig eine Seifenfabrik. Diese Fabrik erhielt eine eigene Bahnstation, weil hier jährlich rund 19 000 Eisenbahnwaggons abgefertigt wurden. Bei seinem Tod im Jahr 1907 beschäftigten Schichts Werke rund 1 900 Arbeiter und Angestellte.

Einer der wichtigsten Markennamen der Firma Schicht war übrigens „Hirsch" – er hat sich bis heute erhalten und gehört nun Unilever. Wenn wir „Schichtseife" sagen, meinen wir eine einfache, billige Kernseife.

Straßenbahn-Werbung für „Schicht-Seife", Wien, 1927.

Literatur: Horst Friedrich Mayer: „Das neue Lexikon der populären Irrtümer Österreichs. Weitere Missverständnisse, Vorurteile und Denkfehler. Der zweite Band", Wien–Frankfurt/Main 2002, S. 173 f.; Isabella Ackerl/Walter Kleindel: „Die Chronik Österreichs", Gütersloh 1994, S. 446; Alois Brusatti: „Geschichte der Unilever Österreich", Wien 1985; für Informationen zu diesem Irrtum danken wir Mag. Herbert Peutz, Wien.

Schielleiten

Der Ort Schielleiten hat seinen Namen von den nahe gelegenen Skihängen.

Der Ortsname Schielleiten hat nichts mit Skifahren zu tun und es gibt im Umkreis dieses Ortes auch keine Möglichkeit, den alpinen Skisport zu betreiben. In Schielleiten in der Oststeiermark, unweit von Stubenberg am See, treffen sich vor allem Ballonfahrer. Sie starten vom Schloss Schielleiten aus, das zu den wichtigsten Bauten des Spätbarock in der Steiermark zählt. Auch in der Bundessportschule Schielleiten wird man keine Skifahrer treffen, sondern vor allem Athleten.

Also scheint es sich um eine typische Volksetymologie zu handeln. Was bedeutet das Wort „Schielleiten" wirklich?

Beginnen wir zunächst mit dem zweiten Bestandteil des Wortes. Die „Leiten" stammt aus der bairisch-österreichischen Mundart und bezeichnet die Seite eines Hügels, den Abhang bzw. einen schiefen Acker – gemeinsamer Nenner ist die schiefe Ebene –, aber nicht schief genug, um Wintersport zu betreiben.

Der erste Wortbestandteil ist das alte Eigenschaftswort „schiel" – es bedeutet so viel wie „schief". Jemand, der schielt, hat ja bekanntlich einen schiefen Blick. Wenn jemand „Schielaugen macht", dann verrät er durch begehrliche Blicke, dass er etwas gerne haben möchte.

„Schiel-Leiten" ist also ein doppelt gemoppelter Begriff, sozusagen eine schiefe Ebene, die schief ist. (Vergleiche auch das Stichwort „Hasenleiten".)

Schimmelbrief

Schimmelbriefe heißen so, weil sie von uralten, verschimmelten Vorlagen abgeschrieben werden.

Der Ausdruck geht zurück auf das lateinische Wort *simil-e* (= ähnlich) und hat nichts mit „verschimmeln" zu tun (siehe auch das Stichwort „Amtsschimmel"). In den Kanzleien des alten Österreich bezeichnete man so ein Schreiben, das nach einer schematischen Vorlage abgefasst worden war.

Literatur: Horst Friedrich Mayer: „Lexikon der populären Irrtümer Österreichs", Wien–Frankfurt/Main 2001, S. 216 f.

Schlachtenbummler

Der Begriff „Schlachtenbummler" kommt aus dem Fußballerjargon.

Diesem Irrtum könnte man unterliegen, weil der Ausdruck heute lediglich im Sport, und da vor allem im Bereich des Fußballs, verwendet wird. Viele Reisebüros bieten „Schlachtenbummlerfahrten" oder „Schlachtenbummlerflüge" an.

Früher hatten „Schlachtenbummler" tatsächlich an Schlachten teilgenommen: als Begleiter des Hauptquartiers und als Kriegsberichterstatter. Zu ihnen gehörte im Ersten Weltkrieg die Journalistin Alice Schalek. Sie wurde wegen ihrer beschönigenden Artikel aus den Kriegsgebieten von Karl Kraus heftig angegriffen.

Ein anderer „schreibender" Schlachtenbummler im Ersten Weltkrieg war der bayrische Volksschriftsteller Ludwig Ganghofer, der sich 1914 als Kriegsberichterstatter gemeldet hatte. Als er im Juni 1915 nahe der galizischen Festungsstadt Lemberg, die eben von österreichischen und deutschen Truppen zurückerobert worden war, mit dem deutschen Kaiser Wilhelm II. zusammentraf, kam es zu einer denkwürdigen Szene, die uns einen jovialen, schenkelklopfenden Kaiser und einen jodelnden, schnadahüpfelnden Dichter in Kniehosen und Lodenjoppe zeigt. So zumindest wurde der Auftritt der beiden in der deutschen und österreichischen Presse wiedergegeben. Die propagandistische Wirkung musste nur schon damals derart peinlich erschienen sein, dass Karl Kraus die Szene fast unverändert in *Die letzten Tage der Menschheit* übernahm.

Literatur: Heinrich Klenz: „Schelten-Wörterbuch. Die Berufs-, besonders Handwerkerschelten und Verwandtes", Straßburg 1910, S. 149; „Treffer. Ein reiner Tisch ist das beste Möbelstück", in: „Die Presse", Beilage „Spectrum", 7./8. 8. 1999 (Auflösung ebd. 14./15. 8. 1999).

Schleimer

Der Familienname Schleimer ist von „herumschleimen" abzuleiten.

Auf der österreichischen Telefonbuch-CD der Firma *Herold* findet man rund 50 Eintragungen des Familiennamens Schleimer. Doch mit „herumschleimen" hat dieser Name nichts zu tun. Wer so heißt, kann für sich in Anspruch nehmen, dass er sich „schleunt", das heißt stets beeilt (man denke an „schleunigst"). Aus dem Mundartausdruck „Schleuner" wurde schließlich der missverständliche „Schleimer".

Dass Eigenschaften von Menschen zu Familiennamen werden, ist keine Seltenheit. Unter Maser und Mäser stellte man sich ursprünglich einen knorrigen Menschen vor, Megerle ist eine deutsche Koseform für jemanden, der ganz mager ist, Koranda ist der Übername für einen Mann mit rauer Wesensart, abzuleiten von tschechisch *korý* (= hart, rau).

Literatur: Maria Hornung: „Lexikon österreichischer Familiennamen", Wien 2002, S. 121.

Schmachtfetzen

Der Ausdruck „Schmachtfetzen" stammt aus der Musikbranche.

Der Ausdruck „Schmachtfetzen" hat seine Wurzel nicht in der Musikbranche, sondern im religiösen Brauchtum. Vor allem im 15. und 16. Jahrhundert wurde in der Fastenzeit vor dem Chor ein Tuch aufgehängt, das mit Passionsszenen bemalt oder bestickt war. Oft wurde mit einem derartigen Tuch auch der Altar verhüllt.

In Anspielung auf die Fastengebote sprach man bald von einem „Hungertuch". Daraus entstand die Redewendung „am Hungertuch nagen" (= sich sehr einschränken müssen, Not leiden).

Ein anderer Ausdruck für dieses Tuch war „Schmachtfetzen", wobei „Schmacht" im Norden Deutschlands auch heute noch so viel wie „starker Hunger" bedeutet. Wir hingegen kennen eigentlich nur das Zeitwort „schmachten".

Dieses hat neben der klassischen Bedeutung „Hunger oder Durst leiden" auch die übertragene Bedeutung „sich schmerzlich nach einem geliebten Menschen sehnen". Womit es nahe lag, ein rührseliges Werk aus der Film-, Schlager- oder Buchbranche als „Schmachtfetzen" zu bezeichnen. Wir in Österreich verstehen darunter vor allem ein rührseliges Musikstück, eines, in dem sich der Sänger nach seiner Geliebten sehnt.

Literatur: Lutz Röhrich: „Lexikon der sprichwörtlichen Redensarten", 5. Auflage, Freiburg–Basel–Wien 1994, S. 1373 u. 769 ff.

Schmalzwuchtel

Schmalzwuchteln sind eine Mehlspeise.

Eine Buchtel (auch Wuchtel) ist eine mit Powidl (= Pflaumenmus) gefüllte Mehlspeise, die meist mit Vanillesauce serviert wird. Es geht auf tschechisch *buchta* zurück und entspricht der bayerisch-oberösterreichischen Dampfnudel.

Im Zuge der Fernsehsendung *Starmania* hat der junge Schallplattenboss und frühere Ö3-Chef Bogdan Roščić erklärt, wie man im Österreichischen Rundfunk jene Popsongs nennt, die für das Ohr recht schmalzig klingen, aber mit voller Wucht beim Publikum einschlagen: „Schmalzwuchteln". Der Ausdruck ist also aus einer Verbindung von „Wucht" mit „Wuchtl" („Buchtl") entstanden, wobei dann noch das „Schmalz" hinzukam, weil es sich um recht schmalzige (= übertrieben gefühlvolle, sentimentale) Songs handelt.

„Wuchteln" nennt man auch jene schlagkräftigen und teils derben Bonmots, für die der Kabarettist und Schauspieler Roland Düringer bekannt ist. Nicht vergessen werden soll hier der Ausdruck „Wuchtel" für Fußball.

Schmierage

Das Wort „Schmierage" gibt es auch im Französischen.

Es war in früheren Zeiten eine Marotte der Studenten, deutschen Wörtern ein französisches Aussehen zu verpassen. Zu den zahlreichen Wörtern, die so entstanden sind, gehört „Schmierage" (= Schmiererei, Geschmiere), „Fressage" (= schlechtes Essen) und „Spendage" (= Spende, Gratiskost).

Auch das Wort „Stellage" (= Regal) gehört hierher. In der Gaunersprache bedeutet dieser Ausdruck „Figur", „Gestalt", „Situation".

Der Begriff „Bammelage" (= männliches Geschlecht) erinnert an das Hin- und Herbaumeln eines Pendels.

Schmiere stehen

Der Ausdruck „Schmiere stehen" (= Wache halten) hat mit „Schmiere" (= Fett) zu tun.

Die Wendung „Schmiere stehen" für „Wache halten, aufpassen" hat nichts mit „Fett" zu tun, sondern ist aus dem hebräischen Wort *schemîrâh* (= Beaufsichtigung, Bewachung) über das Rotwelsche zu uns gelangt.

Wir haben es also mit einem Produkt der Volksetymologie zu tun. In Anlehnung an den Gedanken, dass es sich bei „Schmiere" ja auch um Fett handeln könnte, gab es früher in der Gaunersprache die verschleiernden Ausdrücke „Käse (Kas) stehen" und „Butter stehen".

Die „Schmier" (weiblich) bezeichnet „Wache", „Bewachung", „Polizei(aufsicht)", während die Variante der „Schmier" (männlich) für den „einzelne Polizisten" steht.

Literatur: Louis Günther: „Die deutsche Gaunersprache und verwandte Geheimsprachen", Leipzig 1919, Nachdruck: Wiesbaden 1965, S. 92.

Schmutzer

Der Familienname „Schmutzer" hat etwas mit „Schmutz" zu tun.

Der Name „Schmutzer" wird völlig zu Unrecht in den Schmutz gezogen, zumal er sich von einem mittelhochdeutschen Zeitwort *smutzen* (= lächeln) herleitet.

Somit erklärt uns die bundesdeutsche Philologin Heike Olschansky den Namen als einen Überbegriff für einen „Lächler" oder eine Person „mit wie zum Küssen gespitztem Mund".

Verwandt ist das Wort „schmunzeln" – hier würde wohl niemand an einem Zusammenhang mit „lächeln" zweifeln.

Literatur: Heike Olschansky: „Täuschende Wörter. Kleines Lexikon der Volksetymologien", Stuttgart 1999.

Schnapsen

Dieses Kartenspiel heißt so, weil meist um ein Glas Schnaps gespielt wird.

Jenes Kartenspiel, das wir heute Schnapsen nennen, soll erstmals 1652 in Westfalen gespielt worden sein, und zwar in einer Gaststätte in Paderborn. Heute steht dort ein Bankhaus und ein Gedenkstein erinnert an das Ereignis. Später, 1715, wird in einem in Leipzig erschienenen *Frauenzimmer Lexicon* ein Spiel erwähnt, das „Mariage" (= Heirat) genannt wird und dem Schnapsen ähnlich ist. Dabei handelt es sich offensichtlich um das erste schriftliche Zeugnis eines Spiels dieser Art.

Jedenfalls hat sich das Kartenspiel rasch verbreitet: Einmal nannte man es „Sechsundsechzig", weil diese Punkteanzahl zum Sieg notwendig ist, dann wieder „Mariage", weil man mit Dame und König eine „Heirat" ansagen kann, was 20 bzw. 40 Zusatzpunkte einbringt, dann wieder „Paderbörnern", nach dem Herkunftsort. Ähnliche frühe schriftliche Zeugnisse aus dem Gebiet des heutigen Österreich sind nicht zu finden.

Die Entstehungsgeschichte wird in Kartenspielebüchern so beschrieben: Weil die Polizei immer wieder gegen das Spielen um Geld einschritt, das Spielen um eine Konsumation – zum Beispiel um ein Stamperl Schnaps – aber erlaubt war, habe sich der Name Schnapsen eingebürgert.

Das ist falsch. Die Mundartforscherin Maria Hornung leitet das Wort von „schnappen" ab: eine Karte stechen und den Stich an sich nehmen. Da vor allem Zweier-Schnapsen ein sehr schnelles Spiel ist, wo innerhalb kürzester Zeit gestochen und vom Talon abgehoben wird, ist diese Erklärung gut nachvollziehbar.

Literatur: Horst Friedrich Mayer: „Lexikon der populären Irrtümer Österreichs", Wien–Frankfurt/Main 2001, S. 217 f.; Johannes Bamberger: „Schnapsen", Perlen-Reihe, 11. Auflage, Wien o. J.; wer im Internet schnapsen will, geht zu http://www.webschnapsen.at.

Schöberl

Ein Hofkoch namens Schöberl ist der Erfinder der Schöberlsuppe.

Der Autor, Regisseur, Kabarettist und Schauspieler Ernst Waldbrunn war und ist *der* „Herr Schöberl" – ein Name, der schon zu Zeiten der Monarchie ein geflügeltes Wort war. Daneben gibt es auch noch die Schöberlsuppe. Hat ein Hofkoch namens Schöberl das Rezept dieser Suppe kreiert?

Peter Wehle nennt zwei mögliche Erklärungen für den Begriff Schöberlsuppe: „In einem Kochbuch fand ich einen Herrn Schöberl, einen Hofkoch, der sie erfunden haben soll. In einem alten Kalender, in dem sie für das Montagsmenü empfohlen wird, heißt es: ‚Das für diese Suppe componierte Backwerk wird mit einem kurzen Schub in den Ofen befördert und ist deshalb Schöberl benannt.'"

Da mir die Geschichte vom „Herrn Schöberl" verdächtig vorkam, habe ich zur Sicherheit das *Mittelhochdeutsche Handwörterbuch* aufgeblättert. Dort fand ich das Hauptwort *schober* (= Haufen), und „Schöberl" ist eine Verkleinerungsform davon.

Rund um den Begriff „Schöberl" gibt es jede Menge Redensarten. Ignaz Franz Castelli vermerkt in seinem *Wörterbuch der Mundart in Oesterreich unter der Enns* die Redensart „*höb dih*

Ernst Waldbrunn als „Herr Schöberl".

Schöbarl" für „hebe dich von dannen" und führt neben der grundsätzlichen Bedeutung „eine Gattung Mehlspeise" auch noch „eine mißgestaltete schlechte Weiberhaube" an. Im *Bayerischen Wörterbuch* findet sich die Phrase *„Heb dich Schöberl, pack dich Schmarn"* als „österreichische Redewendung". Dies ist als Hinweis darauf zu verstehen, dass das Schöberl oben auf der Suppe schwimmt, während sich der Schmarrn setzt.

Leopold Schmidt wartet in dem Bändchen *Sprichwörtliche deutsche Redensarten* mit *„Heb di Schöberl, sunst bleibst a Dålkn!"*

auf. Auch die Variante „*Heb die Laberl, sunst bleibst a Dålkn!*" ist gebräuchlich.

Ein „Dalken" ist eine feine Mehlspeise aus Germteig, die in der Dalkenpfanne herausgebacken wird. Oder es handelt sich um ein missglücktes Gericht dieser Art – wenn der Teig „sitzen geblieben ist". Der Ausdruck „Dalken" ist dem Tschechischen *vdolky* entlehnt, einer Nebenform zu *dolek* (= kleine Mulde).

Der Familienname „Schöberl" ist übrigens ein Übername für einen Kleinbauern, der lediglich einen kleinen (Heu-)Schober besitzt – so wie etwa „Ackerl" ursprünglich den Besitzer eines kleinen Ackers ausweist und „Höchtl" so viel wie „kleiner Hecht" bedeutet.

Literatur: Ignaz Franz Castelli: „Wörterbuch der Mundart in Oesterreich unter der Enns", Wien 1847, S. 249; Andreas J. Schmeller: „Bayerisches Wörterbuch", 2. Auflage bearbeitet von G. K. Frommann, 2 Bände, München 1872-1877, Nachdruck: München 1996, 2. Bd., Sp. 362; Leopold Schmidt: „Sprichwörtliche deutsche Redensarten", Wien 1974, S. 119 f.; Peter Wehle: „Sprechen Sie Wienerisch? Von Adaxl bis Zwutschkerl", Nachdruck der erweiterten und bearbeiteten Neuausgabe aus 1981, Wien 2003, S. 52 u. 269.

Schoitl

Schoitl ist nur ein Familienname.

Das glauben vielleicht manche, die den Namen nur aus Ernst Hinterbergers *Kaisermühlenblues* kennen, wo zwei vertrottelte Bezirksräte ihr Unwesen treiben. Der eine heißt Gneißer, obwohl er nie etwas gneisst (= begreift) – er ist für die SPÖ tätig. Der andere heißt Schoitl – ein kleiner Gewerbetreibender, der mehr schlecht als recht für die ÖVP wirbt.

Allerdings wird man in Österreich keinen Menschen finden, der Schoitl heißt. Denn es handelt sich hierbei nicht um einen Familiennamen, sondern um ein in Wien gebräuchliches Schimpfwort.

Das Wort entstammt dem jiddischen *schójte* und bedeutet dort „Narr, einfältiger Mensch, Tölpel". Der Ausdruck „Schaute" war in früheren Jahrhunderten in der Gaunersprache gang und gäbe. Die Variante „Schoitl" ist vermutlich erst im Wien der 1950er-Jahre entstanden, zumal damals in der Schülersprache neue Schmähwörter auftauchten bzw. alte wieder zum Vorschein kamen, wie beispielsweise „Dilo" oder „Detlev".

Übrigens möchte ich darauf pochen, bei der Verbreitung des Begriffes „Schoitl" in meiner Jugend aktiv beteiligt gewesen zu sein, wobei in unserer damaligen Vorstellung auch der „Scheitel" mit im Spiel war. Denn ein „Schoitl" war in den Augen von uns „bösen Buben" ein allzu braver, allzu sittsamer, allzu botmäßiger Bursche, der, nicht anders als der „Dilo", ein recht schlichtes Gemüt hatte. Noch dazu war er adrett gekleidet und trug einen schnurgeraden Scheitel, kurzum, er war ein Bravling, den alle Lehrer liebten.

Natürlich hat Ernst Hinterberger den Namen Schoitl nicht zufällig gewählt. Er trat damit in die Fußstapfen berühmter Schriftsteller, die eine Figur nach ihrer wichtigsten Eigenschaft benannten – wie wir dies auch in vielen Nestroy-Possen beobachten können.

Eine andere Figur im *Kaisermühlenblues*, der „Herr Schebesta", hat einen Hund, der auf den Namen „Bezirksrat" hört, was kleinere und größere Missverständnisse verursacht und die beiden Lokalpolitiker noch weiter verunglimpft.

Das gleiche Prinzip verwendete im 19. Jahrhundert der umtriebige, vielseitige und schalkhafte Freigeist Ignaz Franz Castelli. Es war damals die Zeit, als Fürst Metternich in Wien ein strenges Regiment führte und Josef Graf Sedlnitzky als Chef der „Obersten Polizei- und Zensurhofstelle" die Kulturschaffenden drangsalierte.

Der Tierfreund Castelli besaß zwei Hunde, mit denen er oft und gern „äußerln" ging, um sie lautstark beim Namen zu rufen oder zu schelten. Die Hunde hörten auf „Sedl" und „Nitzky".

Literatur: Ignaz Franz Castelli: „Memoiren meines Lebens", 2 Bände, München 1861, Bd. 1, S. 283 ff.

Schübling

Der Begriff „Schübling" (= Schubhäftling) ist jüngeren Datums.

Im Beamtenjargon der Wiener Polizei werden illegal eingereiste Personen, die abgeschoben werden sollen, als „Schüblinge" bezeichnet. Dies ist eine Kurzform für „Schubhäftling".

Der Schriftsteller und Essayist Robert Menasse schreibt in seinem Buch *Erklär mir Österreich:* „Der ‚Schübling' ist kein Fisch, aber für manche Menschen ist er doch gleichsam ein Lebensmittel. Es gibt eine Fastfood-Kette mit dem Namen *Köstli.* Eine *Köstli-*Filiale befindet sich in der Karlsplatzpassage, wo sich die ‚Giftler' treffen. Man erhält dort allerlei Würste, belegte Brote, Pommes – und ‚Schüblinge'. Dieses nicht besonders mundgerechte, aber sehr billige Gericht, ist bei der *Köstli-*Kundschaft äußerst beliebt. Der Mann hinter der Theke (…) erklärt: ‚Schüblinge immer gleich weg. Auch Polizisten von Wachstube do fressen am liebsten Schüblinge.'"

Was Menasse nicht schreibt, aber wohl weiß: „Schübling" ist eine in Vorarlberg gebräuchliche Bezeichnung für eine Wurst. Das *Vorarlbergische Wörterbuch* erklärt das Nahrungsmittel „Schübling" als „geräucherte Wurst, ähnlich einer Knackwurst".

Daneben bedeutet „Schübling" in der Polizei- und Gaunersprache so viel wie Schubhäftling. Die Vermutung Menasses, dass dieser Begriff „von Innenminister (Karl) Schlögl und seinen Beamten medial verbreitet wurde", ist so falsch nicht. Es war der Wiener Polizeipräsident Peter Stiedl, der am 3. Mai 1999 in einem Fernsehinterview das Wort „Schübling" verwendete, worauf sofort ein Sturm der Entrüstung aufbrandete.

Allerdings ist der Begriff Schübling keineswegs jüngeren Datums, wie allgemein angenommen wird. Die ältesten Belegstellen stammen aus der ersten Hälfte des 19. Jahrhunderts. Im *Bayerischen Wörterbuch* findet sich folgende Eintragung: „Der Schub, die Lieferung der Delinquenten von einer Gerichtsstelle zur anderen, welches gewöhnlich zu Wagen geschieht; besonders nennt man heutzutage also die Policeyfuhr, auf welcher verdächtige oder berufslose Leute in ihre Heimat oder außer Landes geschafft werden. Der Schübling, Person, welche dergestalt weitergeschafft wird." Als Beispielssatz kann man lesen: „Am 29. May 1848 verfügt Policeydirector Baron Pechmann gegen 165 widerspenstige Schuhmachergesellen die Aufgreifung und ‚Verschubung‘ in ihre Heimat." Offensichtlich hatten sich die ausländischen Handwerker allzu eifrig an der Revolution beteiligt.

Ende des 18. Jahrhunderts fand zweimal jährlich eine „Abschiebung aller in Österreich aus den Reichslanden eingedrungenen und aufgegriffenen Landstreicher nach Schwaben" statt. Diese Aktion wurde, wie Louis Günther in seinem Buch *Das Rotwelsch des deutschen Gauners* vermerkt, „Wiener Schub" genannt.

Kehren wir zurück in die Gegenwart: „Schübling" wurde von einer Jury aus Journalisten und Wissenschaftlern zum „Unwort des Jahres 1999" gewählt. In der Begründung des Germanistik-Instituts der Universität Graz wird darauf hingewiesen, dass „Schübling" zwar gleichbedeutend mit „Schubhäftling" sei, aber eine viel stärkere Entpersonalisierung, ja Verdinglichung und Verniedlichung der so bezeichneten Person ausdrückt. Auch würde eine negative Zusatzbedeutung wie „Rohling", „Widerling" oder „Lüstling" mitschwingen.

Ein Irrtum aus sprachwissenschaftlicher Sicht. Erstens enthält das zusammengesetzte Wort „Schubhäftling" genauso die Endsilbe -ing wie das Wort „Schübling", zweitens ist diese Endsilbe in der deutschen Sprache nicht immer mit einer Abwertung verbunden, wie die Begriffe „Liebling", „Zwilling" oder „Schmetterling" beweisen.

Literatur: Horst Friedrich Mayer: „Lexikon der populären Irrtümer Österreichs", Wien–Frankfurt/Main 2001, S. 278; Robert Menasse: „Erklär mir Österreich", Frankfurt/Main 2000; Andreas J. Schmeller: „Bayerisches Wörterbuch", 2. Auflage bearbeitet von G. K. Frommann, 2 Bände, München 1872–1877, Nachdruck: München 1996, 2. Bd., Sp. 360; Leo Jutz: „Vorarlbergisches Wörterbuch mit Einschluß des Fürstentums Liechtenstein", 17. Lieferung, Wien 1962, Sp. 1055 f.; Louis Günther: „Das Rotwelsch des deutschen Gauners", Straßburg 1905, S. 59 ff.

Schureln

Das Zeitwort „schureln" – mundartlich SCHUA(R)LN – ist nach dem hl. Georg gebildet.

Diesen besonders amüsanten Irrtum verdanken wir Peter Wehle. In *Sprechen Sie Wienerisch?* finden wir zunächst den Hinweis, dass der hl. Georg oft als Ritter mit Helm dargestellt wird. Deshalb sei es Brauch, einen Polizisten oder Feuerwehrmann als „Schurl mit der Blechhaub'n" zu bezeichnen. Wahrscheinlich habe auch das Zeitwort „umeinanderschureln" (= laufen, eilig sein) mit dem hl. Georg zu tun.

Aber damit nicht genug. In einer noch abenteuerlicheren „historischen Erklärung" stellt Wehle eine Verbindung zum Spanischen Erbfolgekrieg her. Die englischen Grenadiere seien „Schurln" genannt worden, weil sie unter Georg I. dienten. Sie mussten schnell nach vorne *schurln*, ihre Granate werfen, und – um von dieser nicht getroffen zu werden – wieder an ihren ursprünglichen Ort *zurückschurln*.

In der Tat ist „schureln" – mundartlich *schua(r)ln* – ein altes Zeitwort, das so viel wie „schnell bewegen" bedeutet. Es ist entstanden aus „schuren" (= sprudeln), wobei die Weiterbildung mit *l* ein „Hin und Her", „Auf und Ab", „Kreuz und Quer" andeutet.

Die lautmalende Doppelform „Schuri-Muri" (= Sprudelköpfchen, kleiner Polterer) ist ein Scherzausdruck für ein besonders lebhaftes Kind.

Literatur: Peter Wehle: „Sprechen Sie Wienerisch? Von Adaxl bis Zwutschkerl", Nachdruck der erweiterten und bearbeiteten Neuausgabe aus 1981, Wien 2003, S. 73 u. 271.

Schützenkogel

Der Schützenkogel hat etwas mit den Tiroler Schützen zu tun.

Der Schützenkogel liegt östlich von Jochberg im Raum Kitzbühel. Er hat nichts mit den traditionellen Schützen zu tun. Der Name leitet sich von „herabschießenden" (= herabstürzenden) Geröllhalden ab.

Schweinigeln

Das Zeitwort „schweinigeln" hat nichts mit Igeln zu tun.

Natürlich nicht – denn es gibt kein Tier, das „Schweinsigel" heißt! Diese Antwort werden Sie von jedem Zoologen bekommen, dem Sie diese Frage stellen. Nur Menschen sind Schweinigeln, und zwar dann, wenn sie einander obszöne Witze erzählen.

Doch ein Blick in den neunten Band des *Grimm'schen Wörterbuchs*, erschienen 1899, belehrt uns eines Besseren. Dort kann man unter dem Stichwort „Schweinigel/Schweinsigel" unter anderem lesen:

– einige haben die Igel nach der Bildung ihrer Schnauze unterschieden in „Hundsigel" und „Schweinigel"

– auch das Stachelschwein wird von einigen als „Schweinigl" bezeichnet

– Schimpfwort für einen „säuischen und unzüchtigen Menschen".

Wer im Internet surft, stößt auf Websites von Igelforschern, welche die Begriffe „Schweinsigel" und „Hundsigel" noch immer verwenden. Freilich verstehen sie darunter keine Igelart. Sie erwähnen

„Schweinsigel" als eine volkstümliche Bezeichnung für die ausgefressenen Igel vor Beginn des Winterschlafs. Durch ihren Fettpolster haben sie rundliche Formen.

Während des Winterschlafs sind die Körperfunktionen der Igel auf ein Minimum herabgesetzt und sie verlieren 20 bis 40 Prozent ihres Körpergewichts. Wachen die Igel im Frühjahr ausgezehrt auf, nennt man sie „Hundsigel".

Auf einer anderen Website wird ebenfalls der Behauptung nachgegangen, ob es zwei Igelarten gibt, die mit einem Schwein und mit einem Hund verglichen werden. „Der ‚Hundsigel' soll eine steile Stirn haben, der ‚Schweinsigel' hingegen eine flache Stirn. Ersterer besitzt eine stumpfe Schnauze und letzterer eine spitze Schnauze. In Wahrheit handelt es sich um denselben Igel, einmal im erschreckten Zustand mit aufgerichteten Stirnstacheln und eingezogenem Kopf und das andere Mal im wissbegierigen Zustand mit angelegten Stacheln und vorgestrecktem Kopf."

Die Wörter „schweinigeln" und „Schweinigelei" haben also mit einer uralten Vorstellung zu tun, dass es auch Tiere dieses Namens gibt.

Literatur: Friedrich Kluge: „Etymologisches Wörterbuch der deutschen Sprache", 23., erweiterte Auflage, bearbeitet von Elmar Seebold, Berlin–New York 1999, S. 749; „Deutsches Wörterbuch von Jacob und Wilhelm Grimm", Leipzig 1854–1971, Nachdruck: München 1991, 33 Bände, 15. Bd., Sp. 2448; Internet: http://www.nabu-gross-zimmern.de/downloads/herbstwanderung02.pdf; http://www.pro-igel.de/wissen/wissen1/wissen1.htm#winterschlaf; http://igelhelfer.chinchillatreff.de/1geruechte.htm; http://www.igelhilfe.de/faq2.htm.

Schweizerhaus

Das „Schweizerhaus" im Wiener Prater heißt so, weil es von Schweizern gegründet wurde.

Das „Schweizerhaus" ist ein beliebtes Gartenrestaurant im Wiener Prater, wo Schweinsstelzen (= Eisbein) serviert werden. Der Name leitet sich ab von einer früheren „Schweizer Meierei", die schon 1868 eröffnet wurde. Von 1907 bis 1920 führte ein gewisser Jan Gabriel die Gaststätte, ehe der legendäre Karl Kolarik das „Schweizerhaus" übernahm und zu einem kulinarischen Wahrzeichen Wiens machte.

Mit der Schweiz oder mit Schweizern hat weder die „Schweizer Meierei" noch das „Schweizerhaus" etwas zu tun. Jahrhunderte hindurch war die Schweiz ein Symbol für Reichtum und für gepflegte (und opulente) Gastronomie, und von daher kommt die Namensgebung.

Zeitgenössische Darstellung des „Schweizerhauses", Wiener Prater, 1872.

Aus diesem Grund nannte auch der Hotelier Fritz Hartwieger sein in Dornbach etabliertes Hotel mit angeschlossenem Restaurant „Wiener Schweiz". Wie man einer Einschaltung des *Wiener Almanach* aus dem Jahre 1909 entnehmen kann, gab es von Mai bis Oktober Backhühner und in den restlichen Monaten des Jahres lud man zum fröhlichen Ganslessen.

Aus Dankbarkeit für die Schweizer Hilfslieferungen nach dem Ersten Weltkrieg wurde der Park neben dem Südbahnhof umbenannt – von „Maria-Josefa-Park" in „Schweizer Garten".

Literatur: Hans Pemmer/Nini Lackner: „Der Prater", Wien 1974; Felix Czeike: „Historisches Lexikon Wien", 5 Bände, Wien 1992–1997, 5. Bd., S. 182; siehe auch die Informationen unter http://www.schweizerhaus.at sowie http://www.kolarik.at.

Seicherl

Das Schmähwort „Seicherl" hat etwas mit einem Sieb zu tun.

Natürlich glaubt man beim ersten Hinschauen, dass die abwertende Bezeichnung „Seicherl" (= ängstlicher, feiger, kriecherischer Kerl) mit „seihen" (= sieben) etwas zu tun hat. Ein „Seicherl" ist ja auch ein kleines Sieb.

In der Tat hat das Schmähwort „Seicherl" mit dem gleich lautenden Küchenutensil nichts zu tun. Auf die richtige Spur bringt uns das *Vorarlberger Wörterbuch* – es führt neben dem mundartlichen Zeitwort „seichen" (= harnen, urinieren) auch den Ausdruck „Seicher" (= Pisser, unreifer, feiger, unzuverlässiger Bursche) an.

Auch in Wien kennen wir das Zeitwort, wobei wir aber im Scherz lieber die ländliche Form *soachn* als die wienerische *sachn* verwenden.

Das „Seicherl" ist also wörtlich genommen als „kleiner Brunzer" zu verstehen, doch klingt „Seicherl" im Osten Österreichs um so vieles harmloser.

In Vorarlberg hingegen wird das Zeitwort „seichen" um vieles derber empfunden als „brunzen", das sich von *brunnetzen*, einem Intensivum zu „brunnen" (= Wasser lassen, harnen), herleitet.

Literatur: Leo Jutz: „Vorarlbergisches Wörterbuch mit Einschluß des Fürstentums Liechtenstein", 18. Lieferung, Wien 1962, Sp. 1129 f.; Otto Jungmair/Albrecht Etz: „Wörterbuch der oberösterreichischen Volksmundart", 6., unveränderte Auflage, Linz 1999, S. 268.

Sempern

„Sempern" (= jammern, wimmern) kommt von lat. semper (= immer).

Die immer wieder vermutete „direkte" Herleitung des Zeitwortes „sempern" von einem lateinischen Umstandswort *semper* (= immer) ist schon von der Bedeutung her zum Scheitern verurteilt.

Ebenso unmöglich ist die unter den Philologen weit verbreitete Ansicht, das Zeitwort „sempern" (= wimmern, ständig und jammernd bitten) leite sich ab von einem mittelhochdeutschen Eigenschaftswort *sentbaere* (= berechtigt am *sende* teilzunehmen). Zu diesem Irrtum, der auch von Peter Wehle verbreitet wurde, führte der Denkfehler, dass man eine Verbindung mit dem Zeitwort „senden" (= schicken) herstellen wollte.

Das mittelhochdeutsche Hauptwort *sent* hat freilich mit diesem Zeitwort nichts zu tun, zumal es die Bedeutungen „Senat, Versammlung, Reichstag, Sittengericht" hat. Mit der Position eines solchen Ratsmitglieds war es sicherlich unvereinbar, zu wimmern und zu betteln.

Die Lösung finden wir im *Bayerischen Wörterbuch*. Hier stoßen wir auf ein mundartliches (und lautmalendes) Zeitwort *semmern* (= wimmern, winseln), das durch den Starklaut *p* im Wienerischen zu „sempern" verstärkt wird und auch in den Wörterbüchern Kärntens, der Steiermark und Tirols vermerkt ist.

In gleicher Weise ist aus dem Zeitwort „schlemmen" (= besonders gut und reichlich essen und trinken) das mundartliche „schlempern" (= hastig trinken) geworden.

Literatur: Friedrich Kluge: „Etymologisches Wörterbuch der deutschen Sprache", 23., erweiterte Auflage, bearbeitet von Elmar Seebold, Berlin–New York 1999, S. 757; Andreas J. Schmeller: „Bayerisches Wörterbuch", 2. Auflage bearbeitet von G. K. Frommann, 2 Bände, München 1872–1877, Nachdruck: München 1996, 2. Bd., Sp. 281; Matthias Lexer: „Kärntisches Wörterbuch", Leipzig 1862, Nachdruck: Vaduz 1998, Sp. 231; Nabil Osman: „Kleines Lexikon untergegangener Wörter", 6. unveränderte Auflage, München 1992, S. 186; Peter Wehle: „Sprechen Sie Wienerisch? Von Adaxl bis Zwutschkerl", Nachdruck der erweiterten und bearbeiteten Neuausgabe aus 1981, Wien 2003, S. 273.

Sessel

Ein Sessel ist ein Sessel – egal, ob man in Österreich oder in Deutschland darauf Platz nimmt.

Das Wort „Sessel" wird im deutschen Sprachraum nicht einheitlich verwendet. Was wir einen Sessel nennen, nennt man in Deutschland Stuhl. Es handelt sich dabei um ein mit vier Beinen, mit einer Rückenlehne und gelegentlich mit Armstützen versehenes Sitzmöbel für eine Person.

Was die Deutschen Sessel nennen, nennen wir Fauteuil. Es handelt sich dabei um ein mit Rückenlehne, gewöhnlich auch mit Armstützen versehenes, meist weich gepolstertes, bequemes Sitzmöbel.

Ein einfaches Sitzmöbel ohne Armstützen und ohne Rückenlehne nennen wir Stockerl, in Deutschland sagt man Hocker dazu.

Die drei Erstplatzierten von Sportveranstaltungen steigen in Österreich aufs Stockerl, in Deutschland aufs Treppchen.

Literatur: Horst Friedrich Mayer: „Das neue Lexikon der populären Irrtümer Österreichs. Weitere Missverständnisse, Vorurteile und Denkfehler. Der zweite Band", Wien–Frankfurt/Main 2002, S. 182.

Simandl

Den Ausdruck „Simandl" verdanken wir einem Pantoffelhelden namens Simon Handl.

In Krems an der Donau soll ein Mann namens Simon Handl gelebt haben, der von seiner Frau regelmäßig verprügelt wurde. Da dieser Brauch angeblich immer mehr um sich griff, sollen sich die Kremser Männer in einer Bruderschaft zusammengeschlossen haben, weshalb man sie von nun an „Simandln" nannte. Angeblich sollen sie auch noch den heiligen Simon zum Schutz angerufen haben – wohl auch des Namens wegen.

Simandl-Brunnen in Krems,
Foto: Austropa.

In der Tat ist „Simandl" eine Verballhornung von „Sie-Mann". Dieser Ausdruck ist schon in einer Satire Adam Schubarts aus dem Jahre 1565 zu finden. Das Pendant zum „Sie-Mann", also zu einem verweiblichten Mann, ist – wie könnte es anders sein – das „Er-Weib".

Literatur: Gustav Gugitz: „Das Jahr und seine Feste im Volksbrauch Österreichs. Studien zur Volkskunde", 2 Bände, Wien 1950, 2. Bd., S. 137–145.

Spanferkel 1

Spanferkel haben ihren Namen von den Holzspänen, über denen sie gegrillt werden.

Das „Span" in „Spanferkel" hat mit einem Holzspan nichts zu tun. Ferkel werden mit drei Monaten schlachtreif; zu diesem Zeitpunkt ernähren sie sich noch von der Muttermilch. Der altdeutsche Ausdruck *spänen* bedeutete „mit Muttermilch versorgen" und *span* war die Zitze.

Literatur: Horst Friedrich Mayer: „Das neue Lexikon der populären Irrtümer Österreichs. Weitere Missverständnisse, Vorurteile und Denkfehler. Der zweite Band", Wien–Frankfurt/Main 2002, S. 186; Heike Olschansky: „Täuschende Wörter. Kleines Lexikon der Volksetymologien", Stuttgart 1999, S. 144; Adolf und Olga Hess: „Wiener Küche", neu bearbeitet von Peter Kirischitz, Wien 2001, S. 306.

Spanferkel 2

Spanferkel werden immer am Spieß gegrillt.

Aus dem zuvor dargestellten Irrtum folgt meist ein weiterer: Wenn wir in einer Speisekarte auf „Spanferkel" stoßen, denken wir sofort an ein im Ganzen gegrilltes Jungschwein – am Spieß, versteht sich.

Ein Wirt, der „Spanferkel" auf die Speisekarte schreibt und damit z. B. einen Schweinsbraten vom Jungschwein meint, bedient sich jedoch einer völlig korrekten Bezeichnung.

Auch der Ausdruck „gegrilltes Spanferkel" ist kein Pleonasmus, sondern eine durchaus notwendige Information für die Gäste.

Literatur: Horst Friedrich Mayer: „Das neue Lexikon der populären Irrtümer Österreichs. Weitere Missverständnisse, Vorurteile und Denkfehler. Der zweite Band", Wien–Frankfurt/Main 2002, S. 186; Adolf und Olga Hess: „Wiener Küche", neu bearbeitet von Peter Kirischitz, Wien 2001, S. 306.

Spazi

Ein Spazi ist ein kleiner Spatz.

Wer etwa in Oberösterreich den Satz „*Ih han koan Spazi mehr*" hört, darf nicht an den kleinen Vogel denken. „Spazi" ist der räumliche oder zeitliche Zwischenraum, abgeleitet von lat. *spatium*.

„Spatium" bedeutet in der Sprache der Lektoren und Setzer auch so viel wie „Abstand zwischen zwei Wörtern".

Literatur: Otto Jungmair/Albrecht Etz: „Wörterbuch zur oberösterreichischen Volksmundart", 6., unveränderte Auflage, Linz 1999, S. 271.

Sprache

Es gibt eine eigene österreichische Sprache.

Zunächst muss man zwischen Dialekt und Standardsprache unterscheiden. Dass es verschiedene Dialekte in Österreich gibt, wird jedem einsichtig sein: Auf dem Boden des österreichischen Staates werden bairische und (in Vorarlberg) alemannische Dialekte gesprochen.

Die Standardsprache in Österreich, also das, was man gemeinhin als österreichische Sprache bezeichnet, ist keine eigene Sprache, sondern nur eine Variante der deutschen Sprache.

Steiermark

Der Name Steiermark ist „echt steirisch".

Das Bundesland Steiermark hat seinen Namen von der oberösterreichischen Stadt Steyr. Das Geschlecht der Otakare, die sich auch als „Traungauer" oder nach ihrer Stammburg „Grafen von Steyr" bezeichneten, gaben dem Land diesen Namen. Die Otakare regierten von 1056 bis 1192 die Steiermark, und die Stadt Steyr gehörte ursprünglich einmal zu diesem Gebiet.

Stibitzen

„Stibitzen" (= Kleinigkeiten stehlen) ist ein „hochwienerischer" Ausdruck.

So ist es schwarz auf weiß auf einer Webseite im Internet zu lesen. Jedoch können wir dies bei allem Stolz auf unser Wienertum nicht so stehen lassen – zumal wir es nicht mit „hochwienerisch", sondern mit „niederdeutsch" zu tun haben.

Bei dem für 1706 erstmals belegten Zeitwort „stibitzen" (= fein und listig Kleinigkeiten stehlen) ist mit Sicherheit an eine Herkunft aus der Studentensprache zu denken, worauf auch Friedrich Kluge hinweist.

Wir können von einem gleich bedeutenden mittelhochdeutschen Zeitwort *stiezen* (= stoßen) ausgehen, das durch die so genannte „b-" oder „bi-Sprache", wie wir sie in ähnlicher Weise aus unserer Kindheit und Schulzeit kennen, „gestreckt" wurde.

Es wurde also – wie wir den Arbeiten des Wiener Germanisten und Keltologen Helmut Birkhan entnehmen können – ein „stitzen" zu „stibitzen" umgemodelt – wie wahrscheinlich auch ein „schlampen" (= schlemmen) zu „schlampampen".

Literatur: Internet: http://www.Janko.at; „Deutsches Wörterbuch von Fr. L. K. Weigand", 5. Auflage, hg. von H. Hirt, 2 Bände, Gießen 1909–1910, 2. Bd., S. 968; Friedrich Kluge: „Deutsche Studentensprache", Straßburg 1895, S. 128; Helmut Birkhan: „Etymologie des Deutschen", Bern–Frankfurt am Main–New York 1985, S. 268; Heinrich Schröder: „Streckformen. Ein Beitrag zur Lehre von der Wortentstehung und der germanischen Wortbetonung", Heidelberg 1906, S. 80.

Stier

Das Eigenschaftswort „stier" hat etwas mit dem Stier zu tun.

Wenn jemand stier ist, dann hat er kein Geld. Aber warum verwenden wir diesen Ausdruck? Weil uns der Stier nachläuft, wenn wir stier sind?

Diese Vermutung finden wir in Julius Jakobs *Wörterbuch des Wiener Dialektes*, das 1929 erschienen ist. Wir können dort lesen, dass das Eigenschaftswort „stier" früher auch noch andere Bedeutungen hatte. Wenn man jemanden als stier bezeichnete, dann war damit gemeint, dass es sich um eine öde oder langweilige Person handelte.

Falsch sind auch die Versuche, das Wort „stier" von „stieren" (= starr blicken) abzuleiten, wie es Peter Wehle tut, oder von „stieren" (= stochern).

Die Lösung ist einfach: Herkunftswort ist das mittelhochdeutsche *sterre* (= starr), das sich in der bairisch-österreichischen Form „stier" wiederfindet.

Die Redensart „stier sein" steht dann etwa für die Varianten „sich nicht fortbewegen, nicht weiterkommen, still stehen, stagnieren, nicht liquid sein".

Hierher passt ein Bonmot des oft in Geldnot befindlichen Schriftstellers und Essayisten Anton Kuh, der sich oft in Geldnot befand: „Was ist nicht paradox? Wenn der Ochs, der Kuh, stier ist."

Literatur: Julius Jakob: „Wörterbuch des Wiener Dialektes mit einer kurzgefaßten Grammatik", Wien 1929, Nachdruck: Dortmund 1980 (= Die bibliophilen Taschenbücher 156), S. 183; Peter Wehle: „Sprechen Sie Wienerisch? Von Adaxl bis Zwutschkerl", Nachdruck der erweiterten und bearbeiteten Neuausgabe aus 1981, Wien 2003, S. 281; Anton Kuh: „Sekundentriumph und Katzenjammer", hg. von Traugott Krischke, Wien 1994, S. 99.

Striezi

Ein „Striezi" war schon immer ein verbrecherischer Zuhälter.

Da bisher alle Herleitungen des Wortes „Striezi" von der irrigen Annahme ausgingen, dass es sich um einen gefährlichen Zuhälter handelt, richteten sich auch die jeweiligen Herkunftswörter danach – wobei hier fast ausnahmslos das italienische *strizzare* (= auspressen) bzw. das tschechische *stryc* (= Onkel, Vetter) herangezogen wurden.

Die Ursache der falschen Herleitung liegt sicher darin, dass Mitte des 19. Jahrhunderts ein Anonymus – wohl in Anlehnung an Begriffe wie *ragazza, pizza, palazzo* – einen italienischen Ursprung vermutete und sich für die Schreibweise „Strizzi" entschloss: Wenn wir jedoch genau hinhören, so haben wir keinen *Schdrittsi* mit kurzem *i,* sondern einen *Schridsi* mit langem *i* vor uns. Da dies schon damals einigen aufgefallen ist, sind beide Schreibarten anzutreffen, „Strizzi" und „Strizi".

Kasperpuppen mit Striezel, um 1800.

Der Mundartforscher Hugo Mareta bezeichnet den „Strizzi (Strizi)" als „feineren Strabanzer" und zitiert aus einem Brief des Jahres 1860 einen „noblen Strizzi". Ähnlich auch Franz S. Hügel, der den „Strizzi" als „feinere Gattung Nichtsthuer und Flaneurs (sic) ohne Zweck" bezeichnet.

Nun gibt es zwar im *Grimm'schen Wörterbuch* keine Etymologie des „Strizi", dafür finden wir beim Wort „Striezel" die Bedeutungen „länglich geformter Körper", „kuchenartiges, längliches Backwerk", „unbeholfener, einfältiger, dummer Mensch".

Damit kommen wir nun zum Triumph weiblicher Intuition über (pseudo)wissenschaftliche Akribie. Denn alle Frauen, die wir gefragt haben – ob Mutter oder Nichtmutter, Dame der Gesellschaft oder Beislwirtin, Germanistin oder Hausfrau – orteten den „Striezi" in der Kindersprache und sprachen von einem kleinen Kind, dem „Faschen-" oder „Wickelkind". Sie haben damit das richtige Ursprungswort spontan erkannt.

Literatur: Sigmar Grüner: „Striezel und Striezi", in: Klagenfurter Beiträge zur Sprachwissenschaft, Jg. 26–27 (2000–2001), S. 53–58.

Stummvoll

Der Familienname Stummvoll hat mit dem Eigenschaftswort „stumm" etwas zu tun.

Der Familienname Stummvoll hat nichts mit dem Eigenschaftswort „stumm" zu tun. Er leitet sich vielmehr von der mittelhochdeutschen Berufsbezeichnung „Stubener" ab.

Im Mittelalter war „Stubener" eine Bezeichnung für den Bader, den Inhaber einer Badestube, der die Aufgaben eines Barbiers, aber auch eines Arztes erfüllte. Wenn die Badestube viel frequentiert war, so nannte man den Inhaber scherzhaft „Stubenvoll".

Außerdem kann der Name Stummvoll mit dem Gedanken „Die Stube ist voller Kinder" in Verbindung gebracht werden. Somit könnte sich hinter dem Namen Stummvoll auch ein kinderreicher Vater verbergen. Ein alter Neujahrsspruch aus Tirol macht dies deutlich:

„I wünsch dir a glückseligs Neues Jahr
das alte ist gar
das neue ist da
eine Stube voller Kinder
ein' Stall voller Rinder
ein' Sack voller Geld
ist schön auf der Welt."

Literatur: Maria Hornung: „Lexikon österreichischer Familiennamen", Wien 2002, S. 130.

Stutzer

Der Stutzer hat seinen Namen von einem Bekleidungsstück.

„Stutzer" nannte man früher einen Modegeck, also einen eitlen Mann, der sich übertrieben modisch kleidet. Damit ist ein Stutzer ziemlich genau das, was man heute noch mit dem Lehnwort „Dandy" umschreibt.

Viele glauben, dass das Wort „Stutzer" von einem Bekleidungsstück gleichen Namens abzuleiten ist: einem knielangen, also eher kurzen, zweireihigen Herrenmantel. Andere äußerten die Vermutung, dass ein gestutzter Backenbart zu dem Begriff führte – beides Attribute eines waschechten Stutzers.

Da aber laut Ingrid Loschek der „Stutzer" als Bezeichnung für den „Kurz-" oder „Automantel" erst in den 1920er-Jahren populär wurde, kann dieses Bekleidungsstück mit der Person gleichen Namens nichts zu tun haben.

Zeitgenössische Darstellung eines Stutzers von Anton Zampis, 1847.

Tatsächlich gibt es den Begriff des Stutzers schon seit dem 17. Jahrhundert. Wir finden in ihm das Hauptwort zum Zeitwort *stutzen*, das die Bedeutungen „steif umherstolzieren, Beachtung heischend einhergehen" hat.

Johann Nestroy skizziert uns in einer Ariette des Zauberspiels *Der gutmütige Teufel oder Die Geschichte vom Bauer und von der Bäuerin* einen Stutzer des Jahres 1851, der schon deutlich sichtbare Züge des späteren Glacéstrizzi und des Gigerls trägt:

„Was Paris Neues bringet,
Die Mode bedinget,
Auf sich alles lad't er,
Ein' Augenzwicker hat er,
Jaquemar'sche Glacé,
D' Guttapercha per se,
Tut d'Madeln anführ'n,
Sein' Schneider anschmier'n,
Zigarr'n-Stumpfln kiefeln,
D' Krawatten ganz bunt,
Hint' noch ein Fanghund –
Ein *ganzer* Stutzer, heißt's üb'rall, is der junge Mann!"

Dieser Text ist reich an zeitgenössischen Anspielungen, die heute nicht mehr gebräuchlich sind. So dürfte „Jaquemar" der Name eines Handschuhmachers aus einer berühmten Hugenottenfamilie sein, die sich im Jahre 1779 in Wien angesiedelt hatte.

„Glacéhandschuhe" waren ein unerlässliches Accessoire des Stutzers und wurden zumeist aus Paris importiert. Der Wiener Satiriker Moritz G. Saphir vermerkt dazu in seinem etwa 1830 erschienen *Conversations-Lexikon für Geist, Witz und Humor:* „Ein Wiener Dandy trägt so enge Glacéhandschuhe, daß er die ganzen Hände voll Hühneraugen hat."

„Guttapercha per se" ist wohl eine Umschreibung für einen „Lackaffen". Die aus dem Malaiischen stammende „Guttapercha" (gesprochen *guttabertscha* = „Gummiharz") ist der verdickte Milchsaft, der aus dem Baum *Thonandra gutta* gewonnen und zum Lackieren und Imprägnieren der Handschuhe verwendet wurde.

Der *Fanghund*, der bislang in keinem Wörterbuch des Wienerischen vermerkt ist, soll wohl auf das Schwänzeln der Frackschöße anspielen, die dem Stutzer „nachwedeln", wenn er auf „Fang" – einem Jägerausdruck für „Beute" – ist. Zu beachten ist dabei, dass der Frack in der Biedermeierzeit als Tagesanzug getragen wurde.

Literatur: Ingrid Loschek: „Reclams Mode- und Kostümlexikon", Stuttgart 1999, S. 445; Felix Czeike: „Historisches Lexikon Wien", 5 Bände, Wien 1997, 3. Bd., S. 343; M. G. Saphir/Adolf Glassbrenner: „Conversations-Lexikon für Witz, Geist und Humor", Dresden o. J. (ca. 1830), 2. Bd., S. 561; „Meyers Konversations-Lexikon", 5. Auflage, Leipzig–Wien 1897.

Taigatzen

Der wienerische Ausdruck „taigatzen" bedeutet „jemandem seine Sorgen mitteilen".

Nach der herrschenden Lehre wird dieses Zeitwort vom jiddischen Hauptwort *dájge* (=Kummer, Sorge) abgeleitet. Eine besonders eigenwillige Etymologie liefert Roland Girtler, der dieses Wort auf den Rotwelschausdruck „steigatts machen" (=koitieren) zurückführt – frei nach dem Motto: „Durch's Reden kommen die Leut' z'samm".

In der Tat dient als Herkunftswort das bairisch-österreichische Zeitwort „tagen" (= verhandeln, unterhandeln; plaudern)". Es begegnet uns beispielsweise in Kärnten in der Bedeutung „unterhandeln, schwatzen".

Zeitwörter, die auf *-zen* oder *-etzen* enden, deuten auf ein „wiederholtes" oder „intensives Tun" hin. Oft wird damit auch zum Ausdruck gebracht, dass es sich um „ruckartige Vorgänge" handelt, um ein Hin- und Herbewegen.

Über ein (ober)österreichisches *toagatzen* gelangen wir zu den wienerisch-jiddischen Varianten *tagatzen* und *taigatzen*. Im Jiddischen wird auch aus dem Dattelbaum ein *taitlbaum* und aus „Hakerl" ein *haikele*.

Literatur: Wir danken Frau Prof. Maria Hornung für den Hinweis, dass ihr ein mündlicher Beleg für das oberösterreichische „toagatzen" vorliegt.

Tatzreiter

Der Name „Tatzreiter" hat mit „Tatze" und „reiten" zu tun.

Dieser Familienname ist vor allem in Oberösterreich, Niederösterreich und in der Steiermark verbreitet. Er enthält das Grundwort „Reiter", welches sich von einem mittelhochdeutschen Zeitwort *reiten* (= rechnen) herleitet. In einem Wörterbuch der steirischen Mundart ist dazu noch das Zeitwort *roatn* mit den Bedeutungen „rechnen, vermuten, überlegen" zu finden. Der erste Bestandteil „Tatz" ist ein altes Wort für „Steuer, Abgabe", in Österreich besonders eine Steuer auf Getränke. Ein „Tatzreiter" war also ein „Steuerberechner".

Der Kurort Bad Tatzmannsdorf hat mit dieser Bedeutung allerdings nichts zu tun. Ihm liegt der ungarische Adelsname „de Tarcsa" zugrunde.

Literatur: Maria Hornung: „Rund um die Volksetymologie", in: „Beharrsamkeit und Wandel. Festschrift für Herbert Tatzreiter zum 60. Geburtstag", Wien 1998, S. 119 ff.; Konrad Maritschnik: „Steirisches Mundart Wörterbuch", unter Mitarbeit von Karl Sluga, Gnas 2000, S. 103.

Techtelmechtel

Das Wort „Techtelmechtel" stammt vom italienischen TECO-MECO ab.

Wie viele Erklärungen haben wir schon gehört oder gelesen: Das Wort „Techtelmechtel" stamme vom lateinischen *tecum-mecum*, nein, vom italienischen *teco-meco* ab (= mit dir/mit mir). Nein, es komme vom tschechischen *tlachy-machy* (= Schwätzerei). Oder hat es vielleicht gar etwas mit „Gemächt" zu tun"?

In der Tat handelt es sich um eine Doppelform wie „Schicki-micki", „Schorlemorle", „Schurimuri" „Heckmeck" oder „Kuddelmuddel" – der Reiz liegt in der Verdoppelung und in den meisten Fällen hat nur der erste Teil des Wortes eine Bedeutung.

Der Pionier der österreichischen Mundartforschung, Johann Willibald Nagl, bemerkt in den *Deutschen Mundarten,* dass solche Doppelformen einen Begriff verstärken bzw. ein „Durcheinander" und ein „Geräusch" ausdrücken, oft auch ein „Hin und Her". Viele dieser Doppelformen werden auch gerne abfällig gebraucht.

Nun zu unserem Beispiel: Das Zeitwort „techteln" bedeutet in der Mundart so viel wie „gleichförmig und gedankenlos dahinreden". Daraus wurde durch Verdoppelung das Hauptwort „Techtelmechtel" mit der Bedeutung „Geplauder, Durcheinander, geheime Liebesbeziehung".

Es gibt auch Doppelformen mit wechselndem Vokal wie z. B. „Mischmasch" oder „bim-bam".

Literatur: Kurt Krüger-Lorenzen: „Deutsche Redensarten und was dahinter steckt", 12. Auflage, 1. Auflage der Taschenbuchausgabe, München 2001, S. 265; Johann Willibald Nagl: „Deutsche Mundarten. Zeitschrift für Bearbeitungen des mundartlichen Materials", 2 Bände, Wien 1895–1901, Nachdruck: Wiesbaden 1973, 1. Bd., S. 349; „Wörterbuch der bairischen Mundarten in Österreich", hg. von der Österreichischen Akademie der Wissenschaften, Wien 1964 ff., 29. Lieferung, Wien 1991, Sp. 1225 ff.; A. J. Storfer: „Im Dickicht der Sprache", Wien 1937, Nachdruck: Berlin 2000, S. 22.

Telfs

Die Einwohner von Telfs nennt man Telfser.

Nein, die Bewohner der Oberländer Marktgemeinde, wo regelmäßig Volksschauspiele stattfinden, heißen Telfer. In Tirol gibt es zahlreiche Beispiele solch sprachlicher Eigenheiten: In Fulpmes leben die Fulpmer, in Tarrenz die Tarrenter, in Zams die Zammer. Vermutlich handelt es sich dabei um uralte Ortsnamen aus vordeutscher Zeit.

Anders sieht die Sache bei auf -s endenden niederösterreichischen Ortsnamen wie Bernhards aus. Hier ist eindeutig erwiesen, dass es sich um Genitivformen handelt, wobei der zweite Teil des Ortsnamens als unnötig empfunden wurde und deshalb allmählich in Vergessenheit geriet.

Bernhards hieß ursprünglich *Pernhartsreut*, später wurde daraus *Pernharts*. Namen auf *-reith*, *-schlag* und *-schwend* treten immer wieder auf – sie deuten an, dass hier durch Rodung neues Siedlungsgebiet geschaffen wurde. Später verlor der zweite Teil des Ortsnamens seine unterscheidende Funktion, weshalb man ihn wegließ.

Auf ähnliche Weise ist aus *Fridbrehtesstorf* zunächst *Fribrechts* und schließlich Friebritz entstanden.

Literatur: Horst Friedrich Mayer: „Lexikon der populären Irrtümer Österreichs", Wien–Frankfurt/Main 2001, S. 237; Elisabeth Schuster: „Die Etymologie der niederösterreichischen Ortsnamen", 3 Bände, Wien 1989–1994, 1. Bd., S. 118–119; für Hinweise auf den Irrtum bezüglich Tiroler Ortsnamen danken wir Mag. Robert Schwarz, Innsbruck, und Direktor Hubert Auer, Telfs.

Teschek

Ein „Ausgenützter" wird „Teschek" genannt, weil ungarische Zuwanderer
TESSÉK (= wenn es beliebt, bitte) sagten.

Als während des Ungarnaufstandes 1956 viele ungarische Staats-
bürger nach Österreich flüchteten, war das Wort *tessék* (= wenn es
beliebt, bitte) oft zu hören. Da die Zuwanderer aus Ungarn es bei
ihrer Suche nach Arbeit nicht leicht hatten, sei damals „Teschek"
als Ausdruck für einen Ausgenützten, für einen Sündenbock entstanden.

Diesen Irrtum kann man in vielen Mundartwörterbüchern
lesen. Das *Wörterbuch der bairischen Mundarten in Österreich* geht
von der Vermutung aus, dass das Wort eine jüngere Entlehnung ist,
und datiert die ersten schriftlichen Belege mit den 1950er-Jahren.

Mir kam diese Ableitung aus dem Ungarischen schon immer
seltsam vor. Wenn wir sagen: „*Ana muass da Deschek sei(n)*", so
lässt sich das doch schwer mit der Redewendung „wenn es beliebt"
in Einklang bringen. Außerdem schien das Wort eher aus dem
österreichisch-tschechischen Grenzgebiet zu stammen, und nicht
aus dem österreichisch-ungarischen.

Schließlich fand ich in mehreren Wörterbüchern das richtige
Herkunftswort für „Teschek". Es handelt sich um das inzwischen
ausgestorbene deutsche Zeitwort „teschen" (= mühsam etwas
Schweres tragen, schleppen, ziehen). Es ist vor allem für Oberösterreich, für das Waldviertel und für Wien belegt – alles Gebiete,
die nicht weit von der tschechischen Sprachregion entfernt sind.
Der älteste dieser Belege stammt aus dem Jahr 1815.

Das Zeitwort „teschen" war ein Lehnwort aus dem Tschechischen. Dort gibt es das Umstandswort *těžký* (gesprochen *teschki* =
schwer, mit Mühe) sowie das Zeitwort *těžiti* (= ziehen, arbeiten,
bauen, anbauen).

Aber wie kam es zu dem Hauptwort „Teschek"?

Kaum hatte ich diesen Artikel in einer Rohfassung niederge-
schrieben, hörte ich in einer Kartenrunde den Satz: „*Ana muas da*

Deschak sei(n)". Ich fragte die Kartenspielerin, ob sie wirklich „Teschak" und nicht „Teschek" gesagt habe, worauf ich folgende Antwort erhielt: „Als Waldviertlerin ist mir der Ausdruck ‚Teschak' seit meiner Jugend geläufig – die Version ‚Teschek' habe ich erst in Wien kennen gelernt."

Wir können also davon ausgehen, dass schon zu Beginn des 20. Jahrhunderts der Ausdruck „Teschak" gebräuchlich war, eine tschechisierende Wortbildung, die im Osten Österreichs keine Seltenheit ist. Mit ähnlich abwertender Bedeutung kennen wir beispielsweise „Faulak" oder „Böhmak".

Mag sein, dass auch der von ungarischen Arbeitern in den 1950er-Jahren häufig getätigte Ausspruch *tessék* (gesprochen *teschek*) dazu beigetragen hat, dass aus „Teschak" schließlich ein „Teschek" geworden ist – dies ändert jedoch nichts an den tschechischen Wurzeln des Wortes.

Literatur: Peter Wehle: „Sprechen Sie Wienerisch? Von Adaxl bis Zwutschkerl", Nachdruck der erweiterten und bearbeiteten Neuausgabe aus 1981, Wien 2003, S. 286; Antun Hurm/Blanka Jakić: „Kroatisch oder Serbisch-deutsches Wörterbuch", 3., ergänzte Auflage, Zagreb 1974, S. 677; Matthias Höfer: „Etymologisches Wörterbuch der in Oberdeutschland, vorzüglich aber in Oesterreich üblichen Mundart", 3 Teile, Linz 1915, 3. Teil, S. 225; Franz S. Hügel: „Der Wiener Dialekt. Lexikon der Wiener Volkssprache", Wien–Pest–Leipzig 1873, Nachdruck: Vaduz 1995, S. 211; Josef Franta Šumavský: „Taschen-Wörterbuch der böhmischen und deutschen Sprache", Prag 1854, S. 604; A. J. Storfer: „Im Dickicht der Sprache", Wien 1937, Nachdruck: Berlin 2000, S. 217; Anton Janežič: „Slovenisch-deutsches Handwörterbuch, Klagenfurt 1893, S. 709; Doris Debenjak: „Wörterbuch Deutsch–Slowenisch, Slowenisch–Deutsch", Klagenfurt 1996, S. 610; für den Hinweis auf die Variante „Teschak" danken wir Frau Hildegard Krwenka, Wien.

Tixo

Tixo ist der allgemein gültige deutsche Ausdruck für durchsichtiges Klebeband.

Tixo ist ein Markenname, aber kein Produktname. Die 1887 in Wien gegründete Firma Koreska nannte das von ihr auf den österreichischen Markt gebrachte Klebeband Tixo. Dasselbe Produkt heißt in Deutschland Tesafilm, und wer in Deutschland nach „Tixo" fragt, wird auf Unverständnis stoßen.

Werbesujet der Firma „Tixo", ca. 1990; links Josef Riegler (ÖVP), rechts Franz Vranitzky (SPÖ).

Die Rechte an dem Markennamen „Tixo" hält allerdings seit 1984 nicht mehr die Firma Koreska. Sie sind vollständig an Beiersdorf, Hamburg, verkauft worden, die ihrerseits den Namen „Tesa" prägte.

Der nur in Österreich gebräuchliche Name „Tixo" wurde trotzdem beibehalten, weil er hierzulande eindeutig marktgängiger ist.

Literatur: Horst Friedrich Mayer: „Das neue Lexikon der populären Irrtümer Österreichs. Weitere Missverständnisse, Vorurteile und Denkfehler. Der zweite Band", Wien–Frankfurt/Main 2002, S. 208; für Informationen zu diesem Irrtum danken wir Ursula Heissig, Beiersdorf GmbH. – tesa division, Wien.

Tschari 1

Der Ausdruck „tschari" (= verloren, weg) stammt aus der Wiener Gaunersprache.

Viele Wiener glauben das – und sie befinden sich hierbei sogar in der Gesellschaft vieler Mundartforscher.

In der Tat stammt das Wort aus der Schweiz und ist von dort in den Westen Österreichs gedrungen. Im *Schweizerischen Idiotikon* finden wir ein mit dem frühen 19. Jahrhundert belegtes Zeitwort „(t)schädern", das lautmalend den Ton einer zerspringenden Flasche vermittelt. Dabei handelt es sich um eine verstärkte Form (wie bei „tscheppern" und „scheppern").

Zu „tschädern" gibt es das Eigenschaftswort „tschäderig". Es begegnet uns auch im vorarlbergischen *schätterig* (= klirrend, scheppernd, gebrechlich, hinfällig).

In der Tiroler Mundart, und zwar im Vintschgau, stoßen wir auf die Wendung „tschadri gehen" (= zugrunde gehen, zunichte werden), im Etschtal auf ein gleich bedeutendes und leichter auszusprechendes „tschari gehen".

Im nördlichen Waldviertel wiederum ist die Wendung „*is dschari gaoungna*" (= ist zu Scherben gegangen, ist abhanden gekommen) belegt.

In der steirischen Mundart finden wir für „tschari" die Bedeutungen „weg, verloren, abhanden" (nur in den Verbindungen „tschari gehen" und „tschari sein").

Das Wort lässt sich also in beinahe allen Bundesländern belegen, besonders im Westen Österreichs, sodass wir eine Herkunft aus der Wiener Gaunersprache ausschließen können. Eine frühe Form war „tschadri", das man der bequemeren Aussprache wegen in „tschari" umformte.

Für Wien ist „tschari" wohl erstmals in Emil Klägers Buch über die Grieslersprache (1908) zu finden und später – so überraschend das auch sein mag – im Libretto der Lehár-Operette *Der Graf von Luxemburg* (1909). Es handelt sich also um einen Ausdruck, der auch im Bürgertum und in Kreisen des Adels gebräuchlich war – wie das Auftrittslied des Grafen René beweist:

„So liri, liri, lari,
Das ganze Moos (= Geld) ist tschari,
Verjuxt, verputzt, verspielt, vertan,
Wie 's nur ein Luxemburger kann."

Als sich das Wort „tschari" auch im Osten Österreichs etablierte, kam es zu einer Vermengung mit dem tschechischen *cáry* (= Hexerei, Zauberei). Nach dem Motto: Es ist wie verhext – das Geld ist weg!

Literatur: Julius Jakob: „Wörterbuch des Wiener Dialektes mit einer kurzgefaßten Grammatik", Wien 1929, Nachdruck: Dortmund 1980 (= Die bibliophilen Taschenbücher 156), S. 196; Franz Joseph Stalder: „Schweizerisches Lexikon", hg. von Niklaus Bigler, Aarau–Frankfurt am Main–Salzburg 1994, S. 163; Leo Jutz: „Vorarlbergisches Wörterbuch mit Einschluß des Fürstentums Liechtenstein", 4. Lieferung, Wien 1957, Sp. 633, u. 16. Lieferung, Wien 1962, Sp. 880; Josef Schatz: „Wörterbuch der Tiroler Mundarten", 2 Bände, Innsbruck 1955/56, Nachdruck: Innsbruck 1993, 2. Bd., S. 655; Theodor Unger/Ferdinand Khull: „Steirischer Wortschatz, als Ergänzung zu Schmellers Bayerischem Wörterbuch", Graz 1903, Nachdruck: Wiesbaden 1968, S. 178; Hauptkatalog

des „Wörterbuchs der bairischen Mundarten in Österreich", Institut für österreichische Dialekt-
und Namenlexika der Österreichischen Akademie der Wissenschaften, Wien; „Deutsches Wörterbuch von Jacob und Wilhelm Grimm", Leipzig 1854–1971, Nachdruck: München 1991, 33 Bände, 14. Bd., Sp. 2603; Johann Willibald Nagl: „Deutsche Mundarten. Zeitschrift für Bearbeitung
des mundartlichen Materials", Wien 1906, 2. Bd., S. 90; Emil Kläger: „Durch die Wiener Quartiere des Elends und Verbrechens", Wien 1908, S. 49; Franz Lehár: „Der Graf von Luxemburg",
Operette in drei Akten, Wien 1937, S. 4 (Erstaufführung am 12. 11. 1909 im Theater an der
Wien).

Tschari 2

„Tschari" und „tschali" sind ein und dasselbe Wort

„Tschali" – mit der Wiener Mundartform *dschäuli* – ist ein völlig
anderes Wort, das sich ursprünglich auch in der Bedeutung von
„tschari" unterschieden hat.

Das in Wien 1811 belegte „tschali" stammt aus dem Jiddischen. Es wird abgeleitet von *challa*, jenem Opferkuchenteig, der
am Abend vor dem Sabbat von der Hausfrau gebacken und als die
chále zeremoniell als Opfergabe ins Feuer geworfen wird. Aus „in
den Ofen geworfen" entwickelte sich die Bedeutung „verloren,
verschwunden", während ja „tschari" ursprünglich „zerbrochen"
hieß.

Allerdings werden die Wörter „tschari" und „tschali" im heutigen Sprachgebrauch als Synonyme empfunden. Ob ein Geldbetrag
„tschari" oder „tschali" ist, läuft auf ein und dasselbe hinaus: Das
Geld ist futsch!

Eine ganz ähnliche Herkunft wie „tschali" hat übrigens „kabo-
res" (= kaputt, nicht verwendungsfähig). Es stammt vom jiddischen *kapóreß* (= Sühneopfer).

Tschechern

„Tschechern" (= saufen) kommt von „zechen".

Das Zeitwort „tschechern" (= Alkohol trinken, saufen; auch: sich abmühen, hart arbeiten) hat nichts mit „zechen" zu tun. Es handelt sich vielmehr um eine Ableitung von jiddisch *schochar* (= sich betrinken). Ein „Tschoch" ist eine Gaststätte niederer Güte, ein Kaffeehaus mit eher minderwertigem Publikum, auch eine harte Arbeit ist darunter zu verstehen. Wir haben es hier mit dem verstärkenden *t* vor *sch* zu tun.

Wenngleich der „Tschecherant" (= Säufer) eine genuin Wiener Figur zu sein scheint, so ist der Begriff dennoch aus zwei Fremdsprachen entstanden. Zum jiddischen *schochar* kommt nämlich noch die französisierende Endung *-ant*. Diese drückt eine stetige Neigung oder einen stetigen Zustand aus, wie wir es auch beim „Negeranten" sehen, der stets *neger* (= „schwarz", „abgebrannt", ohne Geld) ist.

Tschinkwe

Der Ausdruck „tschinkwe" (= schlecht) kommt vom italienischen CINQUE (= fünf).

Bei dieser irrigen Herleitung dürfte die Erinnerung an den einen oder anderen „Fünfer" in der Schule eine Rolle gespielt haben. In der Tat ist das richtige Herkunftswort „tschinkert" (= schwach, wertlos, schlecht). Es findet sich in den Mundarten Salzburgs und Kärntens.

Literatur: Emil Gamillscheg: „Etymologisches Wörterbuch der französischen Sprache", Studienausgabe, Titelausgabe der 2. Auflage von 1969, Heidelberg 1997, S. 479.

Tschüs

„Tschüs" sagen nur Du-Freunde.

Das ist richtig für Österreich. In Deutschland kann man sich hingegen auch dann mit einem „Tschüs" verabschieden, wenn man „per Sie" ist. Allerdings sollte es sich um einen Menschen handeln, den man schon ein wenig kennt.

„Tschüs" kommt übrigens von „adieu" – was man zunächst gar nicht glauben würde. Die Grußformel „Adieu" bedeutet „zu Gott, Gott befohlen". Aus einer wallonischen Variante *adjuus* kommen *adjüs, adjes, tjüs* und *tschüs*.

Tschusch

Das Schmähwort „Tschusch" stammt vom Balkan.

Dies ist zumindest Peter Wehles Ansicht, die wir hier wörtlich zitieren wollen:

„Tschusch: Ausländer aus dem Südosten; meist abwertend; Arbeiter vom Balkan riefen einander (z. B. beim Bau der Südbahnstrecke 1860–1880) immer wieder bei Unklarheiten zu: *čujes?* (jugoslawisch: verstehst du?), und das wurde zu einem heute emotionsgeladenen Beinamen".

Sieht man davon ab, dass es keine jugoslawische Sprache gab und gibt, so enthält dieser Beitrag auch noch einen anderen Irrtum. Der Ausdruck „Tschusch" stammt nicht vom Balkan.

Die Mundartforscherin Maria Hornung hat darauf hingewiesen, dass „Tschusch" ein orientalisches „Wanderwort" ist, dessen Weg sich durch zahlreiche Sprachen verfolgen lässt. So finden wir etwa im Kroatischen ein Eigenschaftswort *tûdj* (= fremd) sowie im Slowenischen ein Hauptwort *tujěc* (= der Fremde) – ganz ohne abwertenden Nebensinn.

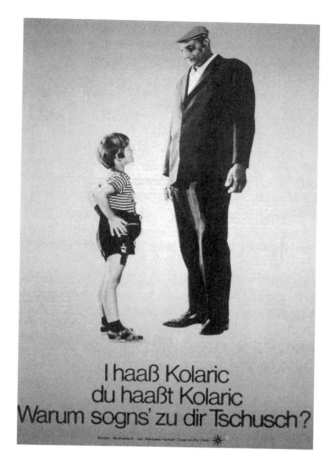

I haaß Kolaric
du haaßt Kolaric
Warum sogns' zu dir Tschusch?

Sujet der „Werbewirtschaft Österreich" im Rahmen der „Aktion Mitmensch", 1973. Mit freundlicher Genehmigung der Initiative Minderheiten.

Erst durch eine Bedeutungsverschlechterung, die sich nach und nach abzeichnete, wurde das Bild des „Blödians" beigemengt, sodass uns der Begriff schließlich im Friaulischen als *zús* (Dummkopf) begegnet, von wo er in tirolerische Sprachinselmundarten und sodann nach Wien gelangte. Die wirklich beleidigende Färbung dürfte sich erst allmählich in Verbindung mit einem stärker werdenden Fremdenhass ergeben haben.

Literatur: Peter Wehle: „Sprechen Sie Wienerisch? Von Adaxl bis Zwutschkerl", Nachdruck der erweiterten und bearbeiteten Neuausgabe aus 1981, Wien 2003, S. 291; Maria Hornung/Sigmar Grüner: „Wörterbuch der Wiener Mundart", 2., erweiterte und verbesserte Auflage mit mehr als 1000 neuen Stichwörtern und Ergänzungen, Wien 2002, S. 287 f.

Übelhör

Der Familienname Übelhör hat mit jemandem zu tun, der schlecht hört.

Der Wortbestandteil *hör* entstammt dem altdeutschen *heri* (= Krieger); die altdeutsche Variante *Ubilheri* bedeutete so viel wie „übler Krieger".

Literatur: Maria Hornung: „Lexikon österreichischer Familiennamen", Wien 2002, S. 137.

Vanillerostbraten

Vanillerostbraten hat etwas mit Vanille zu tun.

Wenn Touristen aus fernen Ländern erstmals nach Wien kommen und auf der Speisekarte einen Vanillerostbraten finden, stellen sie manchmal die Frage: Ist das eine Süßspeise?

Kulturhistorisch gesehen versteht man unter einem Rostbraten jedes Stück Fleisch, das nicht auf einem Spieß gedreht, sondern auf einem Bratrost gegart wurde. Mit dem Wiener Rostbraten hat das allerdings so gut wie nichts zu tun, da dieser – ob gebraten oder gedünstet – immer in der Pfanne zubereitet wird.

Der Rostbraten ist, schlachttechnisch betrachtet, identisch mit der hohen Beiried oder Rostbratenried im Hinterviertel des Rindes. Das zwar etwas faserige, aber gut durchzogene und daher sehr saftige Fleisch ist die Grundlage des Vanillerostbratens.

Er wird nicht mit Vanille, sondern mit Knoblauch zubereitet, den man in Wien „Vanille des kleinen Mannes" nannte. Wie der Ausdruck zustande kam, ist einfach erklärt: Da man nicht gut riecht, wenn man Knoblauch gegessen hat, ersetzte man im Scherz das mit einem üblen Geruch verbundene Wort „Knoblauch" durch ein anderes, das mit Wohlgeruch in Verbindung gebracht wird: „Vanille" – womit wir ein hübsches Beispiel für einen Euphemismus haben.

Literatur: Horst Friedrich Mayer: „Lexikon der populären Irrtümer Österreichs", Wien–Frankfurt/Main 2001, S. 241; Christoph Wagner: „Das Lexikon der Wiener Küche", Wien 1996, S. 226 u. 187 ff.

Verschütt gehen

„Verschütt gehen" hat etwas mit „verschütten" zu tun.

Der Gaunerausdruck „verschütt gehen" (= gefangen werden) geht auf ein niederdeutsches Zeitwort *schütten* (= einsperren, pfänden) zurück, das über das Rotwelsche allgemeine Verbreitung fand.

Die geläufigen Bedeutungen „verloren gehen", „verschwinden" sind auf eine volksetymologische Verbindung mit „verschütten" zurückzuführen.

Literatur: Heike Olschansky: „Täuschende Wörter. Kleines Lexikon der Volksetymologie", Stuttgart 1999, S. 155.

Vifzack

Die Ausdrücke „Vifzack" und „gewieft" haben denselben Ursprung.

Wenn jemand „besonders aufgeweckt und auf Zack" ist, dann nennen wir ihn in Österreich einen „Vifzack". Das entspricht in etwa dem Ausdruck „gewiefter Bursche".

Wie schon die Schreibung zeigt, handelt es sich bei „vif" und bei „gewieft" aber um völlig verschiedene Wörter. Der Ausdruck „vif" (= lebendig, pfiffig) wird aus dem gleich lautenden französischen Eigenschaftswort *vif* abgeleitet.

Das Wort „gewieft" ist hingegen deutschen Ursprungs. Schon im Mittelhochdeutschen gab es das Zeitwort *wîfen* (= bewegen). Ein „gewiefter Bursche" ist daher geistig beweglich, schlau und durchtrieben.

In den Zeitungen lesen wir manchmal von „wiffen" Menschen und „gevievten" bzw. „geviften" Burschen – kein Wunder, denn inhaltlich sind die beiden Begriffe mit ihrem unterschiedlichen Wortursprung schwer auseinander zu halten.

Literatur: „Neue Kronenzeitung" vom 10. 12. 1994; für den Hinweis auf diesen Irrtum danken wir Herrn Dr. Johannes Diethart, Krems.

Vogelbauer

Ein Vogelbauer ist eine Art von Bauer.

Das Zeitwort „bauen" hatte früher viele verschiedene Bedeutungen, die heute nicht mehr geläufig sind. Ursprünglich war „bauen" auch gleich bedeutend mit „wohnen", womit das Wort „Vogelbauer" (= Käfig, eigentlich: Wohnstatt des Vogels) schon erklärt ist.

In Wien und in Niederösterreich war früher unter der Bezeichnung „Bauer" ein „Bauer mit einem Pferdegespann" zu verstehen, der sich zum Nebenerwerb als „Kutscher" verdingte. Es gab nicht nur die allseits bekannten Mistbauern, sondern auch Glas-, Holz- und Kalkbauern.

Der „kalte Bauer" ist ein in Kärnten und Wien belegter Mundartausdruck für Spermaflecken, die durch Onanie entstanden sind. Hier wird „Bau" mit „Behaglichkeit", „Vergnügen" oder „Wonne" in Verbindung gebracht, wobei „kalt" im Sinne von „unnütz" gebraucht wird.

Weck

Der Name „Weck" hat mit „wecken" zu tun.

In unseren Breiten handelt es sich hier um einen Berufsübernamen für einen „Bäcker" oder um einen Übernamen für „jemanden, der gern Wecken aß"; zugrunde liegt der mittelhochdeutsche Begriff *wecke* (= keilförmiges Gebäck).

Beim Familiennamen „Butterweck" haben wir einen „Feinbäcker" bzw. einen besonderen „Feinspitz" als Namensgeber.

Weibel

Ein „Weibel" kann nur eine Frau sein.

Weibl ist auch ein Familienname und dieser hat nichts mit dem Wort „Weib" zu tun. Und wenn dieser Name besonders in Vorarlberg geläufig ist, so erklärt sich das dadurch, dass sich der Berufsstand des „Weibels" im alemannischen Sprachraum recht lange gehalten hat.

Im Wörterbuch von Leo Jutz findet sich „der Weibel" als veraltete Bezeichnung für einen „Gemeindediener" oder „Gemeindepolizisten". Der Begriff ist von einem althochdeutschen Zeitwort *weibon* (= sich hin und herbewegen) abgeleitet und begegnet uns mit einer leichten Veränderung noch in der Figur des *Feldwebels*.

Literatur: Leo Jutz: „Vorarlbergisches Wörterbuch mit Einschluß des Fürstentums Liechtenstein", 2. Bd., Wien 1960 (1965), Sp. 1558.

Wien 1

Wien hat seinen Namen von der römischen Grenzgarnison Vindobona.

Der Name Wiens geht nicht auf den keltischen Namen des römischen Militärlagers Vindobona oder Vindomina zurück, das „Gut eines Mannes namens Vindos" bedeutet. Diese Bezeichnung verschwand mit dem römischen Militärlager.

Der heutige zweite Name der Stadt geht ebenfalls auf ein keltisches Wort, Venia (althochdeutsch *wennia*), zurück, das so viel wie „Waldbach" bedeutet. Der Ort hat damit die Bezeichnung des Flusses Wien erhalten, der dort in einen Donauarm (heute: Donaukanal) einmündet. Unter diesem Namen *wennia* wurde Wien 883 erstmals urkundlich erwähnt, und zwar als Ort, an dem ein Kampf mit den einfallenden Magyaren stattfand.

Literatur: Horst Friedrich Mayer: „Lexikon der populären Irrtümer Österreichs", Wien–Frankfurt/Main 2001, S. 266; Eberhard Kranzmayer: „Herkunft und Geschichte der Namen Wiens", in: „Unsere Heimat", Jg. 23 (1952), S. 129–133.

Wien 2

Die Wiener Bezirksnamen Währing/Döbling/Liesing (mit der Endung -ING) sind typisch bairisch.

Wer in Bayern unterwegs war, dem werden die zahlreichen Ortsnamen mit der Endung *-ing* aufgefallen sein. Dennoch sind in Österreich nicht alle Ortsnamen mit der Endung *-ing* ein Hinweis auf eine Gründung der Baiern.

Die Sprachforscher nehmen für diese drei Wiener Bezirksnamen (zum Unterschied von anderen wie Ottakring) slawische Wurzeln an. Die einwandernden Baiern haben die Bezeichnung aus dem Munde der Bewohner, die sie hier antrafen, übernommen und mit *-ing* germanisiert. Währing geht zurück auf *varica*, was „warme Quelle" bedeutet, Döbling, einst *toplice*, könnte auf ein anderes slawisches Wort für „warm" *(topel)* oder auch für „Pappel" *(topol)* zurückgehen, Liesing auf *lesica* (= Waldbach).

Die Namen der Wiener Bezirke haben es überhaupt in sich. Der Name des Bezirks Margareten stammt von einer Kapelle im alten Herrschaftshof (dem späteren Margaretner Schloss) und hat entgegen der landläufigen Meinung nichts mit der Tiroler Landesfürstin Margarete Maultasch zu tun – die allerdings ihre letzten Lebensjahre (1363–1369) tatsächlich in Wien verbrachte.

Der Name des Bezirks Wieden ist weder vom Wienfluss noch von einem slawischen Wort für Wien *(Viden)* abzuleiten. „Widem" (lateinisch *dos*) ist das Ausstattungsgut einer Pfarre. Man findet den Namen daher auch sonst in Österreich sehr häufig. In diesem Fall war die Ausstattung der Stadtpfarre von Wien (St. Peter, dann St. Stephan) im Mittelalter gemeint.

Literatur: Horst Friedrich Mayer: „Lexikon der populären Irrtümer Österreichs", Wien–Frankfurt/Main 2001, S. 266 f.; für den Hinweis auf den Irrtum betreffend Währing/Döbling/Liesing danken wir Dr. Manfred Scheuch, Wien; für den Hinweis auf den Irrtum betreffend Margareten und Wieden danken wir Univ.-Prof. Dr. Peter Csendes, Wien.

Wimmerer

Ein „Wimmerer" jammert unaufhörlich.

Man könnte meinen, dass der „Wimmerer" eine Variante des „Raunzers" sei. Dem ist aber nicht so.

In der Tat handelt es sich bei diesem mundartlichen Ausdruck um eine Bezeichnung für Sonnenbrand.

Herkunftswort von „Wimmerer" ist das bairische „Wimmerl" (= Auswuchs, Hautbläschen, kleine Hautunreinheit), wohl mit einem Anklingen des Zeitworts „wimmern".

Es mag ja vorkommen, dass Menschen mit Sonnenbrand heftig klagen …

Literatur: Maria Hornung/Sigmar Grüner: „Wörterbuch der Wiener Mundart", 2., erweiterte und verbesserte Auflage mit mehr als 1000 neuen Stichwörtern und Ergänzungen, Wien 2002, S. 776.

Wörterbuch

Das ÖSTERREICHISCHE WÖRTERBUCH ist verbindlich für alle Österreicherinnen und Österreicher.

Tatsächlich ist das *Österreichische Wörterbuch* nur an Schulen und in Ämtern (Ministerien) sowie in anderen Bereichen der öffentlichen Verwaltung für die Rechtschreibung verbindlich. Eine Zeitung kann beispielsweise eine andere Rechtschreibung wählen, und *Die Presse* tat dies auch lange Zeit, ehe sie dann doch auf den neuen Standard umschwenkte.

Das *Österreichische Wörterbuch* muss sich dabei – so wie alle deutschen Rechtschreibwörterbücher – selbst wieder an die so genannte „Amtliche Regelung" der deutschen Rechtschreibung halten.

Die „Amtliche Regelung" ist Inhalt eines internationalen Vertrags zwischen all jenen Staaten, in denen deutsch gesprochen wird.

Literatur: Horst Friedrich Mayer: „Das neue Lexikon der populären Irrtümer Österreichs. Weitere Missverständnisse, Vorurteile und Denkfehler. Der zweite Band", Wien–Frankfurt/Main 2002, S. 247.

Wortklauberei

Der Ausdruck „Wortklauberei" enthält das Zeitwort „glauben".

Zu dieser Auffassung bekennt sich der Journalist Manfred Seeh in der *Presse* vom 11. Februar 2003, in welcher er von „Wortglauberei" spricht. Er vermutet, dass hier das Zeitwort „glauben" (= vermuten) zugrunde liegt.

Tatsächlich aber haben wir es mit dem Zeitwort *klauben* zu tun, das im weiteren Sinne mit der „Klaue" verwandt ist und etwa „mit gekrümmten Fingern stückweise aufnehmen" bedeutet. Das *Deutsche Wörterbuch* von Weigand präsentiert uns dazu das Hauptwort „Klauberei" (= kleinliches Versteifen auf etwas).

Für einiges Erstaunen müsste diese Schreibart bei Volkskundlern bzw. der Bevölkerung Oberkärntens und Osttirols sorgen, wo es regional noch die alte Figur des „Klaubauf" (statt des Krampus) als Begleiter des Nikolaus gibt.

Man kennt dort den Brauch des „Klaubaufgehens", bei dem diese Schreckfigur häufig ein schwarzes Fell und eine grobe Larve trägt. Ab dem 3. Dezember ziehen die „Klaibaife" am Abend neben dem Nikolaus durch den Ort. Während dieser für die Beschenkung der Kinder sorgt, versucht der „Klaubauf" Passanten auf den Rücken zu werfen.

Eine Webseite – die sich auf eine Publikation Hartmut Praschs mit dem Titel „Masken und Maskenbrauchtum in Oberkärnten und Osttirol" beruft – nennt die Gemeinde Matrei in Osttirol als Hauptort des Brauches.

Der Brauch erfreut sich auch heute noch so großer Beliebtheit, dass sich in Matrei an die 200 Personen am Klaubaufgehen beteiligen, und dass der Brauch in einigen Gemeinden (z. B. Oberdrauburg) neu eingeführt worden ist.

Literatur: Maria Hornung/Sigmar Grüner: „Wörterbuch der Wiener Mundart", 2., erweiterte und verbesserte Auflage mit mehr als 1000 neuen Stichwörtern und Ergänzungen, Wien 2002, S. 421; „Deutsches Wörterbuch von Fr. L. K. Weigand", 5. Auflage, hg. von H. Hirt, 2 Bände, Gießen 1909–1910, 2. Bd., Sp. 1049; Hartmut Prasch: „Masken und Maskenbrauchtum in Oberkärnten und Osttirol", Klagenfurt 1987, S. 60; Internet: http://www.2.uibk.ac.at/volkskunde/infoservice/klaubauf.html.

Zechmeister

Der Name „Zechmeister" hat mit „zechen" zu tun.

Der in Österreich häufig vorkommende Familienname „Zechmeister" hat keinen Urahnen, der seine Meisterschaft im Zechen bewies. Es handelte sich vielmehr um den „Vorsteher einer Zeche", also einer Zunft oder Bruderschaft.

Der Ausdruck „Zeche" hatte ursprünglich u. a. die Bedeutung „gemeinsam aufgebrachte Geldsumme für Essen und Trinken", sodass eine „Zeche" eine solche Gemeinschaft bezeichnete. Auch das Zeitwort „zechen" bedeutete laut Friedrich Kluge in erster Linie „gemeinsam (essen und) trinken".

Das Grundwort „Meister" gelangte über das italienische *maestro* aus dem lateinischen Hauptwort *magister* (= Höchster, Oberster, Vorsteher) ins Deutsche. Parallelen sind das englische *mister,* das englische *master* sowie das französische *maître.*

Die beim lateinischen Begriff *magister* häufig vermutete Grundbedeutung „Lehrer" hat sich erst allmählich entwickelt, indem der Ausdruck *magister ludi* (= Schulmeister) verkürzt wurde.

Zeigen, wo Bartl den Most holt

Ein bärtiger Mann war Namensgeber für die Redewendung „Ich zeige dir, wo Bartl den Most holt!".

Da diese Redensart bereits seit einigen Jahrhunderten im gesamten deutschen Sprachraum verbreitet ist, haben sich inzwischen zahllose Sprachforscher darum bemüht, die Entstehungsgeschichte auszuleuchten.

So ziemlich alle Wörterbücher, auch jenes der Brüder Grimm und jenes von Friedrich Kluge, vermuten eine Herkunft aus der deutschen Gaunersprache. Die ersten schriftlichen Belegstellen werden einheitlich mit der zweiten Hälfte des 17. Jahrhunderts, u. a. in Grimmelshausens *Simplizissimus*, angesetzt.

Als ein mögliches Ursprungswort für „Bartl" wurde das aus dem Hebräischen stammende rotwelsche Hauptwort *Barsel* (= Eisen, eisernes Werkzeug, eiserne Fessel, Gitter) angesehen. Schon Friedrich Kluge weist in seinem Rotwelschbuch auf das Wort „Schoberbarthel" hin, das er mit 1726 datiert. Gemeint ist ein eisernes Werkzeug, das dazu verwendet wird, um etwas abzuschaben.

Das Wort „Most" leitete man von „Moos" (= Geld, aus neuhebräisch *mâ'ôth*, kleine Münzen) ab. Aus beiden zusammen konstruierte man dann die ziemlich willkürliche Erklärung „wissen, wo man mit dem Eisen (Stemmeisen) zu Geld kommt".

Dem muss man allerdings entgegenhalten, dass über Jahrzehnte, wenn nicht gar über Jahrhunderte hindurch die zahlreichen Wörterbücher zur Gaunersprache keinen Hinweis auf diese Ableitung geben.

Erfolgreicher als die Sprachwissenschaftler waren die Volkskundler. Sie erkannten, dass ein Zusammenhang zu dem früheren Feiertag *Bartholomäi* besteht. Dieser kirchliche Feiertag wurde am 24. August mit Jahrmärkten, Kirchweihen und Volksfesten begangen, weshalb man den Heiligen in der Mundart auch „Mostbarthel" nannte.

Wir müssen uns in eine Zeit zurückversetzen, als die Menschen eine naive, aber tief gehende Beziehung zu den einzelnen Heiligen und ihren Festtagen hatten. Der Festtag des heiligen Bartholomäus galt einst als Lostag für den Ernteertrag sowie auch als Beginn des Herbstes, hatte also in der Bevölkerung einen hohen Stellenwert.

Die Volkskundler Gustav Gugitz und Emil Karl Blümml berichten in ihrem Buch *Von Leuten und Zeiten im alten Wien,* dass die Wiener früher am 24. August Wallfahrten auf den Kalvarienberg in Hernals veranstalteten.

Wie der Augsburger Benediktinerpater Reginbald Möhner im Jahr 1635 zu berichten weiß, mussten die Wirte den Most zu diesem Zeitpunkt aus dem sonnigen Ungarn holen. Wer nicht bereit war, dies zu tun, konnte seine Gewerbeberechtigung verlieren. Von daher, so der Pater, komme der Spruch: „Wer weiß, wo Barthel Most hollet …".

Der Volkskundeforscher Manfred Becker-Huberti spinnt diesen Gedanken in seinem im Jahr 2000 erschienenen *Lexikon der Bräuche und Feste* weiter. „Beziehen kann sich diese Aussage nur auf den Obstmost, weil es den Traubenmost wegen der ausstehenden Traubenlese noch gar nicht gibt. Da auch der Obstmost am Fest des hl. Bartholomä noch sauer ist, kann jene Redensart allerdings nur ironisch sein: Das muss schon ein verflixt gewitztes Kerlchen sein, das weiß, wie man am Barthelstag zu (trinkbarem) Most kommt."

Wenn auch der frühe Most noch nichts taugt, so sieht man zu Bartholomä immerhin schon, wo es gutes Obst geben wird. „Bartholomäus, der personifizierte 24. August, weiß also schon, wo der Most zu holen sein wird. In der Tat lautete die Redensart ursprünglich: ‚Barthel weiß, wo er den Most holt!'"

Noch heute verwenden wir die Redensart „Wissen, wo Barthel den Most holt" und meinen damit: sich zu helfen wissen, alle Schliche kennen, sehr gewandt, hintertrieben, schlau und verschlagen sein. In einem etwas unangenehmeren Tonfall ist die Phrase auch in der Version „Wir werden dir schon zeigen, wo Barthel den Most holt!" zu hören. Mit anderen Worten: Sei flexibel und lernfähig, sonst blüht dir was! (Siehe auch in diesem Buch das Stichwort „Saubartel"!)

Literatur: „Deutsches Sprichwörter-Lexikon", hg. von Karl Friedrich Wilhelm Wander, 5 Bände, Leipzig 1867, Nachdruck: Augsburg 1987, 1. Bd., Sp. 241; Emil Karl Blümml/Gustav Gugitz: „Von Leuten und Zeiten im alten Wien", Wien–Leipzig 1922, S. 8 ff.; Manfred Becker-Huberti: „Lexikon der Bräuche und Feste", Freiburg–Basel–Wien 2000, S. 31.

Ziagl

Der Wiener Mundartausdruck „Ziagl" (= „flotter Dreier") kommt von „Zügel" oder „Ziegel".

Damit hat sich auch „Telemax" Robert Löffler in der *Neuen Kronenzeitung* befasst. Ein Leser hatte nämlich vorgeschlagen, dass die studentische Scherzbildung „Ziagl" (auch *Dreierdsiagl* oder *Dreier*) von „Zügel" abzuleiten wäre. (In der Tat gibt es vom Wort „Zügel" keine Mundartform – ein Zügel ist immer ein Zügel.) Genauso falsch ist eine Ableitung von „Ziegel", was immerhin von der Aussprache her plausibel wäre.

Tatsächlich können wir vom lateinischen Hauptwort *circulus* (= kleiner Kreis) ausgehen, das uns in der mittelhochdeutschen Form *ziegel* wieder begegnet. Weil das mittelhochdeutsche *ie* im Wienerischen zu *ia* wird (vergleiche *Lied* und *Liad*), haben wir es mit der mundartlichen Variante *Dsiagl* (= kleiner Kreis, Zirkel) zu tun.

In den 1950er-Jahren wurde der Ausdruck „Ziagl" scherzhaft gerne mit dem Namen einer Firma in Verbindung gebracht, die Ziegel herstellte: Wer eine *ménage à trois* suchte, sagte scherzhaft: „Wie wär's mit einem ‚Wienerberger'?"

Zimmerroß

Ein Berg bei Kals heißt „Zimmerroß".

Der Mundartforscher Hubert Bergmann erzählte uns, dass in seiner Heimat Osttirol auf alten Wanderkarten für einen Berg die merkwürdige Bezeichnung „Zimmerroß" zu finden ist.

Die etwas eigenartige Bezeichnung erklärt sich aus dem italienischen Namen *cima rossa* (= roter Gipfel), den sich die Volksetymologie – ohne Rücksicht auf die Bedeutung – „mundgerecht" gemacht hat.

Literatur: Karl Odwarka/Heinz Dieter Pohl: „Materialien zu einem Namenbuch von Kals (Osttirol), 3. Teil", in: „Österreichische Namenforschung 21/2 (1993), S. 89; für diesen Hinweis danken wir Herrn Dr. Hubert Bergmann, Wien.

Zitzerlweise

Dieser Ausdruck hat etwas mit der „Zitze" zu tun.

Obgleich diese Herleitung plausibel erscheint, ist sie dennoch unrichtig. Wir haben es mit dem Zeitwort „zetten" (= in kleinen Stücken fallen lassen) zu tun, das uns über die Form „Zetz" zum Hauptwort „Zitzel" (= Kleinigkeit) führt.

Das *Grimm'sche Wörterbuch* vermerkt die Wörter „zitzelweise" und „zizerlweis" (= stückweise, ratenweise). Sie sind nicht nur in der Wiener Mundart, sondern auch in Kärnten, in der Steiermark und in Tirol belegt.

Literatur: „Deutsches Wörterbuch von Jacob und Wilhelm Grimm", Leipzig 1854–1971, Nachdruck: München 1991, 33 Bände, 31. Bd., Sp. 1720 f.

Zu guter Letzt

Die Redensart „Zu guter Letzt" ist aus „das Letzte" entstanden.

Ursprünglich lautete diese Redensart „Zu guter Letz" – das Fehlen eines Buchstabens am Ende des Wortes ist ein Hinweis darauf, dass es früher ein Hauptwort „Letz" gegeben hat. Es bedeutete im Mittelhochdeutschen so viel wie „Abschied", „Abschiedsgeschenk" oder „Abschiedsfest". Erst später hat man noch ein *t* angehängt – weil es plausibel erschien.

In Vorarlberg kennt man den Brauch des „Letze Trinkens", der bei der letzten Zusammenkunft der Dienstboten am Ende einer Saison, und zwar am 2. Februar zu Maria Lichtmess, gepflogen wird. Auch in der Kärtner Mundart ist der Begriff „Letze" (= Abschiedstrunk) belegt.

Außerdem gibt es in Vorarlberg das Zeitwort „letzelen" (= eine Tanzveranstaltung am Tag vor dem Almabtrieb abhalten, sich ein Vergnügen machen).

Literatur: Karl Gustaf Andresen: „Deutsche Volksetymologie", 7., verbesserte Auflage, Leipzig 1919, S. 364; Matthias Lexer: „Kärntisches Wörterbuch", Leipzig 1862, Nachdruck: Wiesbaden 1965, Sp. 178 f.; Leo Jutz: „Vorarlbergisches Wörterbuch mit Einschluß des Fürstentums Liechtenstein", 2. Bd., Wien 1960 (1965), Sp. 273 f.

Zuhälter

Nur Männer waren Zuhälter.

Nein, wird jetzt vielleicht der eine oder andere Leser einwenden, der die Tageszeitungsberichte aus den 1960er- und 1970er-Jahren noch in Erinnerung hat. Da gab es doch auch die legendäre Zuhälterin Wanda Kuchwalek, die die Männer der Unterwelt das Fürchten lehrte! Als „Wilde Wanda" machte sie ihrem Namen alle Ehre, war im Wiener Bezirk Floridsdorf in zahlreiche Raufereien und Messerstechereien verwickelt.

Aber abgesehen davon – den Ausdruck „Zuhälterin" in einer anderen Bedeutung hat es früher tatsächlich gegeben, und zwar bereits im 15. Jahrhundert. Damit wurde allerdings nicht ein „Beschützer" bezeichnet, sondern eine „Dirne", die sich von einem „Stammkunden" aushalten ließ und „zu einem Mann hielt".

Erst später, mit einer allmählichen Bedeutungsverschiebung, wurde der Mann zum Zuhälter.

Zuschanzen

„Zuschanzen" hat etwas mit „Schanze" (= Erdwall, Bollwerk) zu tun.

Wenn Ihnen jemand etwas „zuschanzt", so hat dies nichts mit dem Hauptwort „Schanze" zu tun, womit früher in der Sprache der Militärs ein Erdwall gemeint war, der als Bollwerk diente. (Heute denken wir wohl eher an eine Sprungschanze beim Skispringen.)

Das Ursprungswort von „zuschanzen" ist ein Ausdruck der Würfelspieler: Dort ist eine „Schanze" ein Glückswurf. Wir müssen uns vorstellen, dass jemand über eine so hohe Fingerfertigkeit verfügt, dass er einem Spielpartner (oder sich selbst) einen ausgezeichneten Wurf „zuschanzen" kann.

Dass eine Verwandtschaft zu dem Wort „Chance" vorliegt, wird uns immer dann bewusst, wenn sich ein bundesdeutscher Fußballer im Fernsehen darüber beklagt, dass die Gegner ihre „Schanzen" besser genützt haben.

Zwirnblad

Das Wort „zwirnblad" ist eine Fehlkonstruktion, denn Zwirn ist nicht dick, sondern dünn.

Hier von einer Fehlkonstruktion zu sprechen ist ein Irrtum. Wenn der Wiener den Ausdruck „zwirnblad" als Eigenschaftswort für eine „magere, schwächliche Person" verwendet, so ist dies zwar ein Widerspruch in sich, aber reine Absicht.

Die Sprachwissenschaftler nennen diesen Vorgang „Contradictio in adjecto" (Widerspruch in sich selbst). Das Wort *blad* (= dick), eine mundartliche Variante zum schriftsprachlichen Ausdruck „(auf)gebläht", wird deshalb mit dem Wort „Zwirn" kombiniert, weil dadurch ein komischer Effekt entsteht.

In der Mundart ist diese Form des Sprachwitzes keine Seltenheit, man denke nur an das Spottwort „Topfenneger", das eine auffallend blasse Person, etwa in einem Freiluftbad, bezeichnet.

Zwutschkerl

Das „Zwutschkerl" ist eine Verkleinerungsform von Zwetschke.

Während bei diesem sicherlich lautmalenden Begriff Peter Wehle das Bild eines „kleinen, bemitleidenswerten, zwetschkenähnlichen Wesens" vor sich hat, lässt der Germanist Walter Steinhauser eine tschechische Grille zirpen, um mit dem Ausdruck *cvrček* ein Herkunftswort herbeizuschaffen – alles Herleitungen, die sich lautlich wie auch bedeutungsmäßig als unmöglich erweisen.

Eher sollten wir an die Ablautfolge „ritsch – ratsch – rutsch" denken, die uns auch zu einem „zwick – zwack – zwuck" führt. Es leuchtet ein, dass ein „Zwuck" nichts Großes sein kann. Dem entsprechend finden wir bei Julius Jakob den Ausdruck „Zwuckerl" und bei Wolfgang Teuschl einen „Zwuck" als Bezeichnung für ein „kleines Stückchen", einen „Knirps".

Die Lautentwicklung von *tz* zu *tsch* zeigt (vor allem beim Zeitwort) eine Intensivierung an, sodass wir etwa von „zwitzern" zu „zwitschern", von „gleiten" über „glitzen" zu „glitschen" kommen.

Analog dazu ist als Ausdruck für einen „armen Kerl" die Bezeichnung „Armitschkerl" bzw. „Armutschkerl" entstanden, wobei man bei solchen Verkleinerungsformen das eingeschobene *k* als Tschechisierung betrachten kann.

Genauso aber kommen wir von einem „Zwuckerl" zu einem „Zwutschkerl" oder „Zwutschgerl" – einer Bezeichnung für ein „kleines Stück", die sogar in die Werbung der Firma *Iglu* Eingang gefunden hat.

Literatur: Walter Steinhauser: „Slawisches im Wienerischen", 2. vermehrte u. verbesserte Auflage, Wien 1978, S. 240; Julius Jakob: „Wörterbuch des Wiener Dialektes mit einer kurzgefaßten Grammatik", Wien 1929, Nachdruck: Dortmund 1980 (= Die bibliophilen Taschenbücher 156), S. 233; Wolfang Teuschl: „Wiener Dialektlexikon", 2. Auflage, Purkersdorf–Wien 1994, S. 266; Peter Wehle: „Sprechen Sie Wienerisch? Von Adaxl bis Zwutschkerl", Nachdruck der erweiterten und bearbeiteten Neuausgabe aus 1981, Wien 2003, S. 310.

Sigmar Grüner (1942–2003) – der „Sprachtüftler"

Ein Nachruf

Wenige Wochen vor Drucklegung dieses Buches ist Sigmar Grüner an einem Herzleiden verstorben, das ihm bereits seit einiger Zeit zu schaffen machte und ihn vor einem Jahr auch zwang, seinen Beruf als Lehrer an der Maturaschule Dr. Roland aufzugeben.

Sigmar Grüner wird nicht nur von seinen Verwandten, Freunden und Arbeitskollegen vermisst, sein Tod hinterlässt auch eine Lücke in der österreichischen Mundartforschung. Keiner hat so wie er – im wahrsten Sinn des Wortes – „dem Volk aufs Maul geschaut".

Natürlich stöberte Sigmar Grüner auch stundenlang in der wissenschaftlichen Literatur, durchsuchte uralte Wörterbücher und konferierte per E-Mail mit Mundartforschern in allen Bundesländern. Besonders wichtig war für ihn – wie er immer wieder betonte – sein wöchentlicher Jour fix mit Maria Hornung, der Doyenne der österreichischen Mundartforschung, bei der mehrere Generationen von Germanisten studiert haben.

Doch im Grunde genommen war für Sigmar Grüner das Gespräch mit den viel zitierten „kleinen Leuten" die wohl wichtigste Informationsquelle. Wie er vorging, wenn er „ein Wort lösen wollte", lässt sich am Beispiel von „Teschek" zeigen. Am Anfang stand ein gewisses Unbehagen. „Alle leiten das Wort von einem ungarischen Ausdruck für ‚Wenn es beliebt!' ab – da kann doch was nicht stimmen! Wie soll daraus ein Begriff für einen ‚Benachteiligten' ‚Zukurzgekommenen' werden? Außerdem ist das Wort anfänglich nicht in jenen Teilen Ostösterreichs belegt, die an Ungarn grenzen, sondern eher in der Nachbarschaft zum tschechischen Sprachraum!"

Als er dann an einem Kartenspieltisch im Waldviertel den Satz hörte „Ich bin nicht der Teschak", hakte er sofort nach: „Haben Sie jetzt ‚Teschak' gesagt? Warum sagen Sie ‚Teschak' und nicht

‚Teschek'?" Und schon war ein weiterer Sprachirrtum aufgeklärt. Meine Aufgabe bestand dann nur noch darin, dem Text den letzten Schliff zu geben.

Sigmar Grüner kannte sich in der Sprache der Gauner und Sandler – früher sagte man auch „Griasler" – ganz exzellent aus. Auch dieses Wissen stammte nicht nur aus Büchern. Zuletzt hatte er mit Rücksicht auf seine Gesundheit dem Alkohol und dem Rauchen abgeschworen, doch früher suchte er schon hin und wieder in den „entan Grind" die eine oder andere „Blashütt'n" auf, um der Bedeutung eines Ausdrucks sozusagen „an der Quelle" nachzuspüren. (Bei der „Blashütt'n" handelt es sich nicht um ein Lokal mit Prostituierten, sondern um ein Gasthaus oder Kaffeehaus unterster Güte – der Ausdruck kommt von „blasen", was „viel rauchen oder trinken" bedeutet.)

Dass sich Grüner bei den Forschungen zu den *Sprachirrtümern Österreichs* ganz bewusst „schwierige Wörter" hergenommen hat, beleuchtet einen weiteren Zug seines Wesens. „Als nächstes muss ich noch ‚hacknstad' und ‚taigatzen' lösen", schrieb er zu mitternächtlicher Stunde in einem E-Mail. „Daran haben sich schon viele die Zähne ausgebissen. Aber keine Sorge – der Grüner schafft 's!" Einige Tage später hat er dann die „herrschende Lehre" auf den Kopf gestellt – man konnte es spüren, genau das hat ihm eine große Genugtuung bereitet.

Sigmar Grüner war humorvoll und lebenslustig. Nur die Erwähnung eines Namens konnte ihm die Stimmung nachhaltig verderben: Peter Wehle. „Warum ist *Sprechen Sie Wienerisch?* ein so großer Erfolg geworden?", fragte er mich immer wieder. „Es strotzt vor Fehlern!"

Er wurde nicht müde, haarsträubende Ableitungen zu zitieren, auf die der Hobbymundartforscher und Kabarettist in seinem Hang nach „G'schichterln" – ein Wort das Grüner gern verwendete – hereingefallen ist. So leitet Wehle beispielsweise den Ausdruck „baff" vom heiligen Paphnutius ab, und als Herkunftsquelle von „heidi pupeidi" nennt er die Zeile eines griechischen Wiegenlieds.

Grüners Kommentare waren in solchen Fällen lakonisch: „A Wahnsinn!" (Wer nicht nachschlagen will: Es handelt sich in beiden Fällen um lautmalende Wörter, die aus der Kindersprache stammen – oder aus dem Bedürfnis der Eltern, so zu reden, wie es die Kinder angeblich gerne hören. Auch das war eine Botschaft, die Sigmar Grüner am Herzen lag: Nicht immer ist die komplizierteste Ableitung die richtige …)

Beim Begräbnis am Wiener Zentralfriedhof sprach ein Geistlicher vom Leben nach dem Tode. Es ist für mich tröstlich, wenn ich mir wie ein Kind vorstelle, dass Sigmar Grüner jetzt auf einer Wolke sitzt und mit Peter Wehle über die Etymologie eines Wortes streitet. Ich bin sicher, er wird Recht behalten …

Robert Sedlaczek

Fachausdrücke

Ablaut: Wechsel von Selbstlauten (Vokalen) innerhalb etymologisch zusammengehöriger Wörter und Wortformen. Die häufigste Art ist die so genannte 3. Ablautreihe *(i – a – u)* wie in b*i*nden – b*a*nd – geb*u*nden oder r*i*tsch – r*a*tsch –r*u*tsch.

Abstrakta: Hauptwörter (Substantiva), die etwas ausdrücken, das man nicht sehen oder greifen kann *(Mut, Frieden, Freundschaft, Erholung)*; Gegenteil: Konkreta.

Affirmation: bejahende Aussage, Bejahung; Gegenteil: Negation.

Allegorie: Personifikation einer Eigenschaft mit zumeist symbolischem, lehrhaftem Gehalt; etwa *„Die Zufriedenheit"*, *„die Jugend"*, *„der Blödsinn"* in Ferdinand Raimunds *Der Bauer als Millionär;* siehe auch → Namen, sprechende.

Alliteration = Stabreim: Gleicher Anlaut mehrerer Wörter oder betonter Silben; *Manner mag man eben.*

Altdeutsch: Bezeichnung für alles, was im Entwicklungsgang der deutschen Kultur der Zeit vor der Reformation angehört; Sprache, Literatur, Kunst, Sitte bis etwa 1500. – Sprachlich ohne Differenzierung zwischen → Alt- und → Mittelhochdeutsch.

Althochdeutsch: Bezeichnung für die Schriftsprache im hochdeutschen Raum etwa 6./7. Jahrhundert bis zum 11. Jahrhundert.

Anlehnung: → Vermengung.

Antonymie: Gegenteilige (polare) Begriffe werden einander gegenübergestellt; *selten – häufig.*

Aphärese: Wegfallen eines Lautes oder einer Silbe am Wortanfang; *gegangen > gangen,* italienisch *insalata >* deutsch *Salat, Apotheke > Boutique;* vergleiche auch → Apokope, → Synkope.

Apokope: Wegfallen eines Lautes am Wortende; *gerne > gern;* vergleiche auch → Aphärese.

Appellativum: Gattungsbegriff,

Gattungsname; in unserem Buch vor allem als → Übername; z. B. „Krispindel" für einen mageren Menschen.

Argot: Gaunersprache, künstlich geschaffene Geheimsprache; in unserem Buch nur für Paris geltend.

Assimilation: Angleichung eines Lautes an einen (in der Artikulation) „benachbarten"; mittelhochdeutsch *hochvart* > *neuhochdeutsch Hoffart*, *entfangen* > *empfangen*, *Stuben* + *voll* > *Stummvoll*; Gegenteil: → Dissimilation.

Assonanz: Reim; vor allem Übereinstimmung der Selbstlaute bei → Zwillingsformen; *Techtelmechtel, Schurimuri, Gschisti-Gschasti*.

Augmentativ(um): Vergrößerungsform; *pane > panettone*; Gegenteil: → Diminutiv(um).

Beiwort: meist nachgestellte Bezeichnung (Eigenschaftswort); *Karl der Kühne*.

Bestimmungswort: jener (vordere) Teil eines zusammengesetzten Hauptworts, der den anderen Teil näher bestimmt; <u>*Wörter*</u>*buch*, <u>*Herzens*</u>*wärme*; Gegenteil: Grundwort (bei diesen Beispielen: Bu*ch*, *Wärme*).

Contradictio in adjecto: Widerspruch in sich selbst; *tragikomisch, Topfenneger, zwirnblad*; siehe auch → Verschmelzung, → Oxymoron.

Deckwort: Vor allem in der Gaunersprache ein Wort, mit dem ein eigentlicher Ausdruck für Uneingewehte „verdeckt", unverständlich wird; Hẹdi statt die Hẹ (= Polizei); siehe auch → Euphemismus.

Denglisch: Deutsch, durchsetzt mit vielen Anglizismen (englischsprachigen Wörtern); siehe → Puristen.

Diminutiv(um): Verkleinerungsform; *Apferl, Apfi, hockerln, dommerln*; auch abfällig: *Bücherl, Früchtchen*; Gegenteil: → Augmentativ(um); siehe auch → Koseform, → Iterativum.

Diphthong: → Zwielaut.

Dissimilation: „Unähnlichmachung"; einer von zwei gleichen nahe beieinander stehenden Lauten wird ersetzt; mittelhochdeutsch *morter* > neuhochdeutsch *Mörtel;* mittelhochdeutsch *querder* > neuhochdeutsch *Köder; Tartoffel* (aus italienisch *tartuficulo*) > *Kartoffel;* Gegenteil: → Assimilation.

Doppelte Verneinung: dient zur Verstärkung eines Begriffes; *nicht unhübsch* (= recht hübsch); *nicht ohne Charme.* Karl Kraus sah hinter dem (ironischen) Stilmittel ein plumpes Bemühen nach Originalität, deren mitunter drastische Auswirkung er folgendermaßen vor Augen führte: „Es empfiehlt sich, Herren, die das Anbot einer Zigarre mit dem Satz beantworten: ‚Ich sage nicht nein', sofort totzuschlagen. Es könnte nämlich sonst der Fall eintreten, dass sie auf die Frage, wie ihnen eine Frau gefalle, die Antwort geben: ‚Ich bin kein Kostverächter'".
Viele sind der irrigen Ansicht, dass etwa die Fügung „er ist kein Trottel nicht" (= er ist

vielmehr ein vernünftiger Mensch) eine österreichische Unart sei; es handelt sich hier um eine mundartliche Art von Verstärkung, die es schon im Mittelhochdeutschen gab und im gesamten bairisch-österreichischen Sprachraum verbreitet ist; siehe auch → Litotes.

Elativ: auch „absoluter Superlativ", ein Adjektiv in der Höchststufe, das ohne einen Vergleich, ohne Artikel einen sehr hohen Grad ausdrückt; *Herzlichste Grüße* (im Unterschied zu *der herzlichste meiner Freunde*), *zu meiner größten* (= sehr großen) *Überraschung, bei bester* (= sehr guter) *Laune.*

Ellipse: Auslassung; *Martini* = Fest des Martin(us); besonders zur Betonung des „Übrigbleibenden": *du hier?; ich, nicht faul.*

Empfindungswort: als → Interjektion (Ausruf) besonders zum Ausdruck von „Freude", „Überraschung", „Ärger"; *wau!, patsch!, foi!, autsch!, verflixt!.*

Enantiosemie: Man nimmt (meist ironisch) statt des eigentlichen den gegenteiligen Ausdruck; *sie ist ein schöner <u>Herr</u>* (= eine stark gebaute <u>Frau</u>), *Täubchen* statt „Zangl" (= bissige Frau); *Gummi<u>adler</u>* für „Brat<u>huhn</u>", *Schneckerl* für einen Glatzkopf.

Entrundung: Aus „gerundeten" Zungenvokalen *(ü)* wird (mundartlich) ein *i; B<u>ü</u>schel > aufp<u>i</u>schn, <u>ü</u>ber > <u>i</u>wa;* Gegenteil: Rundung (*M<u>i</u>lch > M<u>ü</u>li,* gaunersprachlich *Br<u>i</u>llant > Br<u>ü</u>ller*).

Erweichung: in diesem Buch: Abschwächung der „Labial-" oder „Lippenlaute" *b* zu *w; Kiberer > Khiwara.*

Etymologie: Versuch, die wahre Herkunft eines Wortes zu erforschen; siehe auch → Volksetymologie.
Nicht ganz ernst zu nehmen ist eine etymologische Herleitung Johann Nestroys:
„Das Wort Gebäude stammt offenbar aus dem Lateinischen, aedificium, gedibicium, gedibäudium, Gedibeidi, Gebäude. So leiten sich unsere meisten Worte von den Römern ab".

Euphemismus: „schönerer Ausdruck", oft durch ein „Hüllwort"; *Tor* oder *Simpel* statt „Trottel", *betagt* statt „alt", *eher vollschlank* statt „dick", *leichtes Mädchen* statt „Hure"; siehe auch → Deckwort.

Französisierend: einem Wort der eigenen Sprache französischen Klang verleihend; z. B. die vielen Wörter auf *-ieren* (ursprünglich) der Studentensprache (modern: *kellnerieren*), die Kunstwörter *Blamage, Stellage* u. Ä.; ebenso → italisierend, → latinisierend, → slawisierend, → tschechisierend.

Gammazismus: in der →Kindersprache im Anlaut die Buchstaben *d, t* statt *g, k; dommerln* (= „kommerln", kommen), *tlein* (= klein).

Gaunersprache: → Rotwelsch.

Gleitlaut: Ein „Bindelaut" dient ohne etymologische Relevanz zur leichteren Aussprache; *Galgen* (im Altwienerischen *Goign* bzw. *Gol<u>i</u>ng*), *Weind<u>e</u>rl* (aus „Wein"), *Krispin<u>d</u>el, Ankun<u>f</u>t* (zu „kommen").

Grieslersprache: → Kundensprache.

Grundwort: → Bestimmungswort.

Hochdeutsch: Überbegriff für → oberdeutsch und → mitteldeutsch; Gegenteil: → niederdeutsch.

Homonymie: gleiche Lautung ursprungsverschiedener Wörter; *Tor* (= „Narr" sowie „Türe"), *Schloss* (als Türschloss und Gebäude).

Homophonie: gleiche Aussprache nicht verwandter Wörter mit verschiedener Schreibung; *leeren* und *lehren*.

Hüllwort: → Euphemismus.

Hypokoristikum: → Koseform.

Idiotikon: Wörterbuch eines regionalen Dialekts, dessen Wortschatz sich von der Hochsprache absetzt.

Infix: Element, das in den Wortstamm eingefügt wird; *Lutscher* > *Lutsch-k-er.*

Intensiv(um, -a): Zeitwort, das eine verstärkte Handlung zum Ausdruck bringt; *zücken* in Hinsicht auf *ziehen*, *raffeln* < *raffen*, mundartlich *meckerzen* < *meckern*; siehe auch →Iterativ(um).

Interjektion: Ausrufewort, „Dazwischengeworfenes", → Empfindungswort.

Italianisierend: einem Wort der eigenen Sprache italienischen Klang verleihend, meist mit den Endungen *-i*, *-o* und *-one* usw.; *alles paletti!* (< „Palette"), schülersprachlich *klaro* (= klar!), *Pfiffikone* (zu „Pfiffikus"), *Pepperl* (= Koseform für Josef < italienisch *Giuseppe, Bepi*); ebenso → französisierend, → latinisierend, → slawisierend, → tschechisierend.

Iteration: Wiederholung, → Iterativ(um, -a).

Iterativ(um, -a): Zeitwörter (Verba), die eine Wiederholung ausdrücken:
1) Zeitwörter auf *-(s)eln* oder *-erln*, die zumeist „hin und her", „auf und ab", „kreuz und quer" im räumlichen Sinn bedeuten;

insbesondere drücken sie aus:
a) Verkleinerung (→ Diminutivum): *hockerln*, kindersprachlich *kommerln* und *dommerln* für „kommen" (siehe auch → Koseform); b) wiederholte bzw. Hin- und Herbewegung: *schusseln, quirlen, brodeln, wachseln, scheangeln* (= schielen), *herumscheißerln* (= lange an etwas arbeiten, nichts weiterbringen), *titschkerln* (= einen leichten Stoß geben), *schnackseln* (= koitieren, mit ruckartiger Bewegung wie bei „Schnackerl haben"); c) Ton: *rascheln, prasseln, zuzeln, brutzeln;* d) Geruch, Geschmack: *brunzeln* (= nach Harn riechen), *korkeln* (= nach Korken riechen bzw. schmecken), *hundln* (= nach Hund riechen), *böckeln* (= nach einem Bock riechen).
2) Zeitwörter auf *-(et)zen* (in den meisten Fällen identisch mit → Intensiva); *raunzen* (= ständiges *raunen*); *stigatzen* (= stottern); (jidd.-rotwelsch) *Steigatz machen* (= koitieren, vergleiche oben *schnackseln*).

Jenisch: → Rotwelsch.

Kindersprache: nicht nur die Sprache der Kinder, sondern insbesondere die Sprache der Erwachsenen Kindern gegenüber; *Fleischi, Guti-Guti* (dem französischen *Bonbon* entsprechend), *baba, ham-ham, ei-ei* (oft verdoppelt); *Bim* (= Straßenbahn, lautmalend), *kommerln* und *dommerln* (= kommen), auch unter Verliebten: *Hungi* (statt „Hunger"), *Schinki* (statt „Schinken"), *Auti* (statt „Auto"). Die Kindersprache kann auch voll Ironie sein wie in Adolf Bäuerles Volksstück *Aline*, in dem der Schlossinspektor *Wildau* nach seinem verblödeten Sohn ruft: „Nicki! Nicki! *Kommerl* herein, schön da! (…) O je, jetzt verliert er sein Körberl mit Obst. Nicki, verloren hast was, schön such 's *Apportel*!".

Kochemersprache: ein anderer Ausdruck für Gaunersprache (→ Rotwelsch); vom hebräischen *châchâm* (= klug, gescheit), also etwa „Sprache der Vifen".

Konjunktiv der Höflichkeit: auch „phraseologischer Konjunktiv"; „Ich *hätte* gern ein

Schnitzl!", „*Würden* Sie so lieb sein?" usw. Die Möglichkeitsform steht hier nicht, um etwas Irreales auszudrücken, sondern man bedient sich der <u>Hilfszeitwörter</u> und des <u>Konjunktivs</u>, um den Ausdruck „höflicher" zu gestalten. Vergleiche dazu:

Konjunktiv der Bescheidenheit:
„das *könnte (sollte)* die Lösung sein" (= das ist vielleicht die Lösung); „damit *dürfte* er Recht haben" (= damit hat er *wohl* recht). Oft auch als Ausdruck „unechter Bescheidenheit": „Ich *möchte* sagen, dass das ein Blödsinn ist". Eine Zeit lang war ein eingeschobenes „Wenn Sie so wollen" en vogue.

Konsonant: → Mitlaut.

Kontamination: → Verschmelzung.

Koseform, Kosenamen: besonders kindersprachliche, verkleinernde Formen; *Eili, Hasiputzi, Mausi, Scheißerl;* siehe auch → Diminutiv(um), → Iterativ(um), → Kindersprache.

Kundensprache: Gaunersprache

(→Rotwelsch), die speziell von fahrenden Handwerkern gesprochen wurde (in Wien auch „Grieslersprache").

Latinisierend: einem Wort der eigenen Sprache lateinischen Klang verleihend; z. B. die vielen Wörter auf *-us, -ieren* usw.; *Schampus* statt „Champagner", *fadisieren* (= langweilen), *Blödian* (= blöder Mensch), *Grobian* (= grober Mensch), *Lappalie* (< *Lappen*); ebenso → französisierend, → italienisierend, → slawisierend, → tschechisierend.

Lehnwort: Wort, das aus einer fremden Sprache entlehnt wurde, wobei Aussprache, Betonung und Schreibung bereits der eigenen Sprache angepasst ist; lateinisch *fenéstra* > Fenster; englisch *strike* > Streik.

Lenisierung: wenn an Stelle eines Starklautes *(p, t, k)* ein Schwachlaut *(b, d, g)* tritt, typisch für die Wiener Mundart; <u>B</u>oli<u>d</u>ig für „Poli<u>t</u>ik".

Litotes: griechisch „Schlichtheit"; scheinbar „untertreibende" Ausdrucksweise, die einer

Verstärkung gleichkommt und sich des verneinten Gegenteils eines Begriffes bedient; *nicht wenige* (= viele), *nicht anders als* (= genauso wie), *nicht unhübsch* (= recht hübsch); siehe auch → Doppelte Verneinung.

Makkaronisch: nach dem *Carmen Macaronicum* (= makkaronisches Gedicht) des 1488 verstorbenen paduanischen Dichters *Tifi degli Odasi*, in dem er italienische Begriffe mit lateinischen Formen vermengt – die Einzahlform *maccherone* bedeutet im Italienischen Dummkopf, Tölpel", vergleiche unsere „dumme Nudel" bzw. „Ulknudel". Makkaronisch bei uns heißt: Deutsche Wörter erhalten eine fremde Endung: *schnabulieren, Wampelino, Stellage*.

Metapher: auch „Übertragung", ein Wort erhält eine „bildhafte" Bedeutung; „Schwarzenegger, die steirische *Eiche*"; „Effenberg war der *Turm* in der Schlacht und zugleich der ruhende *Pol*"; ein *bunter Hund*; *die Hemdsärmel aufstrecken*; *sich aufpudeln*; *Wasserhahn*; *Fuchsschwanz*;

eine Sonderform der Metapher ist die:

Metonymie: auch „Vertauschung"; der eigentliche Begriff wird durch einen anderen ersetzt; „er lebt von seiner *Mutter*" (= von ihrem Geld); „sie fährt einen *Porsche*"; „ein *heißes Eisen*" (= schnelles Motorrad); „ich habe meinen *Goethe* gelesen" (= die Werke Goethes); „er ist *Bacchus* ergeben" (= er ist ein Trinker); „er trinkt ein *Glas* Sekt".

Mitlaut = Konsonant: Man benötigt beim Aussprechen 2 Buchstaben: *t* (te), *s* (es); Gegenteil: → Selbstlaut (Vokal).

Mitteldeutsch: gehört (geographisch) zum hochdeutschen Sprachraum (→ Hochdeutsch), nördlich von Frankfurt am Main.

Mittelhochdeutsch: Sprachperiode (zeitlich) von etwa 1050 bis 1450.

Namen, sprechende: In der Wiener Volkskomödie lassen Personennamen auf den Beruf

oder (vor allem) auf körper-
liche Eigenschaften schließen;
so etwa in Adolf Bäuerles
Aline: Bims (für Bimsstein:
Schiffsbarbier), *Wampelino*
(= tyrannischer Dickwanst),
oder in Nestroys *Lumpazivagabundus*, wo der Tischler *Leim*,
der Schuster *Knieriem*, der
Schneider *Zwirn* heißt; siehe
auch → Übername.

Naturlaut: Laut, der einem
„von der Natur", von Geburt
an mitgegeben ist (nach J. W.
Nagl), etwa tsch: in *patsch!*,
autsch!, *futsch!*.

Niederdeutsch: auch „platt-
deutsch", im Norden Deutschlands; hat die zweite Laut-
verschiebung (→ Oberdeutsch)
nicht mitgemacht, daher:
„Pepper", „Waterkant".

Oberdeutsch: Sammelbe-
zeichnung für bairische, alemannische und ostfränkischen
Dialekte, die (ca. von 500
bis 800) die „zweite" oder
„hochdeutsche" Lautverschie-
bung mitgemacht haben,
etwa p > *pf* oder *ff, t > s(s)*;
germanisch *peper* > oberdeutsch *Pfeffer, water > Wasser*.

Oxymoron: Kombination
aus 2 Begriffen, die einander
semantisch ausschließen,
„scharfsinniger Unsinn";
zwirnblad oder *weniger wäre
mehr*; siehe auch → Contradictio in Adjecto.

Pars pro Toto: Es wird ein Teil
anstelle des Ganzen (stellvertretend für dieses) angege-
ben; „herein in die gute
Stube", „sie wohnen unter
ein und demselben *Dach*"
(beides Pars pro Toto für
„Haus"), besonders
auch bei Kleidungsstücken:
Chapeau bzw. *Schapodl*
(= Hut) für eine männliche
Person (öfter bei Nestroy
anzutreffen), *Blauhelme* für
UNO-Soldaten, *Kittelfalte*
für „Frau", *Rotjacken* für
die Fußballer des Grazer
Athletik-Klubs; siehe auch
→ Übername.

Pleonasmus: überflüssige
Häufung sinngleicher oder
sinnähnlicher Ausdrücke;
wieder von neuem; siehe auch
→ Tautologie, → Redundanz.

Präfix: Vorsilbe, z. B. *ent-, ver-,
un-*; Gegensatz: → Suffix.

Puristen: „Sprachreiniger", die die Erhaltung der Muttersprache forcieren; ein Vorgänger war Philipp von Zesen (1619–1689), Schöpfer der Ausdrücke *Entgliederer* (= Anatom), *Krautbeschreiber* (= Botaniker), *Gipfeltüpfel* (= Zenit), *Meuchelpuffer* (= Pistole), *Jungfernzwinger* (= Nonnenkloster), *Pflanzherr* (= Vater), *Zeugemutter* (= Natur) und *Lustine* (= Venus) – Ausdrücke, die sich nicht so recht durchsetzen konnten. Zesen schuf aber u. a. auch *Losung* (= Parole), *Trauerspiel* (= Tragödie), *Augenblick* (= Moment), *Vertrag* (= Kontrakt), Umgang (= Prozession), *Verfasser* (= Autor) und *Mundart* (= Dialekt). Streng genommen hätte sich von Zesen übrigens „Pferdefreund" nennen müssen, denn „Philipp" kommt aus dem Griechischen und bedeutet „Pferdefreund". Dann müsste freilich ein heutiger Purist ein Töchterchen namens *Claudia* mit „Hinkerin" und seinen Sohn *Kevin* mit „Schönerl" oder „Schönchen" benennen. Die heutigen Puristen bekämpfen vor allem den übermäßigen Einfluss des Englischen auf das Deutsche, sie sprechen daher von → *Denglisch*.

Redundanz: „Überfluss im Ausdruck", Überbegriff für → Pleonasmus und → Tautologie; vergleiche *Metzler Lexikon Sprache:* „Redundanz als Übercharakterisierung sollte nicht als überflüssiger ‚Luxus' betrachtet werden, denn Redundanz (…) dient der Verstehensförderung".

Rotwelsch: auch „Gaunersprache", „Kundensprache", „Jenisch", aus dem zigenerischen rot (= betrügerisch) und dem deutschen *welsch* (= unverständlich). Basis ist das Deutsche, untersetzt mit vielen jiddischen Ausdrücken. Es war die Geheimsprache der fahrenden Schüler (= Studenten), der Wanderhändler, Schausteller, Viehhändler und Gauner.
Aus heutiger Sicht ist diese Geheimsprache derart verästelt, dass sie z. B. auch Anteile in der Schüler- und Gassenbubensprache hat; wenn wir daher von „Gaunersprache" reden, so ist sie das im weitesten Sinn; Flohmarkt-Händler, Kellner,

Altwarenhändler usw. bedienen sich aus Freude an Wortspielen des Jargons – ohne deswegen Verbrecher zu sein.

Rundung: → Entrundung.

Selbstlaut (Vokal): Beim Artikulieren genügt *ein* Buchstabe: *a, e, i, o, u*; Gegenteil: → Mitlaut (Konsonant).

Semantik: die Beschäftigung mit der Bedeutung eines Begriffes.

Slawisierend: einem Wort der eigenen Sprache slawischen Klang verleihend, meist scherzhafte Wortbildungen; *Stinkowitz* (= übel riechender Mensch), *Buckelhanski* („Buckelhans" = buckeliger Mensch); ebenso → französisierend, → italianisierend, → latinisierend, → tschechisierend.

S mobile: „bewegliches s"; verwandte Wörter haben im Mittelhochdeutschen im Anlaut ein *s* und finden sich im Neuhochdeutschen teils mit *sch*, teils ohne *sch* wieder; mittelhochdeutsch *slappen* (= einen Lappen nachschleifen) > neuhochdeutsch *schlapp* sowie *Lappen*;

slêc (= Schleckerei) > *schlecken* sowie *lecken; slücke* (= Öffnung) > Lücke; *slœteren* (= Schlamm verspritzen) > *schledern, Gschlader* sowie *Lader.*

Sprachreiniger: → Puristen.

Sprechende Namen: → Namen, sprechende.

Stabreim: → Alliteration.

Suffix: Nachsilbe, z.B. *-heit, -keit, -haft;* Gegensatz: → Präfix.

Synkope: Wegfall eines Selbstlauts im Wortinneren; *Vroni* statt Veronika, *g'sagt* statt gesagt; siehe auch → Aphärese, → Apokope.

Synonyme: sind Wörter, die Bedeutungsgleichheit haben, etwa *fast* und *beinahe;* im weiteren Sinne liegt auch Bedeutungsähnlichkeit vor.

Tautologie: Wiedergabe des gleichen Sachverhaltes durch zwei synonyme (sinngleiche oder sinnähnliche Wörter), vergleiche auch → Pleonasmus; *weißer Schimmel, alter Greis,* *einzig und allein.* Man fügt also – Ansichtssache, ob zu Recht oder nicht – einem Wort zusätzlich noch einen ähnlichen oder gleich bedeutenden Begriff hinzu; *Haderlump* oder *er pflegt für gewöhnlich um 7 Uhr aufzustehen.*

Die Verdeutlichung hat sich allmählich vielfach durchgesetzt, sodass Kluges *Etymologisches Wörterbuch* bereits bei „oktroyieren" auf „aufoktroyieren" verweist.

Eine Art dieser Verdeutlichung bilden auch Ausdrücke wie *die Notwendigkeit, sich einschränken zu müssen* oder *die Erlaubnis, weggehen zu dürfen;* ein solcher „Irrtum" wider den korrekten Ausdruck kann aber durchaus beabsichtigt sein. Karl Kraus schreibt in *Die Sprache,* dass hier „Devotion" vorliegt und dass „das Komma einen Doppelpunkt vertritt"; vergleiche auch → Redundanz.

Tschechisierend: einem Wort der eigenen Sprache tschechischen Klang verleihend, meist Wortbildung in Hinblick auf tschechische Besonderheiten (z. B. *k*-Suffix); *Armutschkerl* (= armer, unbedeutender Mensch),

Tatschkerl < *Tatsch(erl)*, *Feschak* (= fescher Mensch); ebenso → französisierend, → italienisierend, → latinisierend, → slawisierend.

Übername: Beiname für eine Person nach ihren Merkmalen oder nach Begebenheiten in ihrem Leben, oft ironisch, vor allem Spitz- und Spottnamen; Aussehen, Kleidung, Charakter, Verhaltensweise, Gewohnheiten des ersten Namenträgers; siehe auch → Namen, sprechende.

unorganisch: Einschub eines etymologisch nicht vorhandenen Lautes, z. B. Dehnungs-h.

Verballhornung: meist absichtliche (scherzhafte) „Verschlimmbesserung" eines Wortes oder Namens; *Gruselbauer* statt Gusenbauer, *Schasti* für „Gendarm", *Karl-von-G'spenst-Karte* für „Korrespondenzkarte", gaunersprachlich *Frankfurter* für Unbescholtener" (< *frank* = frei); siehe auch → Volksetymologie.

Vermengung, gedankliche: Assoziation bzw. klangliche

Anlehnung an ähnliche, bekannte Wörter; *Sandler* < *Sand*, *Krispindel* < *spindeldürr*; siehe auch → Volksetymologie.

Verschmelzung = Kontamination: Zwei Wörter werden zu einem „verschmolzen"; *Tragikomödie*, *Brunch* (aus *breakfast* und *lunch*), *Kapazunder* (aus *Kapazität* und *Zunder* = Wunder), *Teuro* (aus *teuer* und *Euro*).

Vokal: → Selbstlaut.

Volksetymologie: Begriffe einer fremden Sprache, aber auch kaum geläufige Begriffe der eigenen Sprache werden – dem bloßen Klang nach, meist ohne semantischen Zusammenhang – mit deutschen Bestandteilen versehen oder in Hinblick auf ähnlich lautende deutsche Wörter verstanden; Backfisch: „gebackener Fisch" oder „Fisch, der zurück *(back)* ins Wasser geworfen wird" (in Wirklichkeit wohl eine → Verballhornung des mittellateinischen baccalarius = niedrigster akademischer Grad); dasitzen wie der *Pik-Siebener* (Spielkarte): unbeweglich, wie „angepickt" dasitzen (in Wirklichkeit: < französisch *pique* = Lanze). Neben falscher Annahmen kam es auch zu irrtümlichen Umformungen: Das jiddische *Kochemer* (= Gescheiter) wurde volksetymologisch zum „Kochhammer" (= Besserwisser) umgeformt; auch das schriftdeutsche „ausgekocht" (= mit allen Wassern gewaschen) ist eine Ableitung von diesem Irrtum. Oder: der jiddische Ausdruck *bekojch* (= mit Gewalt) wird in der Wiener Gaunersprache zu *Kö(l)ch* (= Streit) und hat nichts mit „Kohl" zu tun; siehe auch → Vermengung, gedankliche.

Zwielaut = Diphthong: besteht aus zwei Selbstlauten: *au, ei, eu*; Gegenteil: Monophthong (einfacher Vokal).

Zwillingsform: Zusammensetzung ähnlich klingender Wortteile, oft mit → Ablaut; *Wischiwaschi, Lirum-larum-Löffelstiel*; vergleiche → Assonanz.

Register

258

2. Auflage

© 2003 Franz Deuticke Verlagsgesellschaft m. b. H., Wien–Frankfurt/Main.
Alle Rechte vorbehalten.
www.deuticke.at

Fotomechanische Wiedergabe bzw. Vervielfältigung, Abdruck, Verbreitung durch Funk, Film
oder Fernsehen sowie Speicherung auf Ton- oder Datenträger, auch auszugsweise, nur mit
Genehmigung des Verlags.

Umschlaggestaltung: Studio Hollinger
Umschlagsillustration: © Getty Images
Layout: Ulf Harr
Lektorat: Gerhard Zeillinger
Herstellung: Josef Embacher
Druck und Bindung: Ueberreuter Buchproduktion, Korneuburg
Printed in Austria
ISBN 3-216-30714-X